Klausursammlung zur Mathematik für Wirtschaftswissenschaftler

Von
Privatdozent
Dr. habil. Uwe Jensen

3., unwesentlich veränderte Auflage

R. Oldenbourg Verlag München Wien

Bibliografische Information Der Deutschen Bibliothek

Die Deutsche Bibliothek verzeichnet diese Publikation in der Deutschen Nationalbibliografie; detaillierte bibliografische Daten sind im Internet über <http://dnb.ddb.de> abrufbar.

1. Nachdruck 2012

Rosenheimer Straße 145, D-81671 München
Telefon: (089) 45051-0
www.oldenbourg-verlag.de

Gedruckt auf säure- und chlorfreiem Papier
Gesamtherstellung: Books on Demand GmbH, Norderstedt

ISBN 3-486-58119-8
ISBN 978-3-486-58119-5

Vorwort

Diese Klausursammlung soll als Übungsbuch zum im gleichen Verlag erschienenen Vorlesungsbegleittext 'Mathematik für Wirtschaftswissenschaftler' (Buch Nr. 6 im Literaturverzeichnis) dienen und ist aus den Klausuren entstanden, die seit 1991 an der Wirtschafts- und Sozialwissenschaftlichen Fakultät der Universität Kiel in Analysis und Lineare Algebra gestellt wurden.

Da der Stoff der Mathematik für Wirtschaftswissenschaftler an deutschen Universitäten relativ standardisiert ist, kann diese Klausursammlung natürlich auch als Begleitung zu anderen Lehrbüchern gleichen Themas verwendet werden. Als größerer Unterschied zu anderen Aufgabensammlungen wird vielleicht u.a. die relativ starke Betonung der geometrischen Anschauung (etwa bei Eigenwerten) in der Linearen Algebra auffallen. Mancher wird dagegen Aufgaben zur Linearen Optimierung und zu Differenzen- und Differentialgleichungen vermissen.

Diese Klausursammlung enthält (mit kleinen Veränderungen) 16 Klausuren zur Analysis und 8 Klausuren zur Linearen Algebra, die jeweils zur Hälfte mit ausführlichen Musterlösungen versehen sind. Da die Aufgaben nicht thematisch, sondern in Klausuren angeordnet sind, ist den Studenten die Möglichkeit gegeben, 'unter Klausurbedingungen' zu trainieren. Jede Klausur sollte in **2 Zeitstunden** gelöst werden.

Ich bedanke mich bei den Kieler Studenten aus 16 Semestern, die diese Klausuren bearbeiten mußten. Dem Oldenbourg-Verlag, vor allem Herrn Diplom-Volkswirt Martin Weigert, danke ich für die reibungslose Aufnahme dieses Buchs.

Inhaltsverzeichnis

Teil I

Analysis

Kapitel 1

Analysis-Klausuren mit Lösungen

In diesem Kapitel finden Sie 8 Analysis-Klausuren, zu denen in Kapitel 3 ausführliche Musterlösungen angegeben werden. Der maximal erreichbare Anteil an der Gesamtpunktzahl ist jeweils hinter der Aufgabennummer angegeben. Eine für alle Klausuren typische Formelsammlung befindet sich am Ende des Kapitels.

1.1 Klausur

Aufgabe 1.1.1 *(10 %)*

1. *Bestimmen Sie a so, daß* $\int_0^a x^{-2/3}\,dx = 6$.

2. *Lösen Sie die folgenden unbestimmten Integrale.*

   (a) $\int (x-a)^2\,dx$

   (b) $\int \frac{4}{\sqrt{x}}\,dx$ *mit* $x > 0$

   (c) $\int 2^x + e^{x/8} + \cos(2x)\,dx$

   (d) $\int \frac{1}{4x}\,dx$ *mit* $x > 0$

Aufgabe 1.1.2 *(9 %)*

1. *Bestimmen Sie, falls möglich, die Homogenitätsgrade für die folgenden Funktionen* $f : D_f \to \mathbf{R}$ *mit* $D_f = \{(x,y) \in \mathbf{R}^2 \mid x > 0, y > 0\}$.

   (a) $f(x,y) = \sqrt{x^2 + 4xy}$

   (b) $f(x,y) = e^{x^2}(\ln(x) + \ln(y^{-1}))e^{-x^2}$

   (c) $f(x,y) = \dfrac{axy + bx^2}{c\sqrt{x^3} + d\sqrt{y}^3}$ *mit* $a, b, c, d > 0$

2. *Geben Sie eine Funktion* $f : \mathbf{R}^2 \to \mathbf{R}$ *an, die homogen vom Grade* $r = -2$ *ist.*

Aufgabe 1.1.3 *(11 %)*

1. *Die kritische Stelle von*

$$f : D_f \to \mathbf{R},\ f(x,y) = \frac{27}{x} + \frac{x}{y} + y,\ D_f = \{(x,y) \in \mathbf{R}^2 \mid x > 0, y > 0\}$$

lautet $(x_0, y_0) = (9,3)$, *was Sie* <u>*nicht*</u> *nachzuprüfen brauchen. Stellen Sie fest, ob es sich dabei um ein Minimum oder ein Maximum handelt.*

2. *Würde sich am Ergebnis aus 1. etwas ändern, wenn Sie* $f(x,y)$ *unter der Nebenbedingung* $g(x,y) = x - 3y = 0$ *optimieren würden? Skizzieren Sie dazu den Teil des Definitionsbereiches, den Sie durch diese Nebenbedingung ausgewählt haben. Berechnen Sie nichts!*

Aufgabe 1.1.4 *(11 %)*

1. *Eine Gewinnfunktion* $g : \mathbf{R}^2_+ \to \mathbf{R}$, $g = g(p,w)$ *mit dem Outputpreis* p *und dem Faktorpreis* w *sei homogen vom Grade* r. p *und* w *werden verdoppelt. Wie verändert sich* g, *wenn*

   (a) $r = 3$

   (b) $r = 1/3$

   (c) $r = 0$

   (d) $r = -3$

2. *Die Kostenfunktion* $k : \mathbf{R}^2_+ \to \mathbf{R}$, $k = 4(w_1^2 + 2w_2^2)^a$ *mit den Faktorpreisen* w_1 *und* w_2 *und dem Parameter* $a \neq 0$ *ist homogen vom Grade* r. *Bestimmen Sie* r <u>*mit der Eulerschen Formel*</u>.

Aufgabe 1.1.5 *(9 %)*

Der Absatz y *(in DM) eines Produkts hängt über eine Funktion* $y : (1,\infty) \to \mathbf{R}$, $y = y(x)$ *vom Werbebudget* x *(in DM) ab. Man erhält die Elastizitätsfunktion*

$$\varepsilon_y(x) = \frac{1}{5 + \ln(2x)}$$

1. *Gibt es ein Werbebudget* x, *für das* $\varepsilon_y(x) = -0.1$ *gilt? Wenn ja: Geben Sie es an. Wenn nein: Warum nicht?*

2. *Berechnen Sie* $\varepsilon_y(100)$. *Liegt der Wert im elastischen oder unelastischen Bereich?*

3. *Berechnen Sie* $\varepsilon_y(10)$. *Das Werbebudget steigt um 1%. Wie verändert sich der Absatz?*

4. *Der Verkauf obigen Produkts wird nun in Dollar abgerechnet. Sie betrachten daher jetzt die Funktion* $e \cdot y(x)$, *wobei* e *der Dollarkurs der DM ist. Wie lautet die Elastizitätsfunktion für* $e \cdot y(x)$?

Aufgabe 1.1.6 *(8 %)*

Sei $f : D_f \to \mathbf{R}$, $f(x,y) = \ln(x+y)$, $D_f = \{(x,y) \in \mathbf{R}^2 \mid x+y > 0\}$.

1. *Ermitteln Sie die partiellen Ableitungen erster und zweiter Ordnung.*
2. *Berechnen Sie den Gradienten von* f *und das totale Differential* df *an der Stelle* $(x_0, y_0) = (\frac{1}{2}, \frac{1}{2})$.
3. *Ermitteln Sie den absoluten Approximationsfehler* $|f(1,1) - (f(\frac{1}{2}, \frac{1}{2}) + df)|$ *für* $\Delta x = \Delta y = \frac{1}{2}$.

Aufgabe 1.1.7 *(13 %)*

Seien $f, g, h : \mathbf{R}_+^2 \to \mathbf{R}$ *und* $f(x,y) = e^{xy}$. *Bestimmen Sie die kritischen Stellen (mehr nicht!) von* $f(x,y)$

1. *mit der Lagrangemethode unter der Nebenbedingung* $g(x,y) = x + 2y - 1 = 0$
2. *mit der Substitutionsmethode unter der Nebenbedingung* $h(x,y) = x + y^2 - 1 = 0$

Aufgabe 1.1.8 *(9 %)*

Es sei die Nachfragefunktion $x : (0,24) \to \mathbf{R}$, $x(p) = 50 - 10\sqrt{p+1}$ *gegeben.*

1. *Skizzieren Sie die Nachfragefunktion.*
2. *Bestimmen Sie die Änderungsratenfunktion* $\rho_x(p)$ *und die Elastizitätsfunktion* $\varepsilon_x(p)$.
3. *Geben Sie die inverse Nachfragefunktion* $p(x)$ *an.*

Aufgabe 1.1.9 *(8 %)*

1. *Sei* $f : \mathbf{R} \setminus \{1\} \to \mathbf{R}$, $f(x) = \frac{1}{1-x}$.
   (a) *Geben Sie die Ableitungen bis zur dritten Ordnung an.*
   (b) *Bestimmen Sie das Taylorpolynom zweiten Grades an der Stelle* $a = 1/2$. *Die entstehenden Klammerausdrücke brauchen Sie nicht auszumultiplizieren!*
2. *Bilden Sie die erste Ableitung von*

$$g : D_g \to \mathbf{R},\ g(x) = \sin\left(\ln\left(\frac{1}{x}\right)\right),\ D_g = \{x \in \mathbf{R} \mid x > 0\}$$

Aufgabe 1.1.10 *(8 %)*

1. *Worin unterscheiden sich* $f : \mathbf{R} \to \mathbf{R}$, $f(x) = x^2$ *und* $g : \mathbf{R}^2 \to \mathbf{R}$, $g(x,y) = x^2$? *Beschreiben Sie dazu kurz die Graphen der beiden Funktionen.*

2. *Sei* $f : D_f \to \mathbf{R}$, $f(x,y) = x^2 + y^2$ *mit* $D_f = \{(x,y) \in \mathbf{R}^2 \mid 0 \leq x \leq 2,\ 0 \leq y \leq 1\}$.

   (a) *Sind die folgenden Punkte Maxima oder Minima? Falls ja: Sind sie lokal und/oder global? Sind sie strikt? Berechnen Sie nichts! Füllen Sie die folgende Tabelle aus.*

(x_0, y_0)	*Maximum*	*Minimum*	*global*	*lokal*	*strikt*
$(1,0)$					
$(0,0)$					
$(1,1)$					
$(2,1)$					
$(0,1)$					

   (b) *Begründen Sie Ihre Antwort für* $(x_0, y_0) = (2,1)$ *kurz.*

Aufgabe 1.1.11 *(4 %)*

Sei $y = g(x)$ *durch* $f : \mathbf{R}^2 \to \mathbf{R}$, $f(x,y) = x^2 y - e^x = 0$ *implizit gegeben.*

1. *Ermitteln Sie die explizite Form* $y = g(x)$.

2. *Berechnen Sie* $\frac{dy}{dx}$ *über die implizite Form und geben Sie Ihr Ergebnis als Funktion an, die nur von* x *abhängt.*

1.2 Klausur

Aufgabe 1.2.1 *(10 %)*

1. *Geben Sie den natürlichen Definitionsbereich von* $g(x,y) = \ln(x^2 + y^2 - 2)$ *an und skizzieren Sie ihn.*

2. *Sei* $f : \mathbf{R}^2 \to \mathbf{R}$, $f(x,y) = \exp(x + y^2 + x^3)$.

   (a) *Ermitteln Sie die partiellen Ableitungen erster Ordnung.*

   (b) *Geben Sie das totale Differential* df *an der Stelle* $(x_0, y_0) = (0,1)$ *an.*

   (c) *Berechnen Sie den absoluten Approximationsfehler* $\left| f\left(\frac{1}{2}, \frac{1}{2}\right) - (f(0,1) + df) \right|$ *für* $\Delta x = \frac{1}{2}$ *und* $\Delta y = -\frac{1}{2}$.

   (d) *Geben Sie die Tangentialebene an, die* f *in* $(x_0, y_0) = (0,1)$ *berührt.*

Aufgabe 1.2.2 *(9 %)*

1. *Bestimmen Sie, falls möglich, die Homogenitätsgrade für die folgenden Funktionen* $f : D_f \to \mathbf{R}$ *mit* $D_f = \{(x,y) \mid x > 0, y > 0\}$.

   (a) $f(x,y) = \sqrt{5x^5} + 2x^2\sqrt{y}$

   (b) $f(x,y) = e^{x^2}(\ln(4x) - \ln(y))(e^{-x})^2$

2. *Eine Gewinnfunktion* $g : \mathbf{R}_+^2 \to \mathbf{R}_+$, $g = g(p, w)$ *mit dem Outputpreis* p *und dem Faktorpreis* w *sei homogen vom Grade* r. *Es gilt* $g = 10$. *Welchen Wert nimmt* g *an, wenn* p *und* w *halbiert werden und*

   (a) $r = 3$?

   (b) $r = 1/3$?

   (c) $r = -3$?

Aufgabe 1.2.3 *(9 %)*

Der Automobilbestand B *der BRD hänge in folgender Weise von der Zeit* t *(in Jahren) ab:*

$$B : \mathbf{R} \to \mathbf{R},\ B(t) = S(1 + e^{a-bt})^{-1}$$

Darin ist die Konstante $S > 0$ *das sogenannte Sättigungsniveau und* $b > 0$.

1. *Skizzieren Sie* $B(t)$ *für* $a = 0$, $S = b = 1$ *und* $t \in [0, 10]$.

2. *Bestimmen Sie für beliebige* a, b, S, t *die Änderungsratenfunktion* $\rho_B(t)$ *und die Elastizitätsfunktion* $\varepsilon_B(t)$.

3. *Berechnen und interpretieren Sie* $\rho_B(10)$ *für* $a = 0$ *und* $S = b = 1$.

Aufgabe 1.2.4 *(11 %)*

1. *Der Absatz* y *(in DM) eines Produkts hängt über eine Funktion* $y : [0, \infty) \to \mathbf{R}$, $y = y(t)$ *von der Zeit* t *ab. Man erhält die Elastizitätsfunktion*

$$\varepsilon_y(t) = \frac{t}{10 + 2t}$$

   (a) *Skizzieren Sie* $\varepsilon_y(t)$ *für* $t \in [0, 10]$.

   (b) *Gibt es einen Zeitpunkt* t, *in dem* $\varepsilon_y(t) = 0.5$ *gilt? Wenn ja: Geben Sie ihn an. Wenn nein: Warum nicht?*

   (c) *Berechnen Sie* $\varepsilon_y(100)$. *Liegt der Wert im elastischen oder unelastischen Bereich?*

2. *Sei* $y : (0, \infty) \to \mathbf{R}$, $y = y(x)$ *eine Produktionsfunktion, von der Sie wissen, daß* $\varepsilon_y(x) = 0.1$ *ist. Bestimmen Sie die Produktionsfunktion (bis auf eine Konstante).*

Aufgabe 1.2.5 *(10 %)*

Sei $f : \mathbf{R} \setminus \{0\} \to \mathbf{R}$, $f(x) = 1/x^2$.

1. *Geben Sie die Ableitungen bis zur vierten Ordnung an.*

2. *Bestimmen Sie das Taylorpolynom vierten Grades an der Stelle* $a = -1$.

3. *Approximieren Sie $f(-1.5)$ durch obiges Polynom.*

4. *Geben Sie die n-te Ableitung für beliebiges $n \in \mathbf{N}$ und die Taylorreihe*

$$\sum_{n=0}^{\infty} \frac{f^{(n)}(a)}{n!}(x-a)^n$$

an der Stelle $a = -1$ an.

Aufgabe 1.2.6 *(6 %)*

Sei $f : D_f \to \mathbf{R}$, $f(x,y) = |x+y|$ mit $D_f = \{(x,y) \mid -4 \leq x \leq 4, -8 \leq y \leq 8\}$.

1. *Sind die folgenden Punkte Maxima oder Minima? Falls ja: Sind sie lokal und/oder global? Sind sie strikt? Berechnen Sie nichts! Füllen Sie die folgende Tabelle vollständig aus (leere Felder werden nicht bepunktet!).*

(x_0, y_0)	*Maximum*	*Minimum*	*global*	*lokal*	*strikt*
$(0,0)$					
$(4,0)$					
$(-4,8)$					
$(4,8)$					
$(-4,-8)$					

2. *Begründen Sie für ein Minimum oder Maximum, warum es (nicht) lokal ist.*

Aufgabe 1.2.7 *(10 %)*

Zeigen Sie, daß $(x_0, y_0) = \left(\frac{4}{3}, \frac{4}{9}\right)$ die kritische Stelle von

$$f : D_f \to \mathbf{R}, \quad f(x,y) = x\sqrt{y} - x^2 - y + 2x$$

mit $D_f = \{(x,y) \mid y > 0\}$ ist. Stellen Sie dann fest, ob es sich dabei um ein Minimum oder ein Maximum handelt.

Aufgabe 1.2.8 *(9 %)*

Seien $f, g : \mathbf{R}^2 \to \mathbf{R}$ mit $f(x,y) = x^2 + y^2$ und $g(x,y) = x - y - 1$.

1. *Bestimmen Sie mit der Substitutionsmethode die Extremalstellen von $f(x,y)$ unter der Nebenbedingung $g(x,y) = 0$.*

2. *Skizzieren Sie den Teil des Definitionsbereiches, den Sie durch diese Nebenbedingung ausgewählt haben. Zeichnen Sie die Extremalstellen in die Skizze ein und begründen Sie das Ergebnis aus 1. anschaulich.*

Aufgabe 1.2.9 *(8 %)*
Seien $f, g : \mathbf{R}^2 \to \mathbf{R}$,

$$f(x,y) = x^2 + y^2 \quad \text{und} \quad g(x,y) = xy - 1$$

Bestimmen Sie die kritischen Stellen (mehr nicht!) von $f(x,y)$ *mit der Lagrangemethode unter der Nebenbedingung* $g(x,y) = 0$.

Aufgabe 1.2.10 *(9 %)*

1. *Lösen Sie die folgenden unbestimmten Integrale:*
   (a) $\int 2e^{5x} + (\frac{1}{2})^x \, dx$
   (b) $\int (\sqrt{4x})^{-2/3} + \frac{4}{x^4} \, dx$ *mit* $x > 0$.
   (c) $\int \frac{1}{2x} + \cos(ax) \, dx$ *mit* $x > 0$ *und* $a \neq 0$.
2. *Bestimmen Sie* a *so, daß* $\int_0^\infty ae^{-2x} \, dx = 2$.

Aufgabe 1.2.11 *(9 %)*

1. *Sei* $y = g(x)$ *durch* $f : D_f \to \mathbf{R}$, $D_f = \{(x,y) \mid y^2 + x > 0\}$ *und*

   $$f(x,y) = 2\sin(x - 2y) - e^{xy} - \ln(y^2 + x) = 0$$

   implizit gegeben. Ermitteln Sie $\frac{dy}{dx}$.
2. *Berechnen Sie mittels partieller Integration* $\int_1^2 (\ln(x)) \, x \, dx$.

1.3 Klausur

Aufgabe 1.3.1 *(10 %)*
Die Absatzwirkung z *einer Werbekampagne für ein Produkt hängt von den für zwei Medien eingesetzten Werbebudgets* x *und* y *gemäß*

$$f : \mathbf{R}_+^2 \to \mathbf{R}, \quad z = f(x,y) = 50 + \sqrt{ax} + 10\ln(y+1)$$

mit $a > 0$ *ab.*

1. *Ermitteln Sie die partiellen Ableitungen erster Ordnung.*
2. *Berechnen, zeichnen und interpretieren Sie den Gradienten von* f *an der Stelle* $(x_0, y_0) = (4, 4)$ *für* $a = 4$.
3. *Geben Sie das totale Differential* df *an der Stelle* $(x_1, y_1) = (16, 9)$ *für beliebiges* a *an.*

4. *Berechnen Sie den absoluten Approximationsfehler* $|f(17,8) - [f(16,9) + df]|$ *für* $\Delta x = 1$ *und* $\Delta y = -1$.

Aufgabe 1.3.2 *(10 %)*

1. *Eine Kostenfunktion* $K : \mathbf{R}_+^2 \to \mathbf{R}_+$, $K = K(x,y)$ *sei homogen vom Grade* r. *Zunächst gilt* $K_0 = 100$, *nach einer Halbierung von* x *und* y *aber* $K_1 = 80$. *Bestimmen Sie den Homogenitätsgrad* r.

2. *Geben Sie eine Funktion* $f : \mathbf{R}_+^2 \to \mathbf{R}_+$ *an, die homogen vom Grade* $r = 0$ *ist. Überprüfen Sie den Homogenitätsgrad.*

3. *Die Produktionsfunktion*

$$f : \mathbf{R}_+^2 \to \mathbf{R}_+, \quad f(x,y) = \sqrt{x^2 + 2y^2 - xy}$$

ist homogen vom Grade r. *Bestimmen Sie* r *mit der Eulerschen Formel.*

Aufgabe 1.3.3 *(6 %)*

1. *Seien* $y = g(x)$ *und* $x = g^{-1}(y)$ *durch* $f : D_f \to \mathbf{R}$, $D_f = \{(x,y) \mid x \geq 1, \ y \geq 0\}$ *und*

$$f(x,y) = xe^y + y\ln(x) = 0$$

implizit gegeben.

   (a) *Ermitteln Sie* $\frac{dy}{dx}$.

   (b) *Berechnen Sie* $\frac{dx}{dy}$ *an der Stelle* $(x_0, y_0) = (1,1)$.

2. *Bilden Sie die erste Ableitung von*

$$f : D_f \to \mathbf{R}, \quad f(x) = \ln(\sqrt{x} + 3^x) \quad \textit{mit} \quad D_f = \{x \in \mathbf{R} \mid x > 0\}$$

Aufgabe 1.3.4 *(8 %)*

Betrachten Sie die gesamtwirtschaftliche Investitionsfunktion

$$I : \mathbf{R}_+ \to \mathbf{R}_+, \quad I(r) = \frac{b}{r^2}$$

mit einem Zinssatz r *und einem Parameter* $b > 0$.

1. *Bestimmen Sie die Änderungsratenfunktion* $\rho_I(r)$ *und die Elastizitätsfunktion* $\varepsilon_I(r)$.

2. *Berechnen Sie* $I(0.1)$, $\rho_I(0.1)$ *und* $\varepsilon_I(0.1)$. *Interpretieren Sie* $\varepsilon_I(0.1)$.

3. *Geben Sie den elastischen und den unelastischen Bereich an.*

4. *Bei welchem Zinssatz r gilt* $\rho_I(r) = -40$ *?*

Aufgabe 1.3.5 *(9 %)*
Die Nachfrage x eines Haushalts nach einem Gut hängt über eine sogenannte Gompertz-Funktion

$$x : \mathbf{R}_+ \to \mathbf{R}_+, \quad x(y) = \exp(a - bc^y)$$

vom Haushaltseinkommen y ab. Dabei sind die Parameter $a > 0$, $b > 0$ *und* $0 < c < 1$.

1. *Bestimmen Sie die Änderungsratenfunktion* $\rho_x(y)$ *und die Elastizitätsfunktion* $\varepsilon_x(y)$.
2. *Welches Vorzeichen hat* $\varepsilon_x(y)$ *? Warum?*
3. *Skizzieren Sie* $\rho_x(y)$ *für* $c = \frac{1}{e}$ *und* $0 \leq y \leq 4$. *Dabei ist e die Eulersche Zahl.*

Aufgabe 1.3.6 *(7 %)*
Sei $f : \mathbf{R} \to \mathbf{R}$, $f(x) = 2^x$.

1. *Geben Sie die Ableitungen bis zur dritten Ordnung an.*
2. *Bestimmen Sie das Taylorpolynom dritten Grades an der Stelle* $a = 0$.
3. *Approximieren Sie* $f(0.5)$ *durch obiges Polynom.*
4. *Geben Sie die n-te Ableitung für beliebiges* $n \in \mathbf{N}$ *und die Taylorreihe*

$$\sum_{n=0}^{\infty} \frac{f^{(n)}(a)}{n!}(x-a)^n$$

an der Stelle $a = 0$ *an.*

Aufgabe 1.3.7 *(10 %)*
Bestimmen Sie die kritischen Stellen von

$$f : D_f \to \mathbf{R}, \quad f(x,y) = x\ln(x+y) - y$$

mit $D_f = \{(x,y) \mid x + y > 0\}$ *und stellen Sie fest, ob es sich dabei um Minima, Maxima oder Sattelpunkte handelt.*

Aufgabe 1.3.8 *(10 %)*
Bestimmen Sie mit der Substitutionsmethode das Maximum der Nutzenfunktion

$$U : \mathbf{R}^2_+ \to \mathbf{R}_+, \quad U(x,y) = 3\sqrt{x+2} + \sqrt{2y+2}$$

unter der Budgetrestriktion

$$g : \mathbf{R}^2_+ \to \mathbf{R}_+, \quad g(x,y) = 2x + y - 10 = 0.$$

Aufgabe 1.3.9 *(11 %)*
Seien $f, g : \mathbf{R}^2 \to \mathbf{R}$,

$$f(x,y) = x^2 + y^2 + 4 \quad \text{und} \quad g(x,y) = 2x^3 + 2y^3 + x^2 + y^2$$

Bestimmen Sie die kritischen Stellen (mehr nicht!) von $f(x,y)$ *mit der Lagrangemethode unter der Nebenbedingung* $g(x,y) = 0$.

Aufgabe 1.3.10 *(11 %)*

1. *Lösen Sie die folgenden unbestimmten Integrale für* $x > 0$ *und* $a \neq 0$:

   (a) $\int 2e^{x/2} + \sin(2x)\,dx$

   (b) $\int \frac{2}{x^3} + (x+a)^2\,dx$

   (c) $\int x^a \exp(2a\ln(x))\,dx$

2. *Sei* $x : (0,\infty) \to \mathbf{R}_+$, $x = x(p)$ *eine Nachfragefunktion, von der Sie wissen, daß die Änderungsratenfunktion* $\rho_x(p) = 2$ *ist. Bestimmen Sie die Nachfragefunktion (bis auf eine Konstante). Legen Sie die Konstante durch* $x(1) = 10$ *fest.*

Aufgabe 1.3.11 *(8 %)*

1. *Für zwei Zahlen* a *und* b *sei*

$$\max\{a,b\} := \begin{cases} b, & falls \quad b \geq a \\ a, & falls \quad b < a \end{cases}$$

   Berechnen Sie $\int_{-2}^{2} \max\{x, x^2\}\,dx$.

2. *Berechnen Sie mittels partieller Integration* $\int_1^a \log_a(x)\,dx$ *für* $a > 1$.

1.4 Klausur

Aufgabe 1.4.1 *(9 %)*
Sei $f : D_f \to \mathbf{R}$, $f(x,y) = \exp(-\frac{2}{x} + y)$ *mit* $D_f = \{(x,y) \mid x \neq 0\}$.

1. *Ermitteln Sie die partiellen Ableitungen erster und zweiter Ordnung.*

2. *Geben Sie das totale Differential* df *an der Stelle* $(x_0, y_0) = (2,1)$ *an.*

3. *Führen Sie die Approximation* $f(1.5, 1.5) \approx f(2,1) + df + d^2f$ *mit* $\Delta x = -0.5$ *und* $\Delta y = 0.5$ *durch.*

4. *Wie groß ist der Abstand von* $(x_1, y_1) = (1.5, 1.5)$ *zur Entwicklungsstelle* $(x_0, y_0) = (2,1)$?

Aufgabe 1.4.2 *(10 %)*

1. *Gemäß einer CES-Produktionsfunktion wird der Output* $y = 100$ *kg hergestellt. Durch*
$$f(x_1, x_2) = (a_1 x_1^\rho + a_2 x_2^\rho)^{1/\rho} - 100 = 0$$
mit $a_i > 0$, $x_i > 0$ *für* $i = 1, 2$ *und* $\rho \neq 0$ *ist dann eine Funktion* $x_2 = g(x_1)$ *implizit gegeben.*
   (a) *Berechnen Sie (die Grenzrate der Substitution)* $\frac{dx_2}{dx_1}$.
   (b) *Ermitteln Sie die explizite Form* $x_2 = g(x_1)$ *für* $a_1 = \frac{1}{4}$, $a_2 = \frac{3}{4}$ *und* $\rho = \frac{1}{2}$, *und skizzieren Sie diese Isoquante für* $0 \leq x_1 \leq 200$.
2. *Geben Sie den natürlichen Definitionsbereich von* $g(x, y) = \frac{\sqrt[3]{y}}{\ln(x - c)}$ *mit* $c > 0$ *an.*

Aufgabe 1.4.3 *(10 %)*

1. *Bestimmen Sie, falls möglich, den Homogenitätsgrad der Funktion*
$$f : \mathbf{R}_+^2 \to \mathbf{R}_+, \quad f(x, y) = \sqrt{x + \sqrt{x^2 + \sqrt{y^4}}}$$
2. *Geben Sie eine inhomogene Funktion* $g : \mathbf{R}_+^2 \to \mathbf{R}_+$ *an.*
3. *Eine Kostenfunktion* $K : \mathbf{R}_+^2 \to \mathbf{R}_+$, $K = K(x, y)$ *sei homogen vom Grade* $r = 2$. *Zunächst gilt* $K_0 = 100$, *nach einer Multiplikation von* x *und* y *mit dem gleichen Faktor* $\lambda > 0$ *aber* $K_1 = 50$. *Bestimmen Sie* λ.
4. *Sei* $h : D_h \to \mathbf{R}_+$, $h(x, y) = \sqrt{x^b + y^{1/c} + a}$ *mit* $a, b, c \in \mathbf{R}$ *und* $D_h = \{(x, y) \mid x > 0,\ y > 0\}$. *Geben Sie den vollständigen Wertebereich der Parameter* a, b, c *an, für den* $h(x, y)$ *homogen*
   (a) *vom Grade* r *ist.*
   (b) *vom Grade* r *mit* $0 < r < 1$ *ist.*

Aufgabe 1.4.4 *(10 %)*

1. *Betrachten Sie die Nachfragefunktion* $x : [0, 125] \to \mathbf{R}_+$, $x(p) = 10 - 2p^{1/3}$. *Dabei wird* x *in kg und* p *in DM gemessen.*
   (a) *Bestimmen Sie die Änderungsratenfunktion* $\rho_x(p)$ *und die Elastizitätsfunktion* $\varepsilon_x(p)$. *Vereinfachen Sie* $\varepsilon_x(p)$ *soweit, bis Sie einen Bruchstrich mit einer 1 im Zähler und einem Nenner ohne Klammern erhalten haben.*
   (b) *Berechnen und interpretieren Sie* $\frac{d}{dp}x(p)$ *für* $p = 8$. *Geben Sie auch die Dimension Ihres Ergebnisses an.*

2. *Bestimmen Sie die Elastizitätsfunktion* $\varepsilon_f(x)$ *zu*

   (a) $f : (0, \pi) \to \mathbf{R}$, $f(x) = \sin(x)$.

   (b) $f : (\frac{1}{2}\pi, \frac{3}{2}\pi) \to \mathbf{R}$, $f(x) = \cos(x)$.

   (c) $f : (1, \infty) \to \mathbf{R}$, $f(x) = \ln(x)$.

   Vereinfachen Sie Ihr Ergebnis, soweit möglich.

Aufgabe 1.4.5 *(10 %)*

Die Nachfrage x_1 *eines Haushalts nach einem Gut* G_1 *hängt über*

$$f : D_f \to \mathbf{R}_+, \quad f(p_1, p_2) = ap_1^{-b}\sqrt{cp_2}$$

mit $D_f = \{(p_1, p_2) \mid p_1, p_2 > 0\}$ *und* $0 < a, b, c < \infty$ *vom Preis* p_1 *des Gutes* G_1 *und vom Preis* p_2 *eines substituierbaren Gutes* G_2 *ab.*

1. *Bestimmen Sie die Änderungsratenfunktionen* $\rho_{f,p_1}(p_1, p_2)$ *und* $\rho_{f,p_2}(p_1, p_2)$ *sowie die direkte Preiselastizitätsfunktion* $\varepsilon_{f,p_1}(p_1, p_2)$ *und die Kreuzpreiselastizitätsfunktion* $\varepsilon_{f,p_2}(p_1, p_2)$ *der Nachfrage.*

2. *Interpretieren Sie* $\varepsilon_{f,p_1}(p_1, p_2)$.

3. *Kann es sein, daß die Nachfrage* x_1 *bezüglich* p_1

   (a) *vollkommen unelastisch*

   (b) *vollkommen elastisch*

   (c) *elastisch*

   reagiert? Begründen Sie Ihre Antwort anhand Ihres Ergebnisses aus 1.

Aufgabe 1.4.6 *(11 %)*

1. *Sei* $f : \mathbf{R} \to \mathbf{R}$, $f(x) = \sin(x)$.

   (a) *Geben Sie die Ableitungen bis zur achten Ordnung an.*

   (b) *Bestimmen Sie das Taylorpolynom achten Grades an der Stelle* $a = 0$.

2. $\arctan : \mathbf{R} \to (-\pi/2, \pi/2)$ *ist die Umkehrfunktion von* $\tan(x)$ *mit der Taylorreihe*

$$T_f^{\infty}(x) = \sum_{n=0}^{\infty} \frac{(-1)^n}{2n+1} x^{2n+1},$$

   was Sie nicht nachprüfen sollen.

   (a) *Geben Sie das Taylorpolynom für die Summanden* $n = 0, \ldots, 4$ *an.*

   (b) *Es gilt* $\arctan(1) = \pi/4$, *was Sie auch nicht nachzuprüfen brauchen. Verwenden Sie diese Aussage, um* π *mit obigem Polynom approximativ zu berechnen.*

Aufgabe 1.4.7 *(12 %)*

Bestimmen Sie die kritischen Stellen von

$$f : \mathbf{R}^2 \to \mathbf{R}, \quad f(x,y) = y^3 + 3x^2y - 12x - 15y,$$

und stellen Sie für zwei kritische Stellen fest, ob es sich um Minimal-, Maximal- oder Sattelstellen handelt.

Aufgabe 1.4.8 *(8 %)*

Bestimmen Sie mit der Substitutionsmethode die Minimalstelle der Kostenfunktion

$$K : \mathbf{R}_+^2 \to \mathbf{R}, \quad K(x,y) = 2x^2 + 4y^2$$

unter der aus einer Produktionsfunktion abgeleiteten Nebenbedingung

$$g : \mathbf{R}_+^2 \to \mathbf{R}, \quad g(x,y) = 4x^{1/3}y^{2/3} - 16 = 0.$$

Vergessen Sie nicht, die hinreichenden Bedingungen nachzuprüfen.

Aufgabe 1.4.9 *(9 %)*

1. *Eine Unternehmung hat zwei voneinander unabhängige Fertigungsbetriebe. Der Gewinn jedes Betriebes G_1 bzw. G_2 (in DM) ist eine Funktion des eingesetzten Kapitals x_1 bzw. x_2 (in DM) gemäß*

   $$G_1, G_2 : \mathbf{R}_+ \to \mathbf{R}_+, \quad G_1 = 10\sqrt{x_1}, \quad G_2 = 20\sqrt{x_2}.$$

   Gesucht ist die Aufteilung der insgesamt verfügbaren Kapitalmenge von 4000 DM auf die Betriebe, die einen maximalen Unternehmensgewinn erzielen läßt. Verwenden Sie die Lagrangemethode, um die kritischen Stellen (mehr nicht!) zu bestimmen.

2. *Berechnen Sie $\int_1^\infty x^{-\alpha}\,dx$ für $1 < \alpha < \infty$.*

Aufgabe 1.4.10 *(11 %)*

1. *Lösen Sie die folgenden unbestimmten Integrale für $x > 0$ und $b > 0$:*

   (a) $\int (\frac{1}{3})^x + \sqrt{x}\,dx$

   (b) $\int x^{-b}\, 2^{b \operatorname{ld} x}\,dx$

   (c) $\int \frac{-4}{\exp(4x)}\,dx$

2. *Lösen Sie mittels partieller Integration das unbestimmte Integral $\int x^2 \lambda e^{-\lambda x}\,dx$ für $\lambda > 0$ und $x > 0$.*

1.5 Klausur

Aufgabe 1.5.1 *(9 %)*

1. *Bestimmen Sie, falls möglich, die Homogenitätsgrade der folgenden Funktionen* $f: D_f \to \mathbf{R}_+$ *mit* $D_f = \{(x,y) \mid x, y > 0\}$ *und* $a > 0$.

   (a) $f(x,y) = x^2 \exp(x/y) + y^2 \exp(y/x)$

   (b) $f(x,y) = \dfrac{ax^2 + \sqrt{xy^3}}{(x+y)^3}$

   (c) $f(x,y) = x \ln(x+y)$

2. *Eine Gewinnfunktion* $g: \mathbf{R}_+^2 \to \mathbf{R}_+$, $g = g(p,w)$ *mit dem Outputpreis* p *und dem Faktorpreis* w *sei homogen vom Grade* $r = \frac{1}{3}$. *Nach einer Halbierung von* p *und* w *gilt* $g_1 = 100$. *Bestimmen Sie den ursprünglichen Wert* g_0 *der Gewinnfunktion.*

3. *Die Funktion* $h: \mathbf{R}_+^2 \to \mathbf{R}_+$, $h = h(x,y)$ *sei homogen vom Grade* $r = 1$ *und besitze die partielle Elastizitätsfunktion* $\varepsilon_{h,x}(x,y) = 1 + xy$ *bezüglich* x. *Bestimmen Sie die partielle Elastizitätsfunktion* $\varepsilon_{h,y}(x,y)$ *bezüglich* y.

Aufgabe 1.5.2 *(10 %)*

1. *Gegeben ist die Kostenfunktion* $K: (0,\infty) \to \mathbf{R}_+$, $K(x) = \sqrt{x^3 + 10}$. *Dabei wird* x *in kg und* K *in DM gemessen.*

   (a) *Bestimmen Sie die Änderungsratenfunktion* $\rho_K(x)$ *und die Elastizitätsfunktion* $\varepsilon_K(x)$.

   (b) *Um wieviel Prozent ändern sich approximativ die Kosten* K, *wenn die Produktionsmenge* x *von* $x_0 = 10$ *kg*

      i. *um 1 kg*

      ii. *um 1%*

      erhöht wird?

   (c) *Geben Sie die Elastizitätsfunktion* $\varepsilon_S(x)$ *für die Stückkostenfunktion* $S(x) = K(x)/x$ *an.*

2. *Sei* $f: \mathbf{R} \setminus \{-1,1\} \to \mathbf{R}$, $f = f(x)$ *eine Funktion mit der Elastizitätsfunktion* $\varepsilon_f(x) = \dfrac{1}{|x|-1}$. *Für welche* $x \in D_f$ *gilt* $\varepsilon_f(x) > 1$?

Aufgabe 1.5.3 *(10 %)*

1. *Das Bruttoinlandsprodukt* Y *des Landes A folgt der Funktion* $Y(t) = Y_0(1+r)^t$ *mit der Zeit* $t \geq 0$ *(in Jahren), einem Anfangswert* $Y_0 > 0$ *und dem Parameter* $r > 0$.

   (a) *Bestimmen Sie die Änderungsratenfunktion* $\rho_Y(t)$.

(b) *Zeichnen Sie* $\rho_Y(t)$ *für* $t \in [0, 10]$.

(c) *Berechnen und interpretieren Sie* $\rho_Y(t)$ *für* $r = 0.03$.

2. *Geben Sie den natürlichen Definitionsbereich von* $g(x, y) = \sqrt{\ln(x - y)}$ *an.*

3. *Lösen Sie die folgenden unbestimmten Integrale für* $x > 0$ *und* $a > 0$.

   (a) $\int \sqrt{x\sqrt{x}}\, dx$

   (b) $\int 2(1 + a)^x\, dx$

   (c) $\int (\sin(x))^2 + (\cos(x))^2\, dx$

Aufgabe 1.5.4 *(10 %)*

Sei $f : [-r, r] \to \mathbf{R}$, $f(x) = \sqrt{r^2 - x^2}$ *mit* $r > 0$.

1. *Geben Sie die Ableitungen von* $f(x)$ *bis zur dritten Ordnung an.*

2. *Bestimmen Sie das Taylorpolynom dritten Grades an der Stelle* $a = 0$.

3. *Es gilt* $\int_{-r}^{r} f(x)\, dx = \pi r^2/2$ *(die Hälfte der Fläche eines Kreises vom Radius* r*), was Sie nicht nachprüfen sollen. Verwenden Sie das Polynom aus 2., um* $\int_{-r}^{r} f(x)\, dx$ *approximativ zu berechnen. Geben Sie den absoluten Approximationsfehler an.*

Aufgabe 1.5.5 *(11 %)*

Bestimmen Sie die kritischen Stellen von

$$f : \mathbf{R}^2 \to \mathbf{R}, \quad f(x, y) = 2(x - y)^2 + y^2 e^y,$$

und stellen Sie fest, ob es sich dabei um Minimal-, Maximal- oder Sattelstellen handelt.

Aufgabe 1.5.6 *(9 %)*

Ein Betrieb verkauft von zwei Gütern die Mengen x *und* y. *Die Gewinnfunktion* G *und die Produktionsfunktion* P *lauten:*

$$G, P : \mathbf{R}_+^2 \to \mathbf{R}, \quad G(x, y) = 20x + 39y - 2x^2 - 3y^2, \quad P(x, y) = 4x + 6y$$

1. *Bestimmen Sie mit der Substitutionsmethode die Maximalstelle der Gewinnfunktion unter der Nebenbedingung* $P(x, y) = 24$. *Vergessen Sie nicht, die hinreichenden Bedingungen nachzuprüfen.*

2. *Geben Sie den maximalen Gewinn an.*

3. *Skizzieren Sie den Teil des Definitionsbereiches, den Sie durch obige Nebenbedingung ausgewählt haben.*

Aufgabe 1.5.7 *(11 %)*

Die Umsatzfunktion einer Firma für ein neues Produkt lautet

$$U : \mathbf{R}_+^2 \to \mathbf{R}, \quad U(x,y) = \frac{100x}{4+x} + \frac{50y}{2+y}$$

Dabei sind x und y die Kosten für zwei Werbemedien. Gesucht ist die Aufteilung der Werbekosten auf die beiden Medien, die den Nettogewinn

$$G : \mathbf{R}_+^2 \to \mathbf{R}, \quad G(x,y) = \frac{1}{3}U(x,y) - (x+y)$$

maximiert, unter der Nebenbedingung, daß der Werbeetat $x + y = 10$ voll ausgeschöpft wird. Verwenden Sie die Lagrangemethode, um die kritischen Stellen (mehr nicht!) zu bestimmen.

Aufgabe 1.5.8 *(10 %)*

Die Funktion $f : \mathbf{R} \to \mathbf{R}$, $f(x) = x^3 - x$ hat Nullstellen in $x_1 = -1$, $x_2 = 0$ und $x_3 = 1$ und lokale Extrema in $x_4 = \sqrt{1/3}$ und $x_5 = -\sqrt{1/3}$, was Sie nicht nachzuprüfen brauchen.

Zeichnen Sie $g : [-1,2] \to \mathbf{R}$, $g(x) = |x^3 - x|$. Sind die folgenden Stellen Minimal- oder Maximalstellen von $g(x)$? Falls ja: Sind sie lokal und/oder global? Sind sie strikt? Berechnen Sie nichts! Füllen Sie die folgende Tabelle vollständig aus ('+' für 'ja', '-' für 'nein'). Leere Felder werden nicht bepunktet!

x_i	*Maximum*	*Minimum*	*lokal*	*strikt lokal*	*global*	*strikt global*
-1						
$-\sqrt{1/3}$						
0						
$\sqrt{1/3}$						
1						
2						

Aufgabe 1.5.9 *(10 %)*

1. *Berechnen Sie die Fläche $\mathcal{A}$ zwischen den Funktionen $f(x) = x^2 - 1$ und $g(x) = 1 - x$ im Intervall $[-2,0]$. Erstellen Sie dazu eine Skizze von $\mathcal{A}$.*
2. *Lösen Sie mittels zweifacher partieller Integration das unbestimmte Integral $\int \sin(x) \cdot e^x \, dx$.*

Aufgabe 1.5.10 *(10 %)*

Gegeben ist eine CES-Produktionsfunktion

$$f : \mathbf{R}_+^2 \to \mathbf{R}, \quad f(x,y) = a_0(a_1 x^\rho + a_2 y^\rho)^{1/\rho}$$

mit $a_i > 0$ und $\rho \neq 0$.

1. *Ermitteln Sie die partiellen Ableitungen erster Ordnung.*
2. *Geben Sie das totale Differential df an der Stelle* $(x_0, y_0) = (1, 4)$ *für* $\rho = \frac{1}{2}$ *an.*
3. *Geben Sie für* $a_0 = 1$ *und* $a_1 = a_2 = \rho = \frac{1}{2}$ *die Tangentialebene an, die f in* $(x_0, y_0) = (1, 4)$ *berührt.*
4. *Berechnen und zeichnen Sie den Gradienten von f an der Stelle* $(x_0, y_0) = (1, 4)$ *für* $a_0 = 1$ *und* $a_1 = a_2 = \rho = \frac{1}{2}$. *In welche Richtung steigt der Graph von f an der Stelle* (x_0, y_0) *am stärksten an?*

1.6 Klausur

Aufgabe 1.6.1 *(9 %)*

Aus dem Anfangskapital $K_0 > 0$ *wird bei jährlicher Verzinsung mit dem Zinssatz* $0 < i < 1$ *nach* $t > 0$ *Jahren das Endkapital* $K(t, i) = K_0 \cdot (1 + i)^t$.

1. *Ermitteln Sie die partiellen Ableitungen erster Ordnung.*
2. *Geben Sie das totale Differential dK an der Stelle* $(t_0, i_0) = (10, 0.05)$ *an.*
3. *Geben Sie die Tangentialebene an, die K in* (t_0, i_0) *berührt.*
4. *Führen Sie die Approximation* $K(9, 0.06) \approx K(10, 0.05) + dK$ *mit* $\Delta t = -1$ *und* $\Delta i = 0.01$ *durch und geben Sie den absoluten Approximationsfehler* δK *an.*

Aufgabe 1.6.2 *(10 %)*

1. *Durch* $f(x, y) = \ln(x^2 + e^{2y}) + (x + 1)^2 = 0$ *ist eine Funktion* $y = y(x)$ *implizit gegeben.*
   (a) *Berechnen Sie* $y'(x)$.
   (b) *Ermitteln Sie* $y(0)$ *und* $y'(0)$.
   (c) *Bestimmen Sie mit den Ergebnissen aus (b) das Taylorpolynom ersten Grades von* $y = y(x)$ *an der Stelle* $a = 0$.
2. *Für welche* $x \in \mathbf{R} \setminus \{0\}$ *gilt* $1 + \frac{1}{x} < \frac{2}{|x|}$ *?*

Aufgabe 1.6.3 *(10 %)*

1. *Die Funktionen* $f_1(x, y)$ *und* $f_2(x, y)$ *sind beide homogen vom Grade r. Bestimmen Sie, falls möglich, den Homogenitätsgrad* r_g *der folgenden Funktionen:*
   (a) $g_1(x, y) = f_1(x, y) + f_2(x, y)$
   (b) $g_2(x, y) = f_1(x, y) \cdot f_2(x, y)$

(c) $g_3(x,y) = \frac{f_1(x,y)}{f_2(x,y)}$ *mit* $f_2(x,y) \neq 0$.

2. *Eine Produktionsfunktion* $g = g(x,y)$ *ist homogen vom Grade* r. *Nach einer Verdopplung der Inputs* x *und* y *wächst der Output* g *mit einem Faktor* $\lambda^r < 2$. *In welchem Intervall liegt* r ?

3. *Bilden Sie die erste Ableitung von* $f(x) = \sqrt{x}^{\sqrt{x}}$ *für* $x > 0$. *Vereinfachen Sie Ihr Ergebnis, soweit möglich.*

Aufgabe 1.6.4 *(10 %)*

Gegeben ist die lineare Nachfragefunktion $x : (0,20) \to (0,20)$, $x(p) = 20 - p$. *Dabei wird* x *in kg und* p *in DM gemessen.*

1. *Bestimmen Sie die Änderungsratenfunktion* $\rho_x(p)$ *und die Elastizitätsfunktion* $\varepsilon_x(p)$.

2. *Um wieviel Prozent ändert sich die Nachfrage* x, *wenn der Preis von* $p_0 = 5$ *DM um* 1% *erhöht wird? Berechnen Sie Ihre Antwort*

   (a) *mit der mittleren relativen Änderung* $\frac{\Delta x(p)}{x(p_0)} \cdot 100$.

   (b) *mit einem Ergebnis aus 1.*

3. *Stimmen die Ergebnisse in 2.(a) und 2.(b) überein? Begründen Sie dieses* <u>*kurz*</u>.

4. *Für welche* $p \in (0,20)$ *reagiert die Nachfrage*

   (a) *unelastisch?*

   (b) *elastisch?*

Aufgabe 1.6.5 *(10 %)*

1. *Gegeben ist die Stückkostenfunktion* $S : (0,\infty) \to (0,\infty)$, $S(x) = x^2 - 5x + 10$. *Dabei wird* x *in kg und* S *in DM/kg gemessen.*

   (a) *Bestimmen Sie die Änderungsratenfunktion* $\rho_S(x)$ *und die Elastizitätsfunktion* $\varepsilon_S(x)$.

   (b) *Berechnen und interpretieren Sie* $S'(4)$.

   (c) *Für welches* $x \in (0,\infty)$ *werden die Stückkosten minimal? Die hinreichenden Bedingungen brauchen Sie nicht nachzuprüfen.*

   (d) *Zeichnen Sie* $S(x)$ *für* $x \in (0,5]$.

   (e) *Für welche* $x \in (0,\infty)$ *gilt* $\varepsilon_S(x) > 0$?

2. *Gilt* $\frac{d}{dx}\ln(ax) = \frac{d}{dx}\ln(x)$ *für alle* $a > 0$ *und* $x > 0$?

Aufgabe 1.6.6 *(10 %)*

Sei $f : \mathbf{R} \to \mathbf{R}$, $f(x) = \exp\left(-\frac{x^2}{2}\right)$.

1. *Geben Sie die Ableitungen von* $f(x)$ *bis zur dritten Ordnung an.*

2. *Bestimmen Sie das Taylorpolynom dritten Grades an der Stelle* $a = 0$.

3. *Zeichnen Sie das Polynom aus 2. für* $x \in [-1, 1]$.

4. *Die Fläche unter der standardisierten Normalverteilung* $\int \frac{1}{\sqrt{2\pi}} \exp\left(-\frac{x^2}{2}\right) dx$ *ist in der Statistik von großer Bedeutung. Verwenden Sie das Polynom aus 2., um* $\int_0^1 \frac{1}{\sqrt{2\pi}} \exp\left(-\frac{x^2}{2}\right) dx$ *approximativ zu berechnen.*

Aufgabe 1.6.7 *(12 %)*

Bestimmen Sie die kritischen Stellen von

$$f : \mathbf{R}^2 \to \mathbf{R}, \quad f(x, y) = e^x(x^2 - y^2),$$

und stellen Sie fest, ob es sich um Minimal-, Maximal- oder Sattelstellen handelt.

Aufgabe 1.6.8 *(11 %)*

Bestimmen Sie mit der Substitutionsmethode den (minimalen) Abstand

$$d : \mathbf{R}^2 \to \mathbf{R}_+, \quad d(x, y) = \sqrt{(x-1)^2 + (y-1)^2}$$

des Punktes $(1, 1)$ *von der Ebene* $x + y - 6 = 0$. *Vergessen Sie nicht, die hinreichenden Bedingungen nachzuprüfen.*

Aufgabe 1.6.9 *(9 %)*

Bestimmen Sie mit der Lagrangemethode die kritischen Stellen (mehr nicht!) von

$$f : \mathbf{R}^2 \to \mathbf{R}, \quad f(x, y) = \exp(x^2 + y^2)$$

unter der Nebenbedingung $y = \frac{1}{x}$ *mit* $x \neq 0$.

Aufgabe 1.6.10 *(9 %)*

1. *Bestimmen Sie* $t > 0$, *so daß* $\int_0^t 2x - b\,dx = 2b^2$. *Wie hängt die Lösung für* t *von* $b \in \mathbf{R}$ *ab?*

2. *Lösen Sie das unbestimmte Integral* $\int \frac{1}{2^x} + \frac{1}{\exp(0.5\ln(x))}\,dx$ *für* $x > 0$.

1.7 Klausur

Aufgabe 1.7.1 *(10 %)*

1. *Bilden Sie die erste Ableitung der folgenden Funktionen:*

   (a) $f(x) = \frac{\sin(x)}{x}$ *mit* $x \neq 0$

   (b) $f(x) = 2^{\ln(x)}$ *mit* $x > 0$

   (c) $f(x) = \sqrt[3]{\frac{1}{x} + 1}$ *mit* $x \neq 0,\ x \neq -1$

   (d) $f(x) = \frac{1-x}{5+x}$ *mit* $x \neq -5$

   (e) $f(x) = \max_{x>0}\{e^x, \ln(x)\}$

2. *Bilden Sie die partiellen Ableitungen 1. Ordnung von* $f(x,y) = \dfrac{10x}{\sqrt{1+y}}$ *mit* $y > -1$.

Aufgabe 1.7.2 *(9 %)*

1. *Gegeben sei die Cobb-Douglas-Produktionsfunktion*

$$f : (0,\infty)^2 \to (0,\infty), \quad f(K,L) = aK^bL^c$$

   mit $a, b, c > 0$ *und den partiellen Ableitungen*

$$f'_K(K,L) = abK^{b-1}L^c \quad \text{und} \quad f'_L(K,L) = acK^bL^{c-1}$$

   (a) *Geben Sie das partielle Differential* df_K *bezüglich* K *an der Stelle* $(K_0, L_0) = (1,4)$ *an.*

   (b) *Geben Sie das totale Differential* df *an der Stelle* $(K_0, L_0) = (1,4)$ *für* $b = c = \frac{1}{2}$ *an.*

   (c) *Berechnen und zeichnen Sie den Gradienten von* f *an der Stelle* $(K_0, L_0) = (1,4)$ *für* $a = 1$ *und* $b = c = \frac{1}{2}$.

2. *Monika G. besitzt kein eigenes Auto und muß sich für die Bewältigung einer Wegstrecke* x *(in km) an einem Tag für eine der beiden folgenden Alternativen entscheiden:*

   (M) *Mieten eines Leihwagens zur Grundgebühr von 80 DM pro Tag und zusätzlichen Kosten von 20 Pf pro km (incl. Benzinkosten).*

   (T) *Fahrt mit einem Taxi zur Grundgebühr von 4 DM und Kosten von 1 DM pro km.*

   Stellen Sie die Kostenfunktionen $K_M(x)$ *und* $K_T(x)$ *auf und stellen Sie fest, für welche Streckenlänge welche Alternative billiger ist.*

Aufgabe 1.7.3 *(9 %)*

1. *Durch*
$$f(x,y) = x \cdot \sin(x) + y \cdot \cos(y) = 0$$
ist eine Funktion $y = g(x)$ *implizit gegeben. Berechnen Sie* $g'(x)$ *und* $\frac{d}{dy}g^{-1}(y)$.

2. *Aus dem Anfangskapital* $K_0 > 0$ *wird bei jährlicher Verzinsung mit dem Zinssatz* $0 < i < 1$ *nach* $t > 0$ *Jahren das Endkapital*
$$K(i,t) = K_0(1+i)^t$$
Durch $K(i,t) = 20000$ *ist dann eine Funktion* $i = g(t)$ *implizit gegeben.*
   (a) *Ermitteln Sie die explizite Form* $i = g(t)$.
   (b) *Zeichnen Sie* $i = g(t)$ *für* $K_0 = 19200$ *und* $t \in [0.5, 1.5]$.

3. *Seien* $a, b \in \mathbf{R}$ *mit* $-2a = 4b$. *Dann gilt:*
$$-2a = 4b \Longleftrightarrow 10a - 12a = 24b - 20b \Longleftrightarrow 10a + 20b = 12a + 24b$$
$$\Longleftrightarrow 10(a+2b) = 12(a+2b) \Longleftrightarrow 10 = 12$$
Welche Umformung ist nicht korrekt?

Aufgabe 1.7.4 *(8 %)*

1. *Eine Nachfragefunktion* $x : (0,\infty)^2 \to (0,\infty)$, $x = x(p,y)$ *ist homogen vom Grade* r. *Nach einer Verdopplung des Preises* p *und des Einkommens* y *verändert sich* x *überhaupt nicht. Was folgt daraus für* r*? Begründen Sie Ihre Antwort anhand der Definition der Homogenität.*

2. *Bestimmen Sie, falls möglich, die Homogenitätsgrade der folgenden Funktionen* $f : (0,\infty)^2 \to (0,\infty)$ *mit* $a > 0$:
   (a) $f(x,y) = 4y + \sqrt{x^2 + \left|\ln\left(\frac{x}{y}\right)\right|}$
   (b) $f(x,y) = ax^2 + 2(x+y)^2$

3. *Zeigen Sie: Ist* $f : (0,\infty) \to (0,\infty)$, $y = f(x)$ *homogen vom Grade* r *und differenzierbar, so ist die Ableitung* f' *homogen vom Grade* $r-1$. *Leiten Sie dazu die Gleichung*
$$f(\lambda x) = \lambda^r \cdot f(x)$$
mit $\lambda > 0$ *auf beiden Seiten nach* x *ab.*

Aufgabe 1.7.5 *(8 %)*

Der Barwert $K(t,i)$ von K_0 DM in $t > 0$ Jahren beträgt zum heutigen Zeitpunkt

$$K(t,i) = \frac{K_0}{(1+i)^t}$$

mit $0 < K(t,i) < K_0$ und dem jährlichen Zinssatz $0 < i < 1$. Die partiellen Ableitungsfunktionen lauten

$$K_t'(t,i) = -K_0(1+i)^{-t} \cdot \ln(1+i) \quad \textit{und} \quad K_i'(t,i) = -K_0 t(1+i)^{-t-1}$$

1. *Bestimmen Sie die Änderungsratenfunktionen $\rho_{K,t}(t,i)$ und $\rho_{K,i}(t,i)$ sowie die Elastizitätsfunktionen $\varepsilon_{K,t}(t,i)$ und $\varepsilon_{K,i}(t,i)$.*
2. *Interpretieren Sie das/die Vorzeichen von $K_t'(t,i)$, $\rho_{K,t}(t,i)$ und $\varepsilon_{K,t}(t,i)$.*
3. *Berechnen und interpretieren Sie $K_t'(t,i)$ für $K_0 = 10000$ DM, $i = 0.05$ und $t = 5$.*

Aufgabe 1.7.6 *(10 %)*

Die Nachfrage x nach einem Produkt hängt über eine Funktion $x : (0,\infty) \to (0,\infty)$, $x = x(p)$ vom Produktpreis p ab. Die Elastizitätsfunktion

$$\varepsilon_x(p) = -\frac{2+p}{2}$$

liegt vor.

1. *Für welche $p \in D_x$ reagiert die Nachfrage elastisch?*
2. *Bestimmen Sie die Elastizitätsfunktion $\varepsilon_U(p)$ der Umsatzfunktion $U(p) = p \cdot x(p)$.*
3. *Bestimmen Sie die Nachfragefunktion (bis auf eine Konstante), indem Sie die Beziehung*

$$\ln(x(p)) = \int \frac{\varepsilon_x(p)}{p}\, dp$$

ausnutzen.

Aufgabe 1.7.7 *(10 %)*

1. *Sei $f : (-1,\infty) \to \mathbf{R}$, $f(x) = \frac{1}{\sqrt{1+x}}$ mit*

$$f'(x) = -\frac{1}{2}(x+1)^{-3/2} \quad \textit{und} \quad f''(x) = \frac{3}{4}(x+1)^{-5/2}$$

   (a) Bestimmen Sie das Taylorpolynom 2. Grades $T_f^2(x)$ an der Stelle $x_0 = 0$.

   (b) Approximieren Sie $\frac{1}{\sqrt{2}}$ durch $T_f^2(1)$.

   (c) Berechnen Sie den absoluten Approximationsfehler $\delta f = \left|\frac{1}{\sqrt{2}} - T_f^2(1)\right|$.

2. *Sei* $f : \mathbf{R} \setminus \{-1\} \to \mathbf{R}$, $f(x) = \dfrac{1}{(1+x)^2}$

   (a) *Skizzieren Sie* $f(x)$ *für* $x \in [0,2]$.

   (b) *Geben Sie die Ableitungen bis zur dritten Ordnung an.*

   (c) *Geben Sie die* n*-te Ableitung für beliebiges* $n \in \mathbf{N}_0$ *an.*

Aufgabe 1.7.8 *(10 %)*

1. *Sei*
$$f : \mathbf{R} \to \mathbf{R}, \quad y = f(x) = ax^2 + bx + c$$
Bestimmen Sie die Koeffizienten $a, b, c \in \mathbf{R}$ *so, daß der Graph von* f *die* y*-Achse bei* $y = 2$ *schneidet und ein lokales Extremum in* $(1,3)$ *besitzt.*

2. *Bestimmen Sie die kritischen Stellen - mehr nicht! - von*
$$f : \mathbf{R}^2 \to \mathbf{R}, \quad f(x,y) = 2^{xy}$$

3. *Sei* $f : \mathbf{R}^2 \to \mathbf{R}$, $f = f(x,y)$ *mit*
$$f''_{xx}(x,y) = 1, \quad f''_{yy}(x,y) = \frac{1}{2} \quad \text{und} \quad f''_{xy}(x,y) = -\frac{1}{2}$$
Ist die kritische Stelle $(x_0, y_0) = (1,3)$ *eine Minimal-, Maximal- oder Sattelstelle?*

Aufgabe 1.7.9 *(9 %)*

1. (a) *Bestimmen Sie mit der Substitutionsmethode die Maximalstelle der Nutzenfunktion*
$$U : \mathbf{R}^2_+ \to \mathbf{R}, \quad U(x,y) = 3 \cdot \sqrt{xy+1}$$
unter der Budgetrestriktion
$$g : \mathbf{R}^2_+ \to \mathbf{R}, \quad g(x,y) = x + 2y = 8$$
Die hinreichenden Bedingungen brauchen Sie nicht zu überprüfen.

   (b) *Skizzieren Sie den Teil des Definitionsbereiches, den Sie durch obige Restriktion ausgewählt haben. Zeichnen Sie auch die Maximalstelle ein.*

2. *Sei* $f : (0,d) \to (0,\infty)$, $y = f(x)$ *mit* $d > 0$ *und*
$$f''(x) = \frac{-4x(d^2 - x^2) + x(d^2 - 2x^2)}{(d^2 - x^2)^{3/2}}$$
Ist die kritische Stelle $x_0 = \dfrac{d}{\sqrt{2}}$ *eine Minimal-, Maximal- oder Sattelstelle?*

Aufgabe 1.7.10 *(8 %)*

Zu untersuchen ist, welches Rechteck (mit den Seiten $x > 0$ und $y > 0$) bei gegebener Diagonalen-Länge $d > 0$ den maximalen Flächeninhalt $\mathcal{F}$ hat. Bestimmen Sie mit der Lagrangemethode die kritischen Stellen (mehr nicht).

Aufgabe 1.7.11 *(9 %)*

1. *Berechnen Sie die bestimmten Integrale*
   (a) $\int_2^2 2^{\ln(x)}\,dx$
   (b) $\int_{-1}^1 1-|x|\,dx$
   (c) $\int_0^\pi \sin(x)\,dx$
2. *Für welche $x \in \mathbf{R}\setminus\{2\}$ gilt $\frac{-1}{x-2} \le 1$?*

1.8 Klausur

Aufgabe 1.8.1 *(5 %)*

Bestimmen Sie mit Hilfe einer Skizze der Funktionen $g(x) = x^3$ und $h(x) = e^{2x}$ den natürlichen Definitionsbereich von $f(x,y) = y\cdot\ln(x^3 - e^{2x})$.

Aufgabe 1.8.2 *(9 %)*

1. *Bilden Sie die erste Ableitung der folgenden Funktionen:*
   (a) $f(x) = \frac{1}{\sqrt{4x}}$ *mit* $x > 0$
   (b) $f(x) = (4x-1)(6x+2)$
   (c) $f(x) = \ln(e^{2x} - x^3)$
2. *Zeigen Sie, daß für* $f(x) = \dfrac{\sqrt{x+1}}{(x-1)^2}$ *mit $x > 1$ gilt:*
$$f'(x) = \frac{-2.5 - 1.5x}{(x-1)^3\sqrt{x+1}}$$
3. *Bilden Sie die partiellen Ableitungen 1. Ordnung von $f(x,y) = 5\sqrt{x^y}$ mit $x > 0$.*

Aufgabe 1.8.3 *(10 %)*

Gegeben sei die Produktionsfunktion
$$f:(0,\infty)^2 \to (0,\infty), \quad f(x,y) = \sqrt{x^2 + 2y^2 - xy}$$
mit den partiellen Ableitungen
$$f_x'(x,y) = \frac{x - \frac{1}{2}y}{\sqrt{x^2+2y^2-xy}} \quad \text{und} \quad f_y'(x,y) = \frac{2y - \frac{1}{2}x}{\sqrt{x^2+2y^2-xy}}$$

1. *Geben Sie die totalen Differentiale* df_0 *und* df_1 *an den Stellen* $(x_0, y_0) = (2,1)$ *und* $(x_1, y_1) = (2,3)$ *an.*

2. *Geben Sie die Tangentialebene an, die* f *in* (x_0, y_0) *berührt.*

3. *Führen Sie die Approximationen*

$$f(2,3) \approx f(2,1) + df_0 \quad \textit{und} \quad f(2,1) \approx f(2,3) + df_1$$

durch und berechnen Sie die absoluten Approximationsfehler

$$\delta f_0 = |f(2,3) - (f(2,1) + df_0)| \quad \textit{und} \quad \delta f_1 = |f(2,1) - (f(2,3) + df_1)|$$

Dabei sind Δx *und* Δy *selbst zu ermitteln.*

4. *Geben Sie den Abstand* $d((x_0, y_0), (x_1, y_1))$ *an.*

Aufgabe 1.8.4 *(10 %)*

Gegeben sei die (indirekte) Nutzenfunktion

$$v : (0,\infty)^2 \to (0,\infty), \quad v(p_1,p_2) = \frac{y}{p_1} + \frac{y}{p_2}$$

eines Haushalts mit den Güterpreisen p_1 *und* p_2 *(in DM), dem Nutzen* v *und festem Einkommen* $y > 0$. *Dann ist durch* $v(p_1,p_2) = 100$ *eine Funktion* $p_1 = g(p_2)$ *implizit gegeben.*

1. *Berechnen Sie* $\frac{d}{dp_2} g(p_2)$ *über die Ableitung impliziter Funktionen.*

2. *Ermitteln Sie die explizite Form* $g : \left(\frac{y}{100}, \infty\right) \to \left(\frac{y}{100}, \infty\right)$, $p_1 = g(p_2)$.

3. *Zeichnen Sie die Preisindifferenzkurve* $p_1 = g(p_2)$ *für* $y = 100$ *und* $p_2 \in \left[\frac{10}{9}, 10\right]$.

4. *Berechnen und interpretieren Sie* $\frac{d}{dp_2} g(p_2)$ *für* $y = 100$ *und* $p_1 = p_2 = 2$.

Aufgabe 1.8.5 *(8 %)*

1. *Bestimmen Sie, falls möglich, die Homogenitätsgrade der folgenden Funktionen* $f : (0,\infty)^2 \to (0,\infty)$ *mit* $a > 0$:

   (a) $f(x,y) = a^2 + (x+y)^2$

   (b) $f(x,y) = a\,\sqrt{xy} + x$

2. *Die Nachfragefunktion* $x = f(p,y)$ *ist homogen vom Grade* $r = 0$ *in Preis* p *und Einkommen* y *und besitzt die partielle Einkommenselastizitätsfunktion*

$$\varepsilon_{f,y}(p,y) = \frac{1}{2}$$

Bestimmen Sie die partielle Preiselastizitätsfunktion $\varepsilon_{f,p}(p,y)$.

3. *Sei*

$$h : (0,\infty)^2 \to (0,\infty), \quad h(x,y) = \frac{ax^2 + y^a}{1 + b \cdot \ln(x)}$$

mit $a > 0$ *und* $b \geq 0$. *Geben Sie den Wertebereich der Parameter* a *und* b *an, für den* $h(x,y)$ *homogen ist. Bestimmen Sie den Homogenitätsgrad* r.

4. *Zeigen Sie: Ist* $f : (0,\infty)^2 \to (0,\infty)$, $z = f(x,y)$ *homogen vom Grade* r *und partiell differenzierbar, so ist die Ableitung* f'_x *homogen vom Grade* $r-1$. *Leiten Sie dazu die Gleichung*

$$f(\lambda x, \lambda y) = \lambda^r \cdot f(x,y)$$

mit $\lambda > 0$ *auf beiden Seiten nach* x *ab.*

Aufgabe 1.8.6 *(10 %)*

1. *Gegeben ist die Nachfragefunktion*

$$x : (0,\infty) \to (0,S), \quad x(y) = \frac{S}{1 + \exp(a - by)}$$

mit den Parametern $S > 0$, $b > 0$ *und* $a \in \mathbf{R}$, *dem Einkommen* y *sowie der Ableitungsfunktion*

$$\frac{d}{dy}x(y) = \frac{Sb\exp(a-by)}{(1+\exp(a-by))^2}$$

(a) *Ist die Aussage „Die Nachfrage steigt mit steigendem Einkommen“ für alle* $y \in D_x$ *wahr?*

(b) *Bestimmen Sie die Änderungsratenfunktion* $\rho_x(y)$ *und die Elastizitätsfunktion* $\varepsilon_x(y)$.

(c) *Berechnen und interpretieren Sie* $\varepsilon_x(2)$ *für* $a = 0$ *und* $b = 1$. *Ist die Nachfrage für* $y = 2$ *elastisch?*

(d) *Transformieren Sie obige Nachfragefunktion in die lineare Nachfragefunktion* $x^*(y) = a - by$. *Geben Sie* $x^*(y)$ *an.*

2. *Im Gründungsjahr 1985 produzierte eine Firma* $x = 10000$ *Videorecorder. Pro Jahr wird die Produktion um 1000 Stück gesteigert. Geben Sie die zugehörige Produktionsfunktion*

$$x : \mathbf{N}_0 \to (0,\infty), \quad x = x(t)$$

an, wobei t *in Jahren gemessen wird und 1985 mit* $t = 0$ *identifiziert wird.*

Aufgabe 1.8.7 *(9 %)*

Seien $a, b > 0$ *und* $c \geq 1$. *Zu einer Nachfragefunktion*

$$x : (0, a^{1/c}) \to (0,\infty), \quad x = x(p)$$

ist die Preiselastizitätsfunktion

$$\varepsilon_x(p) = \frac{cp^c}{b\,(p^c - a)}$$

gegeben.

1. *Für welche* $p \in D_x$ *gilt* $\varepsilon_x(p) \geq 0$ *?*

2. *Für welche* $p \in D_x$ *reagiert die Nachfrage elastisch?*

3. *Sei* $a = 10$ *und* $b = c = 1$. *Für welches* $p \in D_x$ *gilt* $\varepsilon_x(p) = -1$ *?*

4. *Skizzieren Sie* $\varepsilon_x(p)$ *für* $a = 10$ *und* $b = c = 1$.

Aufgabe 1.8.8 *(9 %)*

1. *Sei* $f : (-\frac{\pi}{2}, \frac{\pi}{2}) \to \mathbf{R}$, $f(x) = \tan(x)$ *mit*

$$f'(x) = \frac{1}{(\cos(x))^2} \quad f''(x) = \frac{2\sin(x)}{(\cos(x))^3} \quad f'''(x) = \frac{6(\sin(x))^2}{(\cos(x))^4} + \frac{2}{(\cos(x))^2}$$

   (a) *Bestimmen Sie das Taylorpolynom 3. Grades* $T_f^3(x)$ *an der Stelle* $x_0 = 0$.

   (b) *Läßt sich* $\tan(\frac{\pi}{2})$ *exakt und durch* $T_f^3(\frac{\pi}{2})$ *approximativ berechnen? Wenn 'ja': Tun Sie's! Wenn 'nein': Warum nicht?*

2. *Sei* $f : \mathbf{R} \to \mathbf{R}$, $f(x) = (x - \frac{1}{2})^3$.

   (a) *Bestimmen Sie das Taylorpolynom 1. Grades* $T_f^1(x)$ *an der Stelle* $x_0 = 0$.

   (b) *Approximieren Sie die Nullstelle* x_N *von* $f(x)$ *durch die Nullstelle* $\tilde{x}_N$ *von* $T_f^1(x)$. *Geben Sie den absoluten Fehler* $\delta = |x_N - \tilde{x}_N|$ *an.*

Aufgabe 1.8.9 *(10 %)*

1. *Sei* $f : \mathbf{R}^2 \to \mathbf{R}$, $z = f(x, y)$ *mit der kritischen Stelle* (x_0, y_0) *und*

   (a) $f''_{xx}(x_0, y_0) \cdot f''_{yy}(x_0, y_0) > (f''_{xy}(x_0, y_0))^2$ *und* $f''_{xx}(x_0, y_0) > 0$ *sowie* $f''_{yy}(x_0, y_0) > 0$

   (b) $f''_{xx}(x_0, y_0) \cdot f''_{yy}(x_0, y_0) > (f''_{xy}(x_0, y_0))^2$ *und* $f''_{xx}(x_0, y_0) > 0$ *sowie* $f''_{yy}(x_0, y_0) < 0$

   (c) $f''_{xx}(x_0, y_0) \cdot f''_{yy}(x_0, y_0) < (f''_{xy}(x_0, y_0))^2$ *und* $f''_{xx}(x_0, y_0) > 0$ *sowie* $f''_{yy}(x_0, y_0) > 0$

   Ist (x_0, y_0) *eine Minimal-, Maximal- oder Sattelstelle?*

2. *Ein Monopolist mit der Kostenfunktion* $K(y) = 1 + y^2$ *sieht sich der inversen Nachfragefunktion* $p(y) = 10 - y$ *gegenüber. Dabei ist* y *die produzierte und verkaufte Menge eines Produkts und* p *dessen Preis. Bestimmen Sie die kritische Stelle der Gewinnfunktion*

$$G(y) = p(y) \cdot y - K(y)$$

   und stellen Sie fest, ob es sich um eine Minimal-, Maximal- oder Sattelstelle handelt. Geben Sie bei einer Extremstelle an, ob sie (strikt) lokal und/oder (strikt) global ist.

3. *Bestimmen Sie die kritischen Stellen - mehr nicht! - von*

$$f : \mathbf{R}^2 \to \mathbf{R}, \quad f(x, y) = \frac{1}{2}x^2 + \frac{1}{4}y^2 - \frac{1}{2}xy - \frac{1}{2}x + y + 7$$

Aufgabe 1.8.10 *(9 %)*

Für eine 2-Produkt-Unternehmung gelten die inversen Nachfragefunktionen

$$p_1(x_1) = 100 - x_1 \quad \textit{und} \quad p_2(x_2) = 200 - x_2$$

mit den Absatzmengen $x_1 > 0$ und $x_2 > 0$ und den Preisen p_1 und p_2. Aus Kapazitätsgründen muß die Wochenproduktion der Gleichung $x_1 + 2x_2 = 70$ genügen.

1. *Bestimmen Sie mit der Substitutionsmethode die Mengenkombination, die den wöchentlichen Umsatz*

$$U(x_1, x_2) = p_1(x_1) \cdot x_1 + p_2(x_2) \cdot x_2$$

   maximiert. Vergessen Sie nicht, die hinreichenden Bedingungen nachzuprüfen.

2. *Skizzieren Sie den Teil des Definitionsbereiches, den Sie durch obige Restriktion ausgewählt haben. Zeichnen Sie auch die Maximalstelle ein.*

Aufgabe 1.8.11 *(11 %)*

Bestimmen Sie mit der Lagrangemethode die kritischen Stellen - mehr nicht - von

$$f : \mathbf{R}^2 \to \mathbf{R}, \quad f(x, y) = y^3 + 3x^2y - 12x - 15y$$

unter der Restriktion $y = 3 - x$.

1.9 Formelsammlung

1. $a \leq b$ und $c < 0 \Longrightarrow ac \geq bc \qquad \sum_{i=1}^{n} c = nc$
2. $x^m x^n = x^{m+n}$, $(xy)^n = x^n y^n$, $(x^m)^n = x^{mn}$ und für $x \geq 0$: $x^{m/n} = (\sqrt[n]{x})^m$
3. $x^2 + bx + c = 0 \Longrightarrow x_{1,2} = -b/2 \pm \sqrt{(b/2)^2 - c}$
4. $(\sin(x))^2 + (\cos(x))^2 = 1$ und für $x, y > 0$: $\ln(x^a y^b) = a\ln(x) + b\ln(y)$
5. $\tan(x) = \frac{\sin(x)}{\cos(x)}$ für $x \neq (2k+1)\pi/2$ und $\cot(x) = \frac{\cos(x)}{\sin(x)}$ für $x \neq k\pi$ mit $k \in \mathbf{Z}$
6. $f(\lambda x, \lambda y) = \lambda^r \cdot f(x, y)$ für $\lambda > 0 \qquad |x| = x$ für $x \geq 0$ und $|x| = -x$ für $x < 0$

Seien $f, g : \mathbf{R} \to \mathbf{R}$ differenzierbar.

1. Für $a > 0$, $a \neq 1$ gilt $\frac{d}{dx} a^x = a^x \ln(a)$ und $\frac{d}{dx} \log_a(x) = \frac{1}{x\ln(a)}$ mit $x > 0$
2. $\frac{d}{dx} \exp(f(x)) = f'(x) \exp(f(x))$ und für $f(x) > 0$: $\frac{d}{dx} \ln(f(x)) = f'(x)/f(x)$
3. $\frac{d}{dx} \sin(x) = \cos(x)$ und $\frac{d}{dx} \cos(x) = -\sin(x)$

4. Für $f(x), g(x) \neq 0$: $\rho_f(x) = f'(x)/f(x)$ und $\varepsilon_f(x) = x \cdot \rho_f(x)$ sowie $\varepsilon_{cf}(x) = \varepsilon_f(x)$, $\varepsilon_{fg}(x) = \varepsilon_f(x) + \varepsilon_g(x)$ und $\varepsilon_{f/g}(x) = \varepsilon_f(x) - \varepsilon_g(x)$

Sei $f : \mathbf{R} \to \mathbf{R}$ $(n+1)$-mal stetig differenzierbar.

1. $T_f^n(x) = \sum_{k=0}^n \frac{f^{(k)}(x_0)}{k!}(x - x_0)^k$

Sei $f : \mathbf{R}^2 \to \mathbf{R}$ zweimal stetig partiell differenzierbar.

1. $r \cdot f(x,y) = f'_x(x,y)x + f'_y(x,y)y$ oder $r = \varepsilon_{f,x}(x,y) + \varepsilon_{f,y}(x,y)$
2. Ist (x_0, y_0) kritische Stelle von f und $f''_{xx}(x_0,y_0) \cdot f''_{yy}(x_0,y_0) > (f''_{xy}(x_0,y_0))^2$ sowie
   (a) $f''_{xx}(x_0,y_0) > 0$, so hat f in (x_0,y_0) ein striktes lokales Minimum.
   (b) $f''_{xx}(x_0,y_0) < 0$, so hat f in (x_0,y_0) ein striktes lokales Maximum.
3. Ist (x_0, y_0) kritische Stelle von f und $f''_{xx}(x,y) \cdot f''_{yy}(x,y) > (f''_{xy}(x,y))^2$ sowie
   (a) $f''_{xx}(x,y) > 0 \ \forall \ (x,y) \in D_f$, so hat f in (x_0,y_0) ein striktes globales Minimum.
   (b) $f''_{xx}(x,y) < 0 \ \forall \ (x,y) \in D_f$, so hat f in (x_0,y_0) ein striktes globales Maximum.
4. Ist (x_0, y_0) kritische Stelle von f und $f''_{xx}(x_0,y_0) \cdot f''_{yy}(x_0,y_0) < (f''_{xy}(x_0,y_0))^2$, so hat f in (x_0,y_0) einen Sattelpunkt.
5. $\text{grad}\, f(x,y) = (f'_x(x,y), f'_y(x,y))$
6. $df = f'_x(x_0,y_0)\Delta x + f'_y(x_0,y_0)\Delta y$ und $df_x = f'_x(x_0,y_0)\Delta x$
7. $z(x,y) = f(x_0,y_0) + f'_x(x_0,y_0)(x - x_0) + f'_y(x_0,y_0)(y - y_0)$
8. Sei $f(x,y) = f(x, g(x)) = 0$. Dann ist $dy/dx = -f'_x(x,y)/f'_y(x,y)$ für $f'_y(x,y) \neq 0$ und $dx/dy = -f'_y(x,y)/f'_x(x,y)$ für $f'_x(x,y) \neq 0$.

Sei $f : \mathbf{R} \to \mathbf{R}$ integrierbar.

1. $\int f(x)\, dx = F(x) + c$ und $\int_a^b f(x)\, dx = [F(x)]_a^b = F(b) - F(a)$

Seien $f : \mathbf{R} \to \mathbf{R}$ und $g : \mathbf{R} \to \mathbf{R}$ stetig differenzierbar.

1. $\int_a^b f(x)g'(x)\, dx = [f(x)g(x)]_a^b - \int_a^b f'(x)g(x)\, dx$

Kapitel 2

Analysis-Klausuren ohne Lösungen

In diesem Kapitel finden Sie 8 Analysis-Klausuren ohne Musterlösungen. Der maximal erreichbare Anteil an der Gesamtpunktzahl ist jeweils hinter der Aufgabennummer angegeben. Die für alle Klausuren typische Formelsammlung schließt das Kapitel ab.

2.1 Klausur

Aufgabe 2.1.1 *(10 %)*

1. *Gilt* $a^{\ln(b)} = b^{\ln(a)}$ *für alle* $a, b > 0$ *? Falls 'ja': Warum? Falls 'nein': Geben Sie ein Gegenbeispiel!*

2. *Bilden Sie die erste Ableitung der folgenden Funktionen:*

   (a) $f(x) = \sqrt{4+x}$ *mit* $x > -4$

   (b) $f(x) = \frac{1}{x(x-t)}$ *mit* $x \neq t$, $x \neq 0$

   (c) $f(x) = (1 + e^{-2x})^{-b}$

3. *Bilden Sie die partiellen Ableitungen 1. Ordnung von* $f(x, y) = xy\, 2^{x/y}$ *mit* $y \neq 0$.

Aufgabe 2.1.2 *(8 %)*

Gegeben sei die Umsatzfunktion

$$U : (0, \infty) \to (0, \infty), \quad U(x) = e^{3x} - 3e^{2x} + 3e^{x} - 1$$

1. *Geben Sie das Differential dU an der Stelle* $x_0 = 1$ *an.*

2. *Geben Sie die Tangente an, die U in* x_0 *berührt.*

3. *Führen Sie die Approximation* $U(1.1) \approx U(x_0) + dU$ *durch und berechnen Sie den relativen Approximationsfehler*

$$\eta U = \left| \frac{\Delta U - dU}{dU} \right|,$$

wobei ΔU *und* Δx *aus der Aufgabe zu ermitteln sind.*

Aufgabe 2.1.3 *(8 %)*

1. *Durch*

$$f : (0,\infty)^2 \to \mathbf{R}, \quad f(x,y) = xy^2 - x^2y = 0$$

ist eine Funktion $y = g(x)$ implizit gegeben.

   (a) *Berechnen Sie $\frac{d}{dx}g(x)$ über die Ableitung impliziter Funktionen.*

   (b) *Ermitteln Sie die explizite Form $y = g(x)$.*

   (c) *Substituieren Sie y durch $g(x)$ im Ergebnis aus (a).*

2. *Seien $x_1, x_2, \ldots, x_n \in \mathbf{R}$ fest gegeben. Für welches $y \in \mathbf{R}$ wird*

$$f(y) = \sum_{i=1}^{n}(x_i - y)^2$$

minimal?

Aufgabe 2.1.4 *(8 %)*

1. *Bestimmen Sie, falls möglich, den Homogenitätsgrad von*

$$f : (0,\infty) \to (0,\infty), \quad f(x) = \sqrt{\frac{a}{x}}$$

mit $a > 0$.

2. *Geben Sie eine Funktion $f : (0,\infty)^2 \to (0,\infty)$ an, die homogen vom Grade $r = 2$ ist. Überprüfen Sie den Homogenitätsgrad.*

3. *Die Produktionsfunktion*

$$f : (0,\infty)^2 \to (0,\infty), \quad f(x,y) = 2x^{1/2}y^{3/2}$$

ist homogen vom Grade r. Bestimmen Sie r mit der Eulerschen Formel.

Aufgabe 2.1.5 *(9 %)*

Gegeben ist die CES-Produktionsfunktion

$$Y : (0,\infty)^2 \to (0,\infty), \quad Y(K,L) = a\left[(1-b)L^\rho + bK^\rho\right]^{1/\rho}$$

mit den Parametern $a > 0$, $0 < b < 1$ und $\rho \neq 0$ sowie den Inputvariablen Kapital K und Arbeit L.

1. *Bestimmen Sie die partiellen Änderungsratenfunktionen $\rho_{Y,K}(K,L)$ und $\rho_{Y,L}(K,L)$ sowie die partiellen Inputelastizitätsfunktionen $\varepsilon_{Y,K}(K,L)$ und $\varepsilon_{Y,L}(K,L)$.*

2. *Welches Vorzeichen haben die Funktionen $Y'_K(K,L)$, $\rho_{Y,K}(K,L)$ und $\varepsilon_{Y,K}(K,L)$?*

3. *Berechnen und interpretieren Sie $\varepsilon_{Y,L}(100,100)$ für $b = \rho = 1/2$.*

Aufgabe 2.1.6 *(10 %)*

1. *Sei* $f : \mathbf{R} \to \mathbf{R}$, $y = f(x)$ *eine Funktion mit der Elastizitätsfunktion*

$$\varepsilon_f(x) = \frac{x}{2 + |x-1|}$$

Für welche $x \in \mathbf{R}$ *gilt* $\varepsilon_f(x) \leq 1$ *?*

2. *Die Umkehrfunktion von* $\sin : \left[-\frac{\pi}{2}, \frac{\pi}{2}\right] \to [-1,1]$, $x = \sin(y)$ *ist*

$$\arcsin : [-1,1] \to \left[-\frac{\pi}{2}, \frac{\pi}{2}\right], \quad y = \arcsin(x)$$

mit $\arcsin(0) = 0$ *und den Ableitungsfunktionen*

$f'(x) = (1-x^2)^{-1/2} \quad f''(x) = x(1-x^2)^{-3/2} \quad f'''(x) = (1-x^2)^{-3/2} + 3x^2(1-x^2)^{-5/2}$

Bilden Sie das Taylorpolynom 3. Grades $T_f^3(x)$ *an der Stelle* $x_0 = 0$.

3. *Geben Sie die n-te Ableitung für beliebiges* $n \in \mathbf{N}$ *von*

$$f : (0, \infty) \to \mathbf{R}, \quad f(x) = \log_a(x)$$

mit $a > 0$, $a \neq 1$ *an.*

Aufgabe 2.1.7 *(10 %)*

$f : \mathbf{R} \to \mathbf{R}$, $f(x) = \cos(x)$ *hat die Taylorreihe*

$$T_f^{\infty}(x) = \sum_{k=0}^{\infty} (-1)^k \frac{x^{2k}}{(2k)!}$$

was Sie nicht nachprüfen sollen. Zeichnen Sie in einer Skizze $f(x)$ *und die Taylorpolynome* $T_f^0(x)$, $T_f^1(x)$ *und* $T_f^2(x)$ *für* $x \in [0, \pi]$.

Aufgabe 2.1.8 *(9 %)*

1. *Sei*

$$f : \mathbf{R} \to \mathbf{R}, \quad y = f(x) = ax^4 + bx^3 + dx + e$$

Bestimmen Sie die Koeffizienten $a, b, d, e \in \mathbf{R}$ *so, daß der Graph von* f *die y-Achse bei* $y = -1$ *mit der Steigung 2 schneidet und bei* $x = 1$ *eine Nullstelle mit waagerechter Tangente hat.*

2. *Sei* $f : \mathbf{R}^2 \to \mathbf{R}$, $f = f(x,y)$ *mit*

$$f''_{xx}(x,y) = -1, \quad f''_{yy}(x,y) = -\frac{1}{2} y^{-1/2}, \quad f''_{xy}(x,y) = 2x^{-3/2} y$$

Ist die kritische Stelle $(x_0, y_0) = \left(\frac{1}{2}, \frac{1}{4}\right)$ *eine Minimal-, Maximal- oder Sattelstelle?*

Aufgabe 2.1.9 *(9 %)*

1. *Zeichnen Sie*

$$f: \mathbf{R} \to \mathbf{R}, \quad f(x) = \begin{cases} 2 - e^{-x} & \text{für } x \leq 0 \\ 1 & \text{für } x > 0 \end{cases}$$

für $x \in [-2, 2]$. Sind die folgenden Stellen Minimal- oder Maximalstellen von $f(x)$ auf D_f? Falls 'ja': Sind sie lokal und/oder global? Sind sie strikt? Berechnen Sie nichts! Füllen Sie die folgende Tabelle vollständig aus ('+' für 'ja', '–' für 'nein'). Leere Felder werden nicht bepunktet!

x_i	*Maximum*	*Minimum*	*lokal*	*strikt lokal*	*global*	*strikt global*
−2						
0						
1						

2. *Bestimmen Sie die kritischen Stellen - mehr nicht! - von*

$$f: \mathbf{R}^2 \to \mathbf{R}, \quad f(x, y) = e^{-x^2/2}$$

Aufgabe 2.1.10 *(9 %)*

Das Volumen eines Schwimmbades in der Form eines offenen Zylinders soll $V(h, r) = 40\pi$ (in m^3) betragen. Bestimmen Sie mit der Substitutionsmethode die Höhe $h > 0$ und den Radius $r > 0$ (beide in m), bei der die Innenoberfläche $O(h, r)$ minimal ist. Vergessen Sie nicht, die hinreichenden Bedingungen zu überprüfen. Geben Sie auch die minimale Innenoberfläche an.
Hinweise: $V(h, r) = \pi h r^2$, $O(h, r) = \pi r^2 + 2\pi h r$

Aufgabe 2.1.11 *(10 %)*

Eine Unternehmung hat zwei voneinander unabhängige Fertigungsbetriebe für das gleiche Produkt. Die Produktionsmenge jedes Betriebes P_1 bzw. P_2 (in DM) ist eine Funktion der eingesetzten Faktoren Arbeit x_1 bzw. x_2 (Lohnkosten in DM) und Kapital $k > 0$ (konstant) gemäß

$$P_1, P_2 : (0, \infty) \to (0, \infty), \quad P_1(x_1) = 10\sqrt{k x_1}, \quad P_2(x_2) = 50\sqrt{k x_2}$$

Gesucht ist die Aufteilung der insgesamt verfügbaren Arbeitsmenge für 10000 DM Lohnkosten auf die Betriebe, die eine maximale Gesamtproduktion erzielen läßt. Verwenden Sie die Lagrangemethode, um die kritischen Stellen - mehr nicht! - zu bestimmen. Geben Sie die maximale Gesamtproduktion an.

2.2 Klausur

Aufgabe 2.2.1 *(6 %)*

Zeichnen Sie den natürlichen Definitionsbereich der Produktionsfunktion

$$f(x,y) = \sqrt{x + \ln(y+1)}$$

für $y \leq 4$.

Aufgabe 2.2.2 *(10 %)*

Bilden Sie für die folgenden Funktionen $m(t)$ *die erste Ableitung* $m'(t)$ *an der Stelle* $t = 0$:

1. $m(t) = (pe^t + 1 - p)^n$ *mit* $n \in \mathbf{N}$, $p \in (0,1)$.
2. $m(t) = \exp[\lambda(e^t - 1)]$ *mit* $\lambda > 0$.
3. $m(t) = \exp(\mu t + \frac{1}{2}\sigma^2 t^2)$ *mit* $\sigma > 0$.
4. $m(t) = \left(\frac{\lambda}{\lambda - t}\right)^r$ *mit* $\lambda > 0$, $r > 0$ *und* $t < \lambda$.

Aufgabe 2.2.3 *(9 %)*

Gegeben sei die Produktionsfunktion

$$f : (0,\infty)^2 \to (0,\infty), \quad f(x,y) = \sqrt{x + \ln(y+1)}$$

mit den partiellen Grenzproduktivitätsfunktionen

$$f'_x(x,y) = \frac{1}{2\sqrt{x + \ln(y+1)}} \quad \text{und} \quad f'_y(x,y) = \frac{1}{2(y+1)\sqrt{x + \ln(y+1)}}$$

1. *Geben Sie das totale Differential* df *an der Stelle* $(x_0, y_0) = (2,2)$ *an.*
2. *Sei* $x = 2$ *fest. Betrachten Sie also im folgenden*

$$\bar{f}(y) = f(2,y) = \sqrt{2 + \ln(y+1)}$$

   (a) *Geben Sie die Grenzproduktivitätsfunktion* $\bar{f}'(y)$ *an.*
   (b) *Bestimmen Sie die Tangente* $g(y)$, *die* $\bar{f}$ *in* $y_0 = 2$ *berührt.*
   (c) *Zeichnen Sie in einer Skizze* $\bar{f}(y)$ *und die Tangente aus (b) für* $y \in [0,6]$. *Für die Approximation* $\bar{f}(6) \approx \bar{f}(y_0) + d\bar{f}$, *die Sie NICHT durchführen sollen, zeichnen Sie den absoluten Approximationsfehler* $\delta\bar{f} = |\Delta\bar{f} - d\bar{f}|$ *ein.*

Aufgabe 2.2.4 *(8 %)*

Gegeben sei die Produktionsfunktion

$$f : (0,\infty)^2 \to (0,\infty), \quad f(x,y) = \sqrt{x + \ln(y+1)}$$

mit den Inputs x und y (in DM). Durch $f(x,y) = 2$ kg ist dann eine Funktion $y = g(x)$ implizit gegeben.

1. *Ermitteln Sie die explizite Form $y = g(x)$.*
2. *Zeichnen Sie die Isoquante $y = g(x)$ für $x \in [1,4]$.*
3. *Berechnen und interpretieren Sie $g'(x)$ für $x = 2$.*

Aufgabe 2.2.5 *(11 %)*

1. *Gegeben sei die Produktionsfunktion*

$$f : (0,\infty)^2 \to (0,\infty), \quad f(x,y) = \sqrt{x + \ln(y+1)}$$

mit den partiellen Grenzproduktivitätsfunktionen

$$f'_x(x,y) = \frac{1}{2\sqrt{x+\ln(y+1)}} \quad \text{und} \quad f'_y(x,y) = \frac{1}{2(y+1)\sqrt{x+\ln(y+1)}}$$

   (a) *Bestimmen Sie die zweiten Ableitungen $f''_{xx}(x,y)$ und $f''_{yy}(x,y)$.*
   (b) *Gilt für f das Gesetz positiver, abnehmender Grenzproduktivitäten, d.h. ist $f'_x(x,y) > 0$ und $f'_y(x,y) > 0$, aber $f''_{xx}(x,y) < 0$ und $f''_{yy}(x,y) < 0$?*
   (c) *Bestimmen Sie, falls möglich, den Homogenitätsgrad von f.*

2. *Geben Sie eine homogene Produktionsfunktion $f : (0,\infty)^2 \to (0,\infty)$ an, bei der bei Verdopplung der Inputs der Output mit einem Faktor $\lambda^r < 2$ wächst. Bestimmen Sie den Homogenitätsgrad und überprüfen Sie das Wachstum des Outputs anhand der Definition der Homogenität.*

Aufgabe 2.2.6 *(10 %)*

Gegeben sei die Produktionsfunktion

$$f : (0,\infty)^2 \to (0,\infty), \quad f(x,y) = \sqrt{x + \ln(y+1)}$$

mit den partiellen Grenzproduktivitätsfunktionen

$$f'_x(x,y) = \frac{1}{2\sqrt{x+\ln(y+1)}} \quad \text{und} \quad f'_y(x,y) = \frac{1}{2(y+1)\sqrt{x+\ln(y+1)}}$$

Dabei werden x und y in DM und f in kg gemessen.

1. *Bestimmen Sie die partiellen Änderungsratenfunktionen* $\rho_{f,x}(x,y)$ *und* $\rho_{f,y}(x,y)$ *sowie die partiellen Elastizitätsfunktionen* $\varepsilon_{f,x}(x,y)$ *und* $\varepsilon_{f,y}(x,y)$.

2. *Berechnen und interpretieren Sie* $\varepsilon_{f,x}(1,1)$.

3. *Für welche* $(x,y) \in D_f$ *reagiert die Produktion elastisch auf Änderungen von* x *?*

Aufgabe 2.2.7 *(9 %)*

Sei $f : \mathbf{R} \setminus \{-1\} \to \mathbf{R}$, $f(x) = \frac{1}{1+x}$.

1. *Geben Sie die Ableitungen bis zur dritten Ordnung an.*

2. *Bestimmen Sie das Taylorpolynom 3. Grades* $T_f^3(x)$ *an der Stelle* $x_0 = 0$.

3. *Geben Sie die n-te Ableitung* $f^{(n)}(x)$ *für beliebiges* $n \in \mathbf{N}_0$ *an.*

4. *Bestimmen Sie die Taylorreihe* $T_f^\infty(x)$ *an der Stelle* $x_0 = 0$.

Aufgabe 2.2.8 *(8 %)*

Für ein Unternehmen im Modell der vollkommenen Konkurrenz gelte die Kostenfunktion $K(x) = \frac{1}{3}x^3 - x^2 - 4x + 10$ *sowie die Umsatzfunktion* $U(x) = 4x$. *Betrachten Sie die Gewinnfunktion* $G(x) = U(x) - K(x)$, *wobei* x *in kg und* G *in DM gemessen werden. Bestimmen Sie die kritischen Stellen von* $G(x)$ *und stellen Sie fest, ob es sich dabei um Minimal-, Maximal- oder Sattelstellen handelt.*

Aufgabe 2.2.9 *(8 %)*

Bestimmen Sie mit der Substitutionsmethode die kritischen Stellen (mehr nicht!) der Cobb-Douglas-Nutzenfunktion

$$U : (0,\infty)^2 \to (0,\infty), \quad U(x,y) = ax^b y^{1-b}$$

mit $a > 0$ *und* $0 < b < 1$ *unter der Budgetrestriktion*

$$g : (0,\infty)^2 \to (0,\infty), \quad g(x,y) = 2x + 4y = 10$$

Aufgabe 2.2.10 *(10 %)*

Bestimmen Sie mit der Lagrangemethode die kritischen Stellen – mehr nicht – der Cobb-Douglas-Nutzenfunktion

$$U : (0,\infty)^2 \to (0,\infty), \quad U(x,y) = ax^b y^{1-b}$$

mit $a > 0$ *und* $0 < b < 1$ *unter der Budgetrestriktion*

$$g : (0,\infty)^2 \to (0,\infty), \quad g(x,y) = 2x + 3y = 10$$

Aufgabe 2.2.11 *(11 %)*

1. *Berechnen Sie die bestimmten Integrale*

   (a) $\int_0^1 \sqrt[3]{x}\,dx$

   (b) $\int_0^1 \frac{1}{\sqrt{x}}\,dx$

   (c) $\int_0^\pi \cos(x)\,dx$

2. *Berechnen Sie mittels partieller Integration* $\int \lambda^2 x e^{-\lambda x}\,dx$ *mit* $\lambda > 0$.

2.3 Klausur

Aufgabe 2.3.1 *(10 %)*

1. *Bilden Sie die erste Ableitung der folgenden Funktionen:*

   (a) $F(x) = 1 - \exp\left(-\left(\frac{x}{b}\right)^c\right)$ *mit* $b > 0$, $c > 0$ *und* $x \geq 0$

   (b) $F(x) = 1 - \left(\frac{a}{x}\right)^c$ *mit* $x \geq a > 0$ *und* $c > 0$

2. *Bilden Sie für die folgenden Funktionen* $m(t)$ *die erste Ableitung* $m'(t)$ *an der Stelle* $t = 0$*:*

   (a) $m(t) = \dfrac{\exp(at)}{1 - b^2t^2}$ *mit* $a \in \mathbf{R}$, $b > 0$ *und* $|t| < \frac{1}{b}$.

   (b) $m(t) = \exp\left[\frac{\lambda}{\mu}\left(1 - \sqrt{1 - \frac{2\mu^2 t}{\lambda}}\right)\right]$ *mit* $\lambda > 0$, $\mu > 0$ *und* $t < \dfrac{\lambda}{2\mu^2}$

Aufgabe 2.3.2 *(9 %)*

Gegeben sei die Nachfragefunktion

$$f : (0,\infty)^2 \to (0,\infty), \quad f(p,q) = \frac{q}{p}\,e^q$$

wobei die Nachfrage $x = f(p,q)$ *nach einem Gut abhängig ist vom Preis des Gutes* p *und dem Preis* q *eines Konkurrenzprodukts. Die partiellen Grenznachfragefunktionen lauten*

$$f'_p(p,q) = -\frac{q}{p^2}\,e^q \quad \text{und} \quad f'_q(p,q) = \frac{1+q}{p}\,e^q$$

1. *Geben Sie das totale Differential* df *an der Stelle* $(p_0, q_0) = (2, 1)$ *an.*

2. *Bestimmen Sie die Tangentialebene, die* f *in* (p_0, q_0) *berührt.*

3. *Berechnen, zeichnen und interpretieren Sie den Gradienten von* f *an der Stelle* (p_0, q_0).

4. *Gibt es Gradienten von f an Stellen $(p_1, q_1) \in D_f$, die von (p_1, q_1) aus nach rechts oben, links unten oder rechts unten zeigen? Warum (nicht)?*

Aufgabe 2.3.3 *(10 %)*

Gegeben sei die Nachfragefunktion

$$f : (0, \infty)^2 \to (0, \infty), \quad f(p, q) = \frac{q}{p}\, e^q$$

wobei die Nachfrage $x = f(p, q)$ nach einem Gut abhängig ist vom Preis des Gutes p und dem Preis q eines Konkurrenzprodukts. Die partiellen Grenznachfragefunktionen

$$f'_p(p, q) = -\frac{q}{p^2}\, e^q \quad \text{und} \quad f'_q(p, q) = \frac{1+q}{p}\, e^q$$

liegen bereits vor. Durch $f(p, q) = c$ ist dann eine Funktion $p = g(q)$ implizit gegeben.

1. *Ermitteln Sie die explizite Form $p = g(q)$.*

2. *Berechnen Sie $\frac{d}{dq} g(q)$ über die Ableitung impliziter Funktionen und zum Vergleich direkt mit Ihrem Resultat aus 1.*

3. *Zeichnen Sie die Preisindifferenzkurven $p = g(q)$ für $q \in [0, 5]$ und $c = 100$ sowie $c = 200$.*

4. *Wie müssen sich p und q an beliebigen Stellen $(p_0, q_0) \in D_f$ ändern, damit die Nachfrage wächst?*

Aufgabe 2.3.4 *(11 %)*

1. *Gegeben sei die Nachfragefunktion*

$$f : (0, \infty)^2 \to (0, \infty), \quad f(p, q) = \frac{q}{p}\, e^q$$

mit den partiellen Grenznachfragefunktionen

$$f'_p(p, q) = -\frac{q}{p^2}\, e^q \quad \text{und} \quad f'_q(p, q) = \frac{1+q}{p}\, e^q$$

Bestimmen Sie – falls möglich – mit der Eulerschen Formel den Homogenitätsgrad von f oder zeigen Sie mit der Eulerschen Formel, daß f nicht homogen ist.

2. *Gegeben sei die logarithmierte Produktionsfunktion*

$$\ln(f(x_1, x_2)) = \ln(a_0) + \frac{1}{2}\ln(x_1) + \frac{1}{3}\ln(x_2)$$

mit $a_0 > 0$. Bestimmen Sie, falls möglich, den Homogenitätsgrad von $f : (0, \infty)^2 \to (0, \infty)$.

3. *Gegeben sei die Nachfragefunktion*

$$f : (0,\infty)^2 \to (0,\infty), \quad f(p,q) = \frac{q^a}{p}\, e^{bq}$$

Bestimmen Sie den vollständigen Wertebereich der Parameter $a, b \in \mathbf{R}$, *für den* $f(p,q)$

   (a) *homogen ist, und bestimmen Sie den Homogenitätsgrad von* f.

   (b) *homogen ist vom Grade* $0 < r < 1$.

Aufgabe 2.3.5 *(7 %)*

Gegeben sei die Nachfragefunktion

$$f : (0,\infty)^2 \to (0,\infty), \quad f(p,q) = \frac{q}{p}\, e^{q}$$

wobei die Nachfrage $x = f(p,q)$ *nach einem Gut abhängig ist vom Preis des Gutes* p *und dem Preis* q *eines Konkurrenzprodukts. Dabei werden* p *und* q *in DM und* x *in kg gemessen. Die partiellen Grenznachfragefunktionen lauten*

$$f'_p(p,q) = -\frac{q}{p^2}\, e^q \quad \textit{und} \quad f'_q(p,q) = \frac{1+q}{p}\, e^q$$

1. *Bestimmen Sie die partiellen Änderungsratenfunktionen* $\rho_{f,p}(p,q)$ *und* $\rho_{f,q}(p,q)$ *sowie die partiellen Preiselastizitätsfunktionen* $\varepsilon_{f,p}(p,q)$ *und* $\varepsilon_{f,q}(p,q)$.

2. *Berechnen und interpretieren Sie* $\rho_{f,p}(2,2)$ *und* $\varepsilon_{f,p}(2,2)$.

3. *Für welche* $(p,q) \in D_f$ *reagiert die Nachfrage elastisch auf Änderungen von* p *?*

4. *Welches Vorzeichen hat* $\varepsilon_{f,q}(p,q)$ *?*

Aufgabe 2.3.6 *(10 %)*

Sei $f : \mathbf{R} \to \mathbf{R}$, $f(q) = q\, e^q$ *mit*

$$f'(q) = (1+q)\, e^q \quad f''(q) = (2+q)\, e^q \quad f'''(q) = (3+q)\, e^q$$

1. *Bestimmen Sie die Taylorpolynome* $T_f^0(q)$, $T_f^1(q)$ *und* $T_f^2(q)$ *an der Stelle* $q_0 = 0$.

2. *Zeichnen Sie* $f(q)$, $T_f^0(q)$, $T_f^1(q)$ *und* $T_f^2(q)$ *in <u>einer</u> Skizze für* $q \in [-2,1]$.

3. *Geben Sie die n-te Ableitung* $f^{(n)}(q)$ *für beliebiges* $n \in \mathbf{N}_0$ *an.*

4. *Bestimmen Sie die Taylorreihe* $T_f^\infty(q)$ *an der Stelle* $q_0 = 0$.

Aufgabe 2.3.7 *(8 %)*

Bestimmen Sie die kritischen Stellen – mehr nicht! – von

$$L : \mathbf{R} \times (0,\infty) \to \mathbf{R}, \quad L(\mu,\sigma) = -\frac{n}{2}\ln(2\pi) - \frac{n}{2}\ln(\sigma^2) - \frac{1}{2\sigma^2}\sum_{i=1}^{n}(x_i-\mu)^2$$

mit $n \in \mathbf{N}$, *festen* $x_i \in \mathbf{R}$ *für* $i = 1,\ldots,n$ *und der Kreiszahl* π.

Aufgabe 2.3.8 *(9 %)*

Bestimmen Sie mit der Substitutionsmethode die kritischen Stellen (mehr nicht!) der Nachfragefunktion

$$f : (0,\infty)^2 \to (0,\infty), \quad f(p,q) = \frac{q}{p}\, e^q$$

unter der Budgetrestriktion

$$g : (0,\infty)^2 \to (0,\infty), \quad g(p,q) = 10p + 20q = 100$$

und skizzieren Sie den durch diese Restriktion ausgewählten Teil des Definitionsbereichs.

Aufgabe 2.3.9 *(14 %)*

Bestimmen Sie mit der Lagrangemethode die Minimalstelle der Kostenfunktion

$$K : \mathbf{R}_+^2 \to \mathbf{R}, \quad K(x,y) = x^2 + 2y^2$$

unter der Produktionsfunktions-Nebenbedingung

$$g : \mathbf{R}_+^2 \to \mathbf{R}, \quad g(x,y) = 2x + 3y = 10$$

Vergessen Sie nicht, die hinreichenden Bedingungen nachzuprüfen! Interpretieren Sie den Lagrangemultiplikator λ. *Dabei werden* x *und* y *in kg,* $g(x,y)$ *in t und* $K(x,y)$ *in DM gemessen.*

Aufgabe 2.3.10 *(5 %)*

Bestimmen Sie die Fläche $\mathcal{A}$ *zwischen der Funktion* $f(x) = \cos(x)$ *und der* x*-Achse im Intervall* $[0,\pi]$. *Erstellen Sie dazu eine Skizze von* $\mathcal{A}$.

Aufgabe 2.3.11 *(7 %)*

Berechnen Sie das uneigentliche Integral

$$\int_{-\infty}^{\infty} \frac{1}{2\beta} \exp\left(-\frac{|x|}{\beta}\right) dx$$

mit $\beta > 0$.

2.4 Klausur

Aufgabe 2.4.1 *(9 %)*

1. *Bilden Sie die erste Ableitung der folgenden Funktionen:*

   (a) $f(x) = \dfrac{1}{\sqrt[4]{x(x-a)}}$ *mit* $x > a > 0$

   (b) $f(x) = \ln\left(\frac{a-x}{x-b}\right)$ *- zum Definitionsbereich siehe Aufgabe 2*

   (c) $f(x) = \max_{x \in \mathbf{R}} \left\{x^2, \ln\left(\dfrac{e^x}{e^1}\right)\right\}$

2. *Bilden Sie die partiellen Ableitungen 1. Ordnung von* $f(x,y) = \left(\frac{1}{x}\right)^{1/y}$ *mit* $x > 0$ *und* $y \neq 0$.

Aufgabe 2.4.2 *(10 %)*

1. *Bestimmen Sie den natürlichen Definitionsbereich der Funktion* $f(x) = \ln\left(\frac{a-x}{x-b}\right)$ *für*

   (a) $a < b$

   (b) $a = b$

   (c) $a > b$

2. *Gegeben sei die CES-Produktionsfunktion*

$$f : (0,\infty)^2 \to (0,\infty), \quad f(x_1,x_2) = a_0(a_1x_1^{-1} + a_2x_2^{-1})^{-1}$$

   mit $a_0, a_1, a_2 > 0$ *und den partiellen Grenzproduktivitätsfunktionen*

$$f'_{x_1}(x_1,x_2) = a_0(a_1x_1^{-1} + a_2x_2^{-1})^{-2}a_1x_1^{-2} \qquad f'_{x_2}(x_1,x_2) = a_0(a_1x_1^{-1} + a_2x_2^{-1})^{-2}a_2x_2^{-2}$$

   (a) *Bestimmen Sie für* $a_0 = 1$ *und* $a_1 = a_2 = \frac{1}{2}$ *die Tangentialebene, die* f *in* $(x_1,x_2) = (10,10)$ *berührt.*

   (b) *Berechnen und vergleichen Sie für* $a_0 = 1$ *und* $a_1 = a_2 = \frac{1}{2}$ *und beliebiges* $(x_1,x_2) \in D_f$ *mit* $x_1 = x_2$ *den Wert von* $f(x_1,x_2)$ *und der Tangentialebene aus (a).*

Aufgabe 2.4.3 *(10 %)*

Gegeben sei die CES-Produktionsfunktion

$$f : (0,\infty)^2 \to (0,\infty), \quad f(x_1,x_2) = \left(\frac{1}{2}x_1^\rho + \frac{1}{2}x_2^\rho\right)^{1/\rho}$$

Durch $f(x_1,x_2) = c$ *sind für* $\rho \neq 0$ *dann Funktionen*

$$x_2 = g(x_1) = (2c^\rho - x_1^\rho)^{1/\rho} \quad \text{und} \quad x_1 = g^{-1}(x_2) = (2c^\rho - x_2^\rho)^{1/\rho}$$

implizit gegeben. Für $\rho \to 0$ *erhält man*

$$x_2 = g(x_1) = \frac{c^2}{x_1} \quad \textit{und} \quad x_1 = g^{-1}(x_2) = \frac{c^2}{x_2}$$

Zeichnen Sie in einer Skizze mit $x_1, x_2 \in [0, 40]$ *die Isoquanten* $x_2 = g(x_1)$ *für* $c = 10$ *sowie* $\rho = -10, -1, 1$ *und* $\rho \to 0$.

Aufgabe 2.4.4 *(11 %)*

1. *Bestimmen Sie, falls möglich, die Homogenitätsgrade der folgenden Funktionen* $f : (0, \infty)^2 \to (0, \infty)$:

   (a) $f(x, y) = xe^{x/y} + x\ln(x) + \ln(y^{-x})$

   (b) $f(x, y) = \sqrt{x + \sqrt{xy + \sqrt[3]{xy^5}}}$

   (c) $f(x, y) = \sqrt{2x + y + a}$

2. *Gegeben sei die Funktion*

$$f : (0, \infty)^2 \to (0, \infty), \quad f(x, y) = \sqrt{x}\ln(y)$$

   Bestimmen Sie – falls möglich – mit der Eulerschen Formel den Homogenitätsgrad von f *oder zeigen Sie mit der Eulerschen Formel, daß* f *nicht homogen ist.*

Aufgabe 2.4.5 *(10 %)*

Gegeben sei die Nachfragefunktion

$$f : [1, \infty) \to (0, \infty), \quad x = f(y)$$

mit der Einkommenselastizitätsfunktion $\varepsilon_f(y) = \ln(y - 1)$. *Ermitteln Sie alle Elastizitätsbereiche der Nachfragefunktion.*

Aufgabe 2.4.6 *(5 %)*

Sei $f : \mathbf{R} \to \mathbf{R}$, $f(x) = 10^x - 1$.

1. *Geben Sie die Ableitungen bis zur zweiten Ordnung an.*

2. *Bestimmen Sie das Taylorpolynom 2. Grades* $T_f^2(x)$ *an der Stelle* $x_0 = 0$.

3. *Geben Sie die n-te Ableitung* $f^{(n)}(x)$ *für beliebiges* $n \in \mathbf{N}$ *an.*

4. *Bestimmen Sie die Taylorreihe* $T_f^\infty(x)$ *an der Stelle* $x_0 = 0$.

Aufgabe 2.4.7 *(10 %)*

Zeichnen Sie

$$f : [-2\pi, 6] \to \mathbf{R}, \quad f(x) = \begin{cases} \sin(x) & \textit{für} \quad x \in [-2\pi, 0] \\ x & \textit{für} \quad x \in (0, 2] \\ 2 & \textit{für} \quad x \in (2, 4] \\ 6 - x & \textit{für} \quad x \in (4, 6] \end{cases}$$

Geben Sie alle Minimal- und Maximalstellen von $f(x)$ an. Geben Sie auch an, ob diese (strikt) lokal und/oder (strikt) global sind. Berechnen Sie nichts!

Aufgabe 2.4.8 *(8 %)*

1. *Bestimmen Sie die kritischen Stellen von*

$$L : (0, \infty) \to \mathbf{R}, \quad L(\lambda) = n \ln(\lambda^r) - n \ln((r-1)!) + (r-1) \sum_{i=1}^{n} \ln(x_i) - \lambda \sum_{i=1}^{n} x_i$$

   mit n, $r \in \mathbf{N}$ sowie festen $x_i > 0$ für $i = 1, \ldots, n$ und stellen Sie fest, ob es sich dabei um Minimal-, Maximal- oder Sattelstellen handelt. Bei Extremstellen geben Sie auch an, ob diese (strikt) lokal und/oder global sind.

2. *Bestimmen Sie die kritischen Stellen – mehr nicht – von*

$$f : \mathbf{R} \times \mathbf{R} \setminus \{0\} \to \mathbf{R}, \quad f(x, y) = e^{-x/y}$$

Aufgabe 2.4.9 *(8 %)*

Bestimmen Sie mit der Substitutionsmethode die Maximalstelle der Nutzenfunktion

$$U : (a, \infty) \times (b, \infty) \to (0, \infty), \quad U(x, y) = \sqrt{x - a} + c \cdot \sqrt{y - b}$$

mit a, b, $c > 0$ und $a + b < 10$ unter der Budgetrestriktion

$$g : (a, \infty) \times (b, \infty) \to (0, \infty), \quad g(x, y) = x + y = 10$$

Vergessen Sie nicht, die hinreichenden Bedingungen nachzuprüfen! Ist die Maximalstelle (strikt) lokal und/oder global?

Aufgabe 2.4.10 *(14 %)*

Bestimmen Sie mit der Lagrangemethode die Maximalstelle der Nutzenfunktion

$$U : (1, \infty) \times (2, \infty) \to (0, \infty), \quad U(x, y) = \sqrt{x - 1} + \sqrt{y - 2}$$

unter der Budgetrestriktion

$$g : (1, \infty) \times (2, \infty) \to (0, \infty), \quad g(x, y) = x + 3y = 10$$

Vergessen Sie nicht, die hinreichenden Bedingungen nachzuprüfen! Interpretieren Sie den Lagrangemultiplikator λ. Dabei werden x, y und $g(x, y)$ in DM und $U(x, y)$ in NE (Nutzeneinheiten) gemessen.

Aufgabe 2.4.11 *(5 %)*

Berechnen Sie die bestimmten Integrale

1. $\int_1^{10} \frac{1}{\sqrt[4]{x}} dx$

2. $\int_0^b \frac{1}{e^{2x}} dx$ *mit* $b > 0$

3. $\int_1^1 1 \, dx$

2.5 Klausur

Aufgabe 2.5.1 *(9 %)*

1. *Bestimmen Sie, für welche* $x, y > 0$

$$\ln(x + y) = \ln(x) + \ln(y)$$

gilt, und skizzieren Sie die Lösungsmenge.

2. *Ist die folgende Aussage wahr?*

'Ein Bruch, dessen Nenner größer als der Zähler ist, kann nicht gleich einem Bruch sein, dessen Zähler größer als der Nenner ist'.

Begründen Sie Ihre Antwort.

Aufgabe 2.5.2 *(6 %)*

1. *Bilden Sie die erste Ableitungsfunktion der folgenden Funktionen:*

   (a) $f(x) = \frac{1}{\sqrt[3]{4 - x}}$ *mit* $x \neq 4$

   (b) $f(x) = (1 - x)(1 + x)$

   (c) $f(x) = \sin(\cos(x))$

   (d) $f(x) = \ln(\ln(x))$ *mit* $x > 1$

2. *Bilden Sie die partiellen Ableitungsfunktionen 1. Ordnung von* $f(x, y) = e^{x^y}$ *mit* $x > 0$.

Aufgabe 2.5.3 *(10 %)*

Gegeben sei die Produktionsfunktion

$$f : (0, \infty)^2 \to (0, \infty), \quad f(x, y) = 100 - 100 \exp\left(\frac{-xy^2}{100}\right)$$

Dabei werden $f(x, y)$ *in t und* x, y *in DM gemessen.*

1. *Geben Sie den Wertebereich W_f von f an.*

2. *Bestimmen Sie die partiellen Ableitungsfunktionen erster Ordnung.*

3. *Ermitteln Sie die Tangentialebene $z(x,y)$, die f in $(x_0,y_0)=(2,3)$ berührt.*

4. *Berechnen, zeichnen und interpretieren Sie den Gradienten von f an der Stelle (x_0,y_0).*

5. *Approximieren Sie den Funktionswert $f(3,4)$ durch den Wert der Tangentialebene $z(3,4)$ und geben Sie den absoluten Approximationsfehler $\delta f = |f(3,4)-z(3,4)|$ (mit Dimension) an.*

Aufgabe 2.5.4 *(6 %)*

Aus dem Anfangskapital $K_0 > 0$ wird bei jährlicher Verzinsung mit dem Zinssatz $0 < i < 1$ nach $t > 0$ Jahren das Endkapital

$$K(i,t) = K_0(1+i)^t$$

Das gewünschte Endkapital lautet $K(i,t) = 20000$ DM, wodurch Funktionen $i = g(t)$ und $t = g^{-1}(i)$ implizit gegeben sind.

1. *Ermitteln Sie $\frac{d}{dt}g(t)$ und $\frac{d}{di}g^{-1}(i)$.*

2. *Berechnen und interpretieren Sie $\frac{d}{dt}g(t)$ für $t_0 = 10$ und $i_0 = 0.05$.*

Aufgabe 2.5.5 *(8 %)*

1. *Bestimmen Sie, falls möglich, den Homogenitätsgrad der Produktionsfunktion*

$$f:(0,\infty)^2 \to (0,\infty), \quad f(x,y) = a\sqrt{x}\sqrt[4]{y}$$

mit $a > 0$.

2. *Bestimmen Sie – falls möglich – mit der Eulerschen Formel den Homogenitätsgrad von*

$$f:(0,\infty)^2 \to (0,\infty), \quad f(x,y) = a + \sqrt{x} + \sqrt{y}$$

(mit $a > 0$) oder zeigen Sie mit der Eulerschen Formel, daß f nicht homogen ist.

3. *Die Nachfragefunktion $x = f(p,y)$ ist homogen vom Grade $r = 0$ in Preis p und Einkommen y. Wie wirkt eine Verdopplung von Preis und Einkommen auf die Nachfrage x ? Begründen Sie Ihre Antwort anhand der Definition der Homogenität.*

4. *Die Funktion $f(x,y)$ mit $W_f = (0,\infty)$ ist homogen vom Grade r_f. Bestimmen Sie, falls möglich, den Homogenitätsgrad r_g von $g(x,y) = \sqrt{f(x,y)}$.*

Aufgabe 2.5.6 *(11 %)*

1. *Geben Sie für die Produktionsfunktion* $f : (0,\infty) \to (0,\infty)$, $y = f(x)$ *mit der Elastizitätsfunktion* $\varepsilon_f(x) = a > 0$ *alle Elastizitätsbereiche von* f *an.*

2. *Gegeben sei die Nachfragefunktion*

$$f : (1, e^{10}) \to (0,\infty), \quad x = f(p) = 10 - \ln(p)$$

Dabei werden x *in kg und* p *in DM gemessen.*

   (a) *Bestimmen Sie die Ableitungsfunktion* $f'(p)$, *die Änderungsratenfunktion* $\rho_f(p)$ *und die Preiselastizitätsfunktion* $\varepsilon_f(p)$.

   (b) *Zeichnen Sie die Preiselastizitätsfunktion* $\varepsilon_f(p)$ *für* $p \in (1, 100)$.

   (c) *Berechnen und interpretieren Sie* $f'(10)$, $\rho_f(10)$ *und* $\varepsilon_f(10)$. *Geben Sie auch die Dimensionen an.*

Aufgabe 2.5.7 *(10 %)*

Sei $f : (-16,\infty) \to (0,\infty)$, $f(x) = \sqrt{16 + x}$.

1. *Geben Sie die Ableitungen bis zur zweiten Ordnung an.*

2. *Bestimmen Sie das Taylorpolynom 2. Grades* $T_f^2(x)$ *an der Stelle* $x_0 = 0$.

3. *Zeichnen Sie* $f(x)$, $T_f^0(x)$, $T_f^1(x)$ *und* $T_f^2(x)$ *in einer Skizze für* $x \in [-7, 9]$.

4. *Approximieren Sie* $f(1) = \sqrt{17}$ *durch* $T_f^2(1)$ *und geben Sie den absoluten Approximationsfehler* $\delta f = |f(1) - T_f^2(1)|$ *an.*

Aufgabe 2.5.8 *(9 %)*

1. *Bestimmen Sie die kritischen Stellen von*

$$L : (0,1) \to \mathbf{R}, \quad L(p) = n\ln(p) + \ln(1-p)\sum_{i=1}^{n} x_i$$

mit $n \in \mathbf{N}$ *sowie festen* $x_i \in \mathbf{N}_0$ *für* $i = 1, \ldots, n$, *und stellen Sie fest, ob es sich dabei um Minimal-, Maximal- oder Sattelstellen handelt. Bei Extremstellen geben Sie auch an, ob diese (strikt) lokal und/oder global sind.*

2. *Bestimmen Sie die kritischen Stellen – mehr nicht – der Nachfragefunktion*

$$f : (0,\infty)^2 \to (0,\infty), \quad f(p_1, p_2) = ap_1^{-b}e^{cp_2}$$

mit a, b, $c > 0$.

Aufgabe 2.5.9 *(11 %)*

Ein Bauer möchte für seine Schweine am Stall einen rechteckigen Auslauf mit einer Fläche von 72 m^2 anbauen. Eine Seite des Rechtecks wird vom Stall begrenzt, an den anderen dreien muß ein Zaun errichtet werden, der aus Kostengründen möglichst kurz sein soll. Ermitteln Sie mit der Substitutionsmethode, welche Abmessungen das Rechteck dann haben muß. Vergessen Sie nicht, die hinreichenden Bedingungen nachzuprüfen! Ist die Minimalstelle (strikt) lokal und/oder global? Wie lang ist der Zaun dann? Veranschaulichen Sie die Lösung auch durch eine Skizze im gemeinsamen Definitionsbereich der Zielfunktion und der Nebenbedingung.

Aufgabe 2.5.10 *(14 %)*

Bestimmen Sie für die Firma H.G. Nuuk mit der Lagrangemethode die Maximalstelle der Produktionsfunktion

$$f : (1,\infty)^2 \to (0,\infty), \quad f(x,y) = a\ln(xy^2)$$

mit $a > 0$, wobei aufgrund beschränkter finanzieller Reserven die Budgetrestriktion

$$g : (1,\infty)^2 \to (0,\infty), \quad g(x,y) = x + 2y = 9$$

zu erfüllen ist. Vergessen Sie nicht, die hinreichenden Bedingungen nachzuprüfen! Interpretieren Sie den Lagrangemultiplikator λ. Dabei werden x, y in kg, $f(x,y)$ in Tsd. Stück und $g(x,y)$ in Tsd. DM gemessen.

Aufgabe 2.5.11 *(6 %)*

Berechnen Sie die bestimmten Integrale

1. $\int_0^{\pi/4} \cos(x)\,dx$
2. $\int_1^{10} \exp(-\ln(\frac{a}{x}))\,dx$ *mit* $a > 0$
3. $\int_1^2 \frac{x-a}{x}\,dx$

2.6 Klausur

Aufgabe 2.6.1 *(9 %)*

Bilden Sie die erste Ableitungsfunktion der folgenden Funktionen:

1. $f(x) = (2x-4)(6x-8)$
2. $f(x) = \dfrac{1}{(x-1)^a}$ *mit* $x > 1$
3. $f(x) = \exp(-\frac{a}{x})$ *mit* $x \neq 0$, $a \neq 0$
4. $f(x) = \cos\left(\frac{4}{\sqrt{x}}\right)$ *mit* $x > 0$

5. $f(x) = \ln\left(\sqrt[3]{(x-a)(x+a)}\right)$ *mit* $|x| > |a|$

6. $f(x) = |ax|$ *für* $x < 0$ *und* $a > 0$

Aufgabe 2.6.2 *(10 %)*

Gegeben sei die Einkommensfunktion

$$f : (0, \infty)^2 \to (0, \infty), \quad Y = f(S, E) = \alpha \cdot \exp(\beta_1 S + \beta_2 E)$$

mit α, β_1, $\beta_2 > 0$. *Dabei sind* Y *das Bruttojahreseinkommen (in DM),* S *die Ausbildungszeit (in Jahren) und* E *die Berufserfahrung (in Jahren) der Personen.*

1. *Bestimmen Sie die partiellen Ableitungsfunktionen erster Ordnung.*

2. *Im folgenden seien* $\alpha = 5000$, $\beta_1 = 0.13$, $\beta_2 = 0.06$, $S_0 = 18$ *und* $E_0 = 6$.

   (a) *Berechnen und interpretieren Sie die partielle 1. Ableitung* $f'_E(S_0, E_0)$.

   (b) *Ermitteln Sie die Tangentialebene* $z(S, E)$, *die* f *in* (S_0, E_0) *berührt.*

   (c) *Geben Sie das totale Differential* df *an der Stelle* (S_0, E_0) *an.*

   (d) *Approximieren Sie den Funktionswert* $f(17, 7)$ *durch den Wert der Tangentialebene* $z(17, 7)$, *und geben Sie die absoluten und relativen Approximationsfehler*

$$\delta f = |f(17,7) - z(17,7)| \quad \text{und} \quad \eta f = \left|\frac{f(17,7) - z(17,7)}{z(17,7)}\right|$$

   (mit Dimensionen) an.

Aufgabe 2.6.3 *(9 %)*

Gegeben sei die Einkommensfunktion

$$f : (0, \infty)^2 \to (0, \infty), \quad Y = f(S, E) = \alpha \cdot \exp(\beta_1 S + \beta_2 E)$$

mit α, β_1, $\beta_2 > 0$. *Dabei sind* Y *das Bruttojahreseinkommen (in DM),* S *die Ausbildungszeit (in Jahren) und* E *die Berufserfahrung (in Jahren) der Personen. Durch* $f(S, E) = Y_0$ *ist dann eine Funktion* $E = g(S)$ *implizit gegeben.*

1. *Ermitteln Sie die explizite Form* $E = g(S)$.

2. *Berechnen Sie* $\frac{d}{dS}g(S)$ *über die Ableitung impliziter Funktionen und zum Vergleich direkt mit Ihrem Resultat aus 1.*

3. *Interpretieren Sie* $\frac{d}{dS}g(S)$.

4. *Zeichnen Sie die Isoeinkommenslinien* $E = g(S)$ *für* $\alpha = 5000$, $\beta_1 = 0.13$, $\beta_2 = 0.06$, $Y_0 = 80000$ *und* $S \in [9, 18]$.

Aufgabe 2.6.4 *(11 %)*

1. *Bestimmen Sie – falls möglich – mit der Eulerschen Formel den Homogenitätsgrad der individuellen Einkommensfunktion*

$$f : (0,\infty)^2 \to (0,\infty), \quad Y = f(S,E) = \alpha \cdot \exp(\beta_1 S + \beta_2 E)$$

mit $\alpha,\ \beta_1,\ \beta_2 > 0$, oder zeigen Sie mit der Eulerschen Formel, daß f nicht homogen ist.

2. *Gegeben sei die logarithmierte Kostenfunktion*

$$\ln(C(w,y)) = \ln(a) + b \cdot \ln(w) + c \cdot \ln(y)$$

mit $a,\ b,\ c > 0$, dem Faktorpreis w und dem Output y. Bestimmen Sie – falls möglich – den Homogenitätsgrad der Kostenfunktion $C : (0,\infty)^2 \to (0,\infty)$.

3. *Gegeben sei die homogene Produktionsfunktion*

$$f : (0,\infty)^2 \to (0,\infty), \quad z = f(x,y)$$

mit dem Homogenitätsgrad $r \in \mathbf{R}$. x und y werden um den gleichen Faktor $0 < \lambda < 1$ verkleinert. Geben Sie den vollständigen Wertebereich von r an, für den z

   (a) *stärker schrumpft als x und y.*
   (b) *mit dem gleichen Faktor wie x und y schrumpft.*
   (c) *weniger schrumpft als x und y.*
   (d) *sich nicht ändert.*
   (e) *wächst.*

Begründen Sie Ihre Antworten anhand der Definiton der Homogenität.

Aufgabe 2.6.5 *(10 %)*

Gegeben sei die Einkommensfunktion

$$f : (0,\infty)^2 \to (0,\infty), \quad Y = f(S,E) = \alpha \cdot \exp(\beta_1 S + \beta_2 E)$$

mit $\alpha,\ \beta_1,\ \beta_2 > 0$. Dabei sind Y das Bruttojahreseinkommen (in DM), S die Ausbildungszeit (in Jahren) und E die Berufserfahrung (in Jahren) der Personen.

1. *Bestimmen Sie die partiellen Änderungsratenfunktionen $\rho_{f,S}(S,E)$ und $\rho_{f,E}(S,E)$ sowie die partiellen Elastizitätsfunktionen $\varepsilon_{f,S}(S,E)$ und $\varepsilon_{f,E}(S,E)$.*
2. *Ermitteln Sie alle Elastizitätsbereiche der Einkommensfunktion bezüglich E.*
3. *Berechnen und interpretieren Sie $\rho_{f,E}(18,6)$ für $\alpha = 5000$, $\beta_1 = 0.13$ und $\beta_2 = 0.06$.*

Aufgabe 2.6.6 *(7 %)*

Gegeben sei die Produktionsfunktion

$$f : (0, \infty) \to (0, \infty), \quad f(x) = ax^b$$

mit $a > 0$ *und* $0 < b < 1$.

1. *Geben Sie die Ableitungen bis zur zweiten Ordnung an.*
2. *Ermitteln und interpretieren Sie die Vorzeichen von* $f'(x)$ *und* $f''(x)$.
3. *Bestimmen Sie die Taylorpolynome 0., 1. und 2. Grades* $T_f^0(x)$, $T_f^1(x)$ *und* $T_f^2(x)$ *an der Stelle* $x_0 = 1$ *für* $a = 1$ *und* $b = 0.5$.

Aufgabe 2.6.7 *(10 %)*

$$f : \mathbf{R} \to \mathbf{R}, \quad f(x) = x^3 - \frac{1}{2}x^2 - 16x + 8$$

hat Nullstellen in $x_1 = 0.5$ *und* $x_{2,3} = \pm 4$, *was Sie nicht nachzuprüfen brauchen.*

1. *Bestimmen Sie das Taylorpolynom 1. Grades* $T_f^1(x)$ *an der Stelle* $x_0 = 0$.
2. *Approximieren Sie die Nullstelle* x_1 *von* $f(x)$ *durch die Nullstelle* $\tilde{x}_1$ *von* $T_f^1(x)$. *Geben Sie den absoluten Approximationsfehler* $\delta = |x_1 - \tilde{x}_1|$ *an.*
3. *Bestimmen Sie die kritischen Stellen – mehr nicht – von* $f(x)$.
4. *Zeichnen Sie* $f(x)$ *und* $T_f^1(x)$ *in einer Skizze für* $x \in [-4, 4]$.

Aufgabe 2.6.8 *(14 %)*

In einem Freibad soll ein Whirlpool angelegt werden, dessen Grundriß aus einem Rechteck (mit den Seiten $a > 0$ *und* $b > 0$*) mit einem an einer Seite angesetzten Halbkreis (mit dem Radius* $r = \frac{b}{2}$*) besteht.*

1. *Erstellen Sie eine Skizze des Grundrisses.*
2. *Der Umfang des Whirlpools soll aus Kostengründen 200 m nicht überschreiten. Ermitteln Sie mit der Substitutionsmethode, welche Abmessungen* a *und* r *der Pool haben muß, damit dessen Fläche* F *möglichst groß wird. Vergessen Sie nicht, die hinreichenden Bedingungen nachzuprüfen! Ist die Maximalstelle (strikt) lokal und/oder global? Wie groß ist* F *dann?*

   Hinweis: Kreisfläche $= \pi r^2$, *Kreisumfang* $= 2\pi r$.

Aufgabe 2.6.9 *(12 %)*

Bestimmen Sie mit der Lagrangemethode die kritischen Stellen – mehr nicht – der Nutzenfunktion

$$U : (1, \infty) \times (2, \infty) \to (0, \infty), \quad U(x_1, x_2) = (x_1 - 1)^{0.4}(x_2 - 2)^{0.8}$$

unter der Budgetrestriktion

$$g(x_1, x_2) = x_1 + 2x_2 = 11$$

Interpretieren Sie den Lagrangemultiplikator λ. Dabei werden x_1, x_2 in kg, $U(x_1, x_2)$ in NE (Nutzeneinheiten) und $g(x_1, x_2)$ in DM gemessen.

Aufgabe 2.6.10 *(8 %)*

1. *Das BIP (Bruttoinlandsprodukt) Irlands (zu Preisen des Basisjahres 1985) 1990 betrug 42 Mrd. US-\$. Die reale Wachstumsrate des BIPs betrug in den Jahren 1990 ($t := 0$) bis 1995 ($t := 5$) durchschnittlich 4.7 %. Ermitteln Sie die Funktion*

$$Y : [0, 5] \to (0, \infty), \quad Y = Y(t)$$

   mit der Zeit t (in Jahren).

2. *Bestimmen Sie $t > 0$ so, daß $\int_0^t e^{8x}\, dx = 6$ gilt.*

2.7 Klausur

Aufgabe 2.7.1 *(8 %)*

Bilden Sie die partiellen Ableitungsfunktionen 1. Ordnung der folgenden Funktionen:

1. $K(x, y) = \frac{5x}{\sqrt{y}}$ *mit* $y > 0$
2. $K(x, y) = y \cdot \exp(4x + 5y^2)$
3. $p(r, q) = r^2 \cdot \ln(rq)$ *mit* $r,\ q > 0$
4. $f(x, y) = x \cdot |\ln(y)|$ *für* $y > 0$

Aufgabe 2.7.2 *(9 %)*

1. *Sei $f(x) = \sqrt{x}$ mit $x \geq 0$.*
   - (a) *Ermitteln Sie die Tangente $g(x)$, die f in $x_0 = 100$ berührt.*
   - (b) *Approximieren Sie $f(121) = \sqrt{121}$ durch den Wert der Tangente $g(121)$ und geben Sie den absoluten Approximationsfehler $\delta f = |f(121) - g(121)|$ an.*

2. *Gegeben sei die Produktionsfunktion* $y = f(L) = 10\,L^{0.8}$ *mit* $L > 0$, *wobei der Output* y *in kg und der Arbeitsinput* L *in Std. gemessen wird.*

   (a) *Geben Sie die Arbeitseinsatzfunktion* $L(y) = f^{-1}(y)$ *an.*

   (b) *Ermitteln Sie die Grenzeinsatzfunktion* $L'(y) = \frac{d}{dy} f^{-1}(y)$.

   (c) *Berechnen und interpretieren Sie (mit Dimensionen)* $L(y_0)$ *und* $L'(y_0)$ *an der Stelle* $y_0 = 100$.

Aufgabe 2.7.3 *(10 %)*

1. *Gegeben sei die CES-Nutzenfunktion*

$$u = f(x_1, x_2) = 10\,(0.8\,x_1^{-1} + 0.2\,x_2^{-1})^{-1}$$

   mit den nutzenstiftenden Konsummengen $x_1,\ x_2 > 0$ *(in DM) und dem Nutzen* u *(in Nutzeneinheiten NE). Durch* $u \stackrel{!}{=} 100$ *ist dann eine Funktion* $x_2 = g(x_1)$ *implizit gegeben.*

   (a) *Berechnen Sie* $g'(x_1)$ *über die Ableitung impliziter Funktionen.*

   (b) *Berechnen und interpretieren Sie (mit Dimensionen)* $g'(x_1)$ *für* $x_1 = x_2 = 10$.

   (c) *Ermitteln Sie die explizite Form* $x_2 = g(x_1)$.

2. *Für welche* $x \in \mathbf{R}$ *gilt* $e^{x^2} = (e^x)^2$ *?*

Aufgabe 2.7.4 *(11 %)*

1. *Bestimmen Sie – falls möglich – den Homogenitätsgrad der Funktion*

$$f(x,y) = \sqrt{4\sqrt{x}\,[\ln(x^2) - 2\ln(y)]}$$

   mit $x,\ y > 0$.

2. *Bestimmen Sie mit der Eulerschen Formel den Wertebereich von* $a \in \mathbf{R}$, *für den die Funktion*

$$f(x,y) = a + x^{0.8}y^{0.2}$$

   mit $x,\ y > 0$ *homogen bzw. nicht homogen ist. Geben Sie bei Homogenität den Homogenitätsgrad an.*

3. *Geben Sie eine Funktion* $f : (0,\infty)^2 \to (0,\infty)$ *an, die homogen vom Grade* $r = \frac{2}{3}$ *ist. Überprüfen Sie Ihr Ergebnis anhand der Definition der Homogenität.*

Aufgabe 2.7.5 *(10 %)*

Gegeben sei die Exportfunktion

$$x = f(p,y) = 0.4\,p^{-1.5}\ln(y)$$

mit dem (Inland/Ausland)-Preisniveauverhältnis $p > 0$ *und dem Auslandssozialprodukt* $y > 1$.

1. *Bestimmen Sie die partielle Elastizitätsfunktion* $\varepsilon_{f,y}(p,y)$.
2. *Ermitteln Sie die Bereiche, in denen die Exportfunktion bezüglich* y *unelastisch, 1-elastisch oder elastisch reagiert.*
3. *Zeichnen Sie* $\varepsilon_{f,y}(p,y)$ *für* $y \in (1,10]$.

Aufgabe 2.7.6 *(11 %)*

Sei $f(x) = \ln(x^2)$ *mit* $x \neq 0$.

1. *Geben Sie die Ableitungen bis zur 4. Ordnung an.*
2. *Geben Sie die n-te Ableitung* $f^{(n)}(x)$ *für* $n \in \mathbf{N}$ *an.*
3. *Bestimmen Sie das Taylorpolynom 1. Grades* $T^1_{f,1}(x)$ *an der Stelle* $x_0 = 1$.
4. *Bestimmen Sie das Taylorpolynom 1. Grades* $T^1_{f,-1}(x)$ *an der Stelle* $x_0 = -1$.
5. *Zeichnen Sie in einer Skizze* $f(x)$ *für* $x \in [-2,2] \setminus \{0\}$ *und* $T^1_{f,-1}(x)$ *für* $x \in [-2,0)$ *sowie* $T^1_{f,1}(x)$ *für* $x \in (0,2]$.

Aufgabe 2.7.7 *(13 %)*

1. *Bestimmen Sie die kritischen Stellen der Funktion* $f(x) = 10\,x\,e^{-x}$ *und stellen Sie fest, ob es sich dabei um Minimal-, Maximal- oder Sattelstellen handelt. Bei Extremstellen geben Sie auch an, ob diese (strikt) lokal und/oder (strikt) global sind.*
2. *Sei* $f(x) = x^{2/3}$.
   (a) *Berechnen Sie* $f'(x)$.
   (b) *Bestimmen Sie den Definitionsbereich von* $f(x)$ *und von* $f'(x)$.
   (c) *Bestimmen Sie die Extremstellen von* $f(x)$ *und stellen Sie fest, ob es sich dabei um Minimal- oder Maximalstellen handelt. Geben Sie auch an, ob diese (strikt) lokal und/oder (strikt) global sind. Sollte* $f'(x)$ *Definitionslücken aufweisen, erstellen Sie dazu eine Skizze von* $f(x)$ *in einer Umgebung der Definitionslücke(n) von* $f'(x)$.

Aufgabe 2.7.8 *(12 %)*

Studentin Anna Lysis sitzt hungrig und durstig im 'Lagrange', der letzten offenen Kneipe ihrer Heimatstadt. Die Küche ist schon geschlossen, so daß nur noch Erdnüsse (die 100 g-Tüte zu 2 DM) und Bier (0.2 l für 2 DM) zu haben sind. Anna weiß, daß ihr Wohlbefinden w *der Funktion*

$$w = f(x,y) = 2\,x^{0.2}y^{0.6}$$

folgt, wobei $x > 0$ *der Erdnußverzehr (in 100 g) und* $y > 0$ *der Bierkonsum (in 0.2 l) sind. Maximieren Sie mit der Lagrangemethode Annas Wohlbefinden, wobei zu beachten ist, daß diese nur 16 DM zur Verfügung hat. Stellen Sie auch sicher, daß Ihre Lösung wirklich eine Maximalstelle ist.*

Aufgabe 2.7.9 *(9 %)*

1. *Berechnen Sie die bestimmten Integrale*
   (a) $\int_1^8 \frac{1}{\sqrt[3]{x}}\,dx$
   (b) $\int_0^{1000} e^{-x}\,dx$
   (c) $\int_\pi^\pi x\cos(x^2)\,dx$
2. *Berechnen Sie mittels partieller Integration* $\int_{1/2}^1 \ln(4x^2)\,dx$

Aufgabe 2.7.10 *(7 %)*

1. *Sei* $f(x) = \begin{cases} \sin(x) & \text{für } x \in [0,\pi] \\ \frac{1}{\pi} & \text{für } x \in (\pi, 2\pi] \end{cases}$

   Berechnen Sie $\int_0^{2\pi} f(x)\,dx$.
2. *Bestimmen Sie, für welche* $a \in \mathbf{R} \setminus \{-2\}$ *das uneigentliche Integral* $\int_0^1 2\,x^{a+1}\,dx$ *existiert, und berechnen Sie es in diesem Fall.*

2.8 Klausur

Aufgabe 2.8.1 *(9 %)*

1. *Bilden Sie die Ableitungsfunktion 1. Ordnung von* $f(x) = \frac{1}{2\pi}\ln(1+x^2)$.
2. *Bilden Sie für* $m(t) = \lambda(e^t - 1)$ *mit* $\lambda > 0$ *die erste Ableitung an der Stelle* $t = 0$.
3. *Bilden Sie die partiellen Ableitungsfunktionen 1. Ordnung von*

$$f(x,y) = \frac{1}{c}\left(\frac{x}{c}\right)^{a-1}\left(1-\frac{y}{c}\right)^{b-1}$$

mit $0 < x < c$ *und* $0 < y < c$ *sowie* $a,\ b,\ c > 0$.

4. *Bilden Sie die Ableitungsfunktion 1. Ordnung von*

$$f(x) = 1 - e^{-x/\beta} \sum_{j=0}^{2} \frac{1}{j!} \left(\frac{x}{\beta}\right)^j$$

mit $x > 0$ *und* $\beta > 0$. *Vereinfachen Sie Ihre Lösung soweit wie möglich.*

Aufgabe 2.8.2 *(10 %)*

Gegeben sei die Klein-Rubin-Nutzenfunktion

$$u : (m_1, \infty) \times (m_2, \infty) \to (0, \infty), \quad u(x_1, x_2) = \beta_0 (x_1 - m_1)^{\beta_1} (x_2 - m_2)^{\beta_2}$$

mit den nutzenstiftenden Konsummengen x_1, x_2 *(in kg), den Mindestkonsummengen* $m_1 > 0$ *und* $m_2 > 0$ *(in kg), dem Nutzen u (in Nutzeneinheiten NE) und* β_0, β_1, $\beta_2 > 0$.

1. *Bestimmen Sie die partiellen Ableitungsfunktionen 1. Ordnung.*
2. *Im folgenden seien* $\beta_0 = 1$, $\beta_1 = 0.6$, $\beta_2 = 0.3$, $m_1 = 1$, $m_2 = 2$, $\bar{x}_1 = 3$ *und* $\bar{x}_2 = 4$.
   (a) *Berechnen und interpretieren Sie die partielle 1. Ableitung* $u'_{x_1}(\bar{x}_1, \bar{x}_2)$.
   (b) *Ermitteln Sie die Tangentialebene* $z(x_1, x_2)$, *die u in* $(\bar{x}_1, \bar{x}_2)$ *berührt.*
   (c) *Berechnen, zeichnen und interpretieren Sie den Gradienten von u an der Stelle* $(\bar{x}_1, \bar{x}_2)$.
   (d) *Gibt es Fälle, in denen der Gradient von u in der* (x_1, x_2)*-Ebene nach links oben, links unten oder rechts unten zeigt? Begründen Sie Ihre Antwort.*

Aufgabe 2.8.3 *(9 %)*

Gegeben sei die Klein-Rubin-Nutzenfunktion

$$u : (m_1, \infty) \times (m_2, \infty) \to (0, \infty), \quad u(x_1, x_2) = \beta_0 (x_1 - m_1)^{\beta_1} (x_2 - m_2)^{\beta_2}$$

mit den nutzenstiftenden Konsummengen x_1, x_2 *(in kg), den Mindestkonsummengen* $m_1 > 0$ *und* $m_2 > 0$ *(in kg), dem Nutzen u (in Nutzeneinheiten NE) und* β_0, β_1, $\beta_2 > 0$.

1. *Durch* $u \overset{!}{=} c$ *sind dann Funktionen* $x_2 = g(x_1)$ *und* $x_1 = g^{-1}(x_2)$ *implizit gegeben.*
   (a) *Berechnen Sie* $\frac{d}{dx_1} g(x_1)$ *und* $\frac{d}{dx_2} g^{-1}(x_2)$ *über die Ableitung impliziter Funktionen.*
   (b) *Ermitteln Sie die explizite Form* $x_2 = g(x_1)$.
   (c) *Seien* $\beta_0 = 1$, $\beta_1 = \frac{2}{3}$, $\beta_2 = \frac{1}{3}$, $m_1 = 1$, $m_2 = 2$ *und* $c = 1$. *Zeichnen Sie die Indifferenzkurve* $x_2 = g(x_1)$ *für* $x_1 \in (1, 4]$.
2. *Bestimmen Sie die kritischen Stellen – mehr nicht – von* $u(x_1, x_2)$.

Aufgabe 2.8.4 *(10 %)*

1. *Eine Nachfragefunktion* $x : (0, \infty)^2 \to (0, \infty)$, $x = x(p, y)$ *mit dem Preis* p *und dem Einkommen* y *sei homogen vom Grade* r. *Es gelte* $x = 10$ *kg.*

   (a) *Welchen Wert nimmt* x *an, wenn* p *und* y *auf je 90% sinken und*

      i. $r = 2$

      ii. $r = \frac{1}{2}$

      iii. $r = 0$

      iv. $r = -2$ *gilt?*

   (b) *Nach einer Steigerung von* p *und* y *um je 20% gilt* $x = 11$ *kg. Bestimmen Sie* r.

2. *Die Funktion* $h : (0, \infty)^2 \to (0, \infty)$, $z = h(x, y)$ *sei homogen vom Grade* $r = 1$ *und besitze die partielle Elastizitätsfunktion*

$$\varepsilon_{h,x}(x, y) = \frac{1/2}{2x^{-1/2} + 1}$$

   bezüglich x. *Bestimmen Sie die partielle Elastizitätsfunktion* $\varepsilon_{h,y}(x, y)$ *bezüglich* y.

3. *Bestimmen Sie mit der Eulerschen Formel den vollständigen Wertebereich der Parameter* $a \in \mathbf{R}$ *und* $c \in \mathbf{R}$, *für den*

$$f : (0, \infty)^2 \to (0, \infty), \quad f(x, y) = \sqrt{\frac{a}{x}} + y^c$$

   homogen vom Grade r *ist. Geben Sie* r *an.*

Aufgabe 2.8.5 *(11 %)*

Gegeben sei die Klein-Rubin-Nutzenfunktion

$$u : (m_1, \infty) \times (m_2, \infty) \to (0, \infty), \quad u(x_1, x_2) = \beta_0(x_1 - m_1)^{\beta_1}(x_2 - m_2)^{\beta_2}$$

mit den nutzenstiftenden Konsummengen x_1, x_2 *(in kg), den Mindestkonsummengen* $m_1 > 0$ *und* $m_2 > 0$ *(in kg), dem Nutzen* u *(in Nutzeneinheiten NE) und* β_0, β_1, $\beta_2 > 0$.

1. *Bestimmen Sie die partielle Ableitungsfunktion* $u'_{x_1}(x_1, x_2)$, *die partielle Änderungsratenfunktion* $\rho_{u,x_1}(x_1, x_2)$ *und die partielle Elastizitätsfunktion* $\varepsilon_{u,x_1}(x_1, x_2)$.

2. *Ermitteln Sie die Bereiche, in denen die Nutzenfunktion bezüglich* x_1 *unelastisch bzw. elastisch reagiert.*

3. *Zeichnen Sie* $\varepsilon_{u,x_1}(x_1, x_2)$ *für* $\beta_1 = 0.6$, $m_1 = 1$ *und* $x_1 \in (1, 10]$.

4. *Bestimmen Sie die Elastizitätsbereiche bezüglich* x_1 *aus 2. für* $\beta_1 = 0.6$ *und* $m_1 = 1$ *auch graphisch in Ihrer Skizze aus 3.*

Aufgabe 2.8.6 *(10 %)*

Sei $f(x) = (1-x)^t$ *mit* $t \in \mathbf{Z}$ *und* $|x| < 1$.

1. *Geben Sie die Ableitungen von* $f(x)$ *bis zur 3. Ordnung an.*
2. *Geben Sie die* n*-te Ableitung* $f^{(n)}(x)$ *für* $n \in \mathbf{N}$ *an.*
3. *Bestimmen Sie das Taylorpolynom 3. Grades* $T^3_{f,2}(x)$ *für* $t = 2$ *an der Stelle* $x_0 = 0$. *Interpretieren Sie Ihr Ergebnis.*
4. *Bestimmen Sie das Taylorpolynom 3. Grades* $T^3_{f,-2}(x)$ *für* $t = -2$ *an der Stelle* $x_0 = 0$.

Aufgabe 2.8.7 *(9 %)*

Sei

$$f : \mathbf{R} \to \mathbf{R}, \quad f(x) = \frac{1}{\sqrt{2\pi}\,\sigma} \exp\left(\frac{-(x-\mu)^2}{2\sigma^2}\right)$$

mit $\mu \in \mathbf{R}$ *und* $\sigma > 0$.

1. *Bestimmen Sie die 1. und 2. Ableitungsfunktion von* $f(x)$ *und vereinfachen Sie Ihre Lösungen soweit wie möglich.*
2. *Bestimmen Sie die kritischen Stellen von* $f(x)$ *und stellen Sie fest, ob es sich dabei um Minimal-, Maximal- oder Sattelstellen handelt.*
3. *Bestimmen Sie die Wendestellen von* $f(x)$ *– ohne Prüfung der hinreichenden Bedingungen.*

Aufgabe 2.8.8 *(8 %)*

Sei

$$f : (0,1)^2 \to (0,\infty), \quad f(x,y) = x^2(1-x)^3 y^3 (1-y)^2.$$

Bestimmen Sie die kritischen Stellen – mehr nicht – von $f(x,y)$.

Aufgabe 2.8.9 *(14 %)*

Bestimmen Sie mit der Lagrangemethode die kritischen Stellen der Zielfunktion

$$f : (0,\infty)^2 \to (0,\infty), \quad f(x,y) = 10\left(\frac{2}{x} + \frac{4}{y}\right)$$

unter der Nebenbedingung $g(x,y) = 4x + 2y = 100$. *Vergessen Sie nicht, die hinreichenden Bedingungen nachzuprüfen. Ist die Extremstelle (strikt) lokal und/oder (strikt) global? Wie groß ist* $f(x,y)$ *im Optimum?*

Aufgabe 2.8.10 *(10 %)*

1. *Bestimmen Sie $t < 0$ mit $\int_t^0 |x|\,dx = \frac{1}{2}$.*

2. *Sei $\Gamma(\alpha) := \int_0^\infty x^{\alpha-1}e^{-x}\,dx$ für $\alpha > 0$. Berechnen Sie $\Gamma(1)$.*

3. *Auf eine einprozentige Erhöhung des Inland/Ausland-Preisverhältnisses p reagieren die Importe M eines Landes für alle $p \in (0,\infty)$ mit einer Zunahme um 1.2%. Bestimmen Sie die Importfunktion $M = f(p)$. Legen Sie deren Konstante durch $f(1) := 10$ fest.*

2.9 Formelsammlung

1. $a \leq b$ und $c < 0 \Longrightarrow ac \geq bc \qquad \sum_{i=1}^n c = nc$
2. $x^m x^n = x^{m+n}$, $(xy)^n = x^n y^n$, $(x^m)^n = x^{mn}$ und für $x \geq 0$: $x^{m/n} = (\sqrt[n]{x})^m$
3. $x^2 + bx + c = 0 \Longrightarrow x_{1,2} = -b/2 \pm \sqrt{(b/2)^2 - c}$
4. $(\sin(x))^2 + (\cos(x))^2 = 1$ und für $x, y > 0$: $\ln(x^a y^b) = a\ln(x) + b\ln(y)$
5. $\tan(x) = \frac{\sin(x)}{\cos(x)}$ für $x \neq (2k+1)\pi/2$ und $\cot(x) = \frac{\cos(x)}{\sin(x)}$ für $x \neq k\pi$ mit $k \in \mathbf{Z}$
6. $f(\lambda x, \lambda y) = \lambda^r \cdot f(x,y)$ für $\lambda > 0 \qquad |x| = x$ für $x \geq 0$ und $|x| = -x$ für $x < 0$

Seien $f, g : \mathbf{R} \to \mathbf{R}$ differenzierbar.

1. Für $a > 0$, $a \neq 1$ gilt $\frac{d}{dx}a^x = a^x \ln(a)$ und $\frac{d}{dx}\log_a(x) = \frac{1}{x\ln(a)}$ mit $x > 0$
2. $\frac{d}{dx}\exp(f(x)) = f'(x)\exp(f(x))$ und für $f(x) > 0$: $\frac{d}{dx}\ln(f(x)) = f'(x)/f(x)$
3. $\frac{d}{dx}\sin(x) = \cos(x)$ und $\frac{d}{dx}\cos(x) = -\sin(x)$
4. Für $f(x), g(x) \neq 0$: $\rho_f(x) = f'(x)/f(x)$ und $\varepsilon_f(x) = x \cdot \rho_f(x)$ sowie $\varepsilon_{cf}(x) = \varepsilon_f(x)$, $\varepsilon_{fg}(x) = \varepsilon_f(x) + \varepsilon_g(x)$ und $\varepsilon_{f/g}(x) = \varepsilon_f(x) - \varepsilon_g(x)$

Sei $f : \mathbf{R} \to \mathbf{R}$ $(n+1)$-mal stetig differenzierbar.

1. $T_f^n(x) = \sum_{k=0}^n \frac{f^{(k)}(x_0)}{k!}(x - x_0)^k$

Sei $f : \mathbf{R}^2 \to \mathbf{R}$ zweimal stetig partiell differenzierbar.

1. $r \cdot f(x,y) = f_x'(x,y)x + f_y'(x,y)y$ oder $r = \varepsilon_{f,x}(x,y) + \varepsilon_{f,y}(x,y)$
2. Ist (x_0, y_0) kritische Stelle von f und $f_{xx}''(x_0,y_0) \cdot f_{yy}''(x_0,y_0) > (f_{xy}''(x_0,y_0))^2$ sowie
   (a) $f_{xx}''(x_0,y_0) > 0$, so hat f in (x_0,y_0) ein striktes lokales Minimum.
   (b) $f_{xx}''(x_0,y_0) < 0$, so hat f in (x_0,y_0) ein striktes lokales Maximum.
3. Ist (x_0, y_0) kritische Stelle von f und $f_{xx}''(x,y) \cdot f_{yy}''(x,y) > (f_{xy}''(x,y))^2$ sowie

(a) $f''_{xx}(x,y) > 0 \; \forall \; (x,y) \in D_f$, so hat f in (x_0, y_0) ein striktes globales Minimum.

(b) $f''_{xx}(x,y) < 0 \; \forall \; (x,y) \in D_f$, so hat f in (x_0, y_0) ein striktes globales Maximum.

4. Ist (x_0, y_0) kritische Stelle von f und $f''_{xx}(x_0,y_0) \cdot f''_{yy}(x_0,y_0) < (f''_{xy}(x_0,y_0))^2$, so hat f in (x_0, y_0) einen Sattelpunkt.

5. grad $f(x,y) = (f'_x(x,y), f'_y(x,y))$

6. $df = f'_x(x_0,y_0)\Delta x + f'_y(x_0,y_0)\Delta y$ und $df_x = f'_x(x_0,y_0)\Delta x$

7. $z(x,y) = f(x_0,y_0) + f'_x(x_0,y_0)(x-x_0) + f'_y(x_0,y_0)(y-y_0)$

8. Sei $f(x,y) = f(x,g(x)) = 0$. Dann ist $dy/dx = -f'_x(x,y)/f'_y(x,y)$ für $f'_y(x,y) \neq 0$ und $dx/dy = -f'_y(x,y)/f'_x(x,y)$ für $f'_x(x,y) \neq 0$.

Sei $f : \mathbf{R} \to \mathbf{R}$ integrierbar.

1. $\int f(x)\,dx = F(x) + c$ und $\int_a^b f(x)\,dx = [F(x)]_a^b = F(b) - F(a)$

Seien $f : \mathbf{R} \to \mathbf{R}$ und $g : \mathbf{R} \to \mathbf{R}$ stetig differenzierbar.

1. $\int_a^b f(x)g'(x)\,dx = [f(x)g(x)]_a^b - \int_a^b f'(x)g(x)\,dx$

Kapitel 3

Lösungen zu Analysis-Klausuren

In diesem Kapitel finden Sie die Lösungen zu den 8 Analysis-Klausuren des Kapitels 1.

3.1 Lösungen

Lösung zu Aufgabe 1.1.1

1. $\int_0^a x^{-2/3}\,dx = [3x^{1/3}]_0^a = 3a^{1/3} - 0 = 6 \Rightarrow a = 8$
2. (a) $\int (x-a)^2\,dx = \int x^2 - 2ax + a^2\,dx = \frac{1}{3}x^3 - ax^2 + a^2x + c$

   (b) $\int \frac{4}{\sqrt{x}}\,dx = \int 4x^{-1/2}\,dx = 8x^{1/2} + c$

   (c) $\int 2^x + e^{x/8} + \cos(2x)\,dx = \frac{1}{\ln(2)}2^x + 8e^{x/8} + \frac{1}{2}\sin(2x) + c$

   (d) $\int \frac{1}{4x}\,dx = \frac{1}{4}\ln(x) + c$

Lösung zu Aufgabe 1.1.2

1. (a) $f(\lambda x, \lambda y) = \sqrt{(\lambda x)^2 + 4\lambda x\lambda y} = \lambda\sqrt{x^2+4xy} \Rightarrow r = 1$

   (b) $e^{x^2}(\ln(x) + \ln(y^{-1}))e^{-x^2} = e^0(\ln(x) - \ln(y)) = \ln(\frac{x}{y}) \Rightarrow$

   $$f(\lambda x, \lambda y) = \ln\left(\frac{\lambda x}{\lambda y}\right) = \ln\left(\frac{x}{y}\right) = \lambda^0 \ln\left(\frac{x}{y}\right) \Rightarrow r = 0$$

   (c) $f(\lambda x, \lambda y) = \dfrac{a\lambda x\lambda y + b(\lambda x)^2}{c\sqrt{(\lambda x)^3} + d\sqrt{\lambda y}^3} = \dfrac{\lambda^2}{\lambda^{3/2}}\dfrac{axy + bx^2}{c\sqrt{x^3} + d\sqrt{y}^3} = \lambda^{1/2}f(x,y) \Rightarrow r = \frac{1}{2}$

2. Z. B. $f(x,y) = \dfrac{1}{xy}$ mit $f(\lambda x, \lambda y) = \dfrac{1}{\lambda x\lambda y} = \dfrac{1}{\lambda^2}\dfrac{1}{xy} \Rightarrow r = -2$

Lösung zu Aufgabe 1.1.3

1. $f'_x(x,y) = -\dfrac{27}{x^2} + \dfrac{1}{y} \quad f'_y(x,y) = -\dfrac{x}{y^2} + 1$

   $f''_{xx}(x,y) = \dfrac{54}{x^3} \quad f''_{yy}(x,y) = \dfrac{2x}{y^3} \quad f''_{xy}(x,y) = f''_{yx}(x,y) = -\dfrac{1}{y^2}$

   $(f''_{xx}(9,3) \cdot f''_{yy}(9,3)) = \frac{54}{729} \cdot \frac{18}{27} = 0.04938 > 0.01235 = \frac{1}{81} = (f''_{xy}(9,3))^2$

   $f''_{xx}(9,3) = \frac{54}{729} > 0$

   Also hat f in $(9,3)$ ein striktes lokales Minimum.

2. $x - 3y = 0 \Rightarrow y = \frac{1}{3}x$ – Skizze
   Am Ergebnis würde sich nichts ändern, denn $(9,3) \in \{(x,y) \mid g(x,y) = 0\}$.

Lösung zu Aufgabe 1.1.4

1. $g(\lambda p, \lambda w) = \lambda^r \cdot g(p,w), \quad \lambda = 2$
   (a) $r = 3 \Rightarrow \lambda^r = 2^3 = 8 \Rightarrow g$ verachtfacht sich.
   (b) $r = 1/3 \Rightarrow \lambda^r = 2^{1/3} = 1.260 \Rightarrow g$ wird mit 1.260 multipliziert.
   (c) $r = 0 \Rightarrow \lambda^r = 2^0 = 1 \Rightarrow g$ verändert sich nicht.
   (d) $r = -3 \Rightarrow \lambda^r = 2^{-3} = 1/8 \Rightarrow g$ wird geachtelt.

2. $k_1'(w_1, w_2) = 4a(w_1^2 + 2w_2^2)^{a-1}2w_1 \quad k_2'(w_1, w_2) = 4a(w_1^2 + 2w_2^2)^{a-1}4w_2$
   $k_1'(w_1, w_2) \cdot w_1 + k_2'(w_1, w_2) \cdot w_2 = 4a(w_1^2 + 2w_2^2)^{a-1}2w_1^2 + 4a(w_1^2 + 2w_2^2)^{a-1}4w_2^2 =$
   $4a(w_1^2 + 2w_2^2)^{a-1}(2w_1^2 + 4w_2^2) = 2a \cdot 4(w_1^2 + 2w_2^2)^a \Rightarrow r = 2a$

Lösung zu Aufgabe 1.1.5

1. $\frac{1}{5 + \ln(2x)} = -0.1 \Rightarrow 5 + \ln(2x) = -10 \Rightarrow \ln(x) = -15 - \ln(2) < 0 \Rightarrow x < 1$
   Da $x < 1$ nicht im Definitionsbereich der Funktion $y(x)$ liegt, ist die Antwort: Nein.

2. $\varepsilon_y(100) = 0.09710$
   $|\varepsilon_y(100)| < 1 \Rightarrow$ unelastisch

3. $\varepsilon_y(10) = 0.1251$
   Der Absatz steigt um 0.1251%.

4. $\varepsilon_{e \cdot y}(x) = \varepsilon_y(x)$

Lösung zu Aufgabe 1.1.6

1. $f_x'(x,y) = f_y'(x,y) = \frac{1}{x+y} \quad f_{xx}''(x,y) = f_{yy}''(x,y) = f_{xy}''(x,y) = \frac{-1}{(x+y)^2}$

2. $\operatorname{grad} f\left(\frac{1}{2}, \frac{1}{2}\right) = \left(f_x'\left(\frac{1}{2}, \frac{1}{2}\right), f_y'\left(\frac{1}{2}, \frac{1}{2}\right)\right) = (1,1)$
   $df = f_x'\left(\frac{1}{2}, \frac{1}{2}\right) \cdot \Delta x + f_y'\left(\frac{1}{2}, \frac{1}{2}\right) \cdot \Delta y = \Delta x + \Delta y$

3. $\left|f(1,1) - \left(f\left(\frac{1}{2}, \frac{1}{2}\right) + df\right)\right| = |\ln(2) - (\ln(1) + 1)| = 0.3069$

Lösung zu Aufgabe 1.1.7

1. $L(x,y,\lambda) = e^{xy} + \lambda(x + 2y - 1)$
   $L_x'(x,y,\lambda) = ye^{xy} + \lambda \stackrel{!}{=} 0 \Rightarrow \lambda = -ye^{xy}$
   $L_y'(x,y,\lambda) = xe^{xy} + 2\lambda \stackrel{!}{=} 0$
   $L_\lambda'(x,y,\lambda) = x + 2y - 1 \stackrel{!}{=} 0 \Rightarrow x = 1 - 2y$
   $(1-2y)e^{(1-2y)y} + 2(-ye^{(1-2y)y}) = 0 \Rightarrow (1-4y)e^{(1-2y)y} = 0 \Rightarrow$
   $1 - 4y = 0 \Rightarrow y_0 = \frac{1}{4} \Rightarrow x_0 = \frac{1}{2}$

2. $x + y^2 - 1 = 0 \Rightarrow x = 1 - y^2$

   $\frac{d}{dy} f(1 - y^2, y) = \frac{d}{dy} e^{(1-y^2)y} = \frac{d}{dy} e^{y-y^3} = (1 - 3y^2)e^{y-y^3} \overset{!}{=} 0 \Rightarrow$

   $1 - 3y^2 = 0 \Rightarrow y^2 = \frac{1}{3} \Rightarrow y_0 = 0.5774 \quad (-0.5774 \notin D_f) \Rightarrow x_0 = 0.6667$

Lösung zu Aufgabe 1.1.8

1. Die Skizze sollte die Wurzelfunktion im Bereich $0 < p < 24$ und $0 < x < 40$ durch die (p, x)-Punkte $(0, 40)$ und $(24, 0)$ sowie z. B. $(10, 16.83)$ oder $(20, 4.17)$ zeigen.

2. $x'(p) = -10 \cdot \frac{1}{2}(p + 1)^{-1/2} = \dfrac{-5}{\sqrt{p+1}}$

   $$\rho_x(p) = \frac{-5}{\sqrt{p+1}} \cdot \frac{1}{50 - 10\sqrt{p+1}} = \frac{1}{2(p+1) - 10\sqrt{p+1}}$$

   $$\varepsilon_x(p) = p \cdot \rho_x(p) = \frac{p}{2(p+1) - 10\sqrt{p+1}}$$

3. Beschränkt man den Wertebereich von $x(p)$ auf $(0, 40)$, so ist $x : (0, 24) \to (0, 40)$ bijektiv und damit invertierbar. Die inverse Funktion $p : (0, 40) \to (0, 24)$ erhält man durch

   $x = 50 - 10\sqrt{p+1} \Rightarrow 50 - x = 10\sqrt{p+1} \Rightarrow (5 - \frac{x}{10})^2 = p + 1$

   als $p(x) = \frac{x^2}{100} - x + 24$

Lösung zu Aufgabe 1.1.9

1. (a) $f'(x) = \dfrac{1}{(1-x)^2} \quad f''(x) = \dfrac{2}{(1-x)^3} \quad f'''(x) = \dfrac{6}{(1-x)^4}$

   (b) $T_f^2(x) = \sum_{k=0}^{2} \dfrac{f^{(k)}\left(\frac{1}{2}\right)}{k!} \left(x - \frac{1}{2}\right)^k = 2 + 4\left(x - \frac{1}{2}\right) + 8\left(x - \frac{1}{2}\right)^2$

2. $g'(x) = \cos\left(\ln\left(\frac{1}{x}\right)\right) \cdot \left(\dfrac{-1/x^2}{1/x}\right) = -\dfrac{\cos(\ln(1/x))}{x}$

Lösung zu Aufgabe 1.1.10

1. f beschreibt eine Kurve im $\mathbf{R}^2$, g eine Fläche im $\mathbf{R}^3$.

2. (a)

(x_0, y_0)	Maximum	Minimum	global	lokal	strikt
$(1, 0)$	-	-	-	-	-
$(0, 0)$	-	ja	ja	-	ja
$(1, 1)$	-	-	-	-	-
$(2, 1)$	ja	-	ja	-	ja
$(0, 1)$	-	-	-	-	-

   (b) f wächst streng monoton in x und y. In $(2, 1)$ nehmen x und y die größten zulässigen Werte an, daher hat f dort ein striktes, globales Maximum. Dieses ist nicht lokal, da es am Rand des Definitionsbereiches liegt.

Lösung zu Aufgabe 1.1.11

1. $x^2y - e^x = 0 \Rightarrow y = g(x) = e^x/x^2$ mit $x \neq 0$
2. $g'(x) = -\frac{f'_x(x,y)}{f'_y(x,y)} = -\frac{2xy - e^x}{x^2} = \frac{e^x}{x^2} - \frac{2y}{x} = \frac{e^x}{x^2} - \frac{2e^x}{x^3}$

3.2 Lösungen

Lösung zu Aufgabe 1.2.1

1. Für das Argument des Logarithmus muß $x^2 + y^2 - 2 > 0$ gelten. Somit lautet der natürliche Definitionsbereich: $\{(x,y) \,|\, x^2+y^2 > 2\}$. Die Skizze zeigt das Äußere des Kreises mit Mittelpunkt $(0,0)$ und Radius $\sqrt{2}$.
2. (a) $f'_x(x,y) = (1+3x^2)\exp(x+y^2+x^3) \quad f'_y(x,y) = 2y\exp(x+y^2+x^3)$
   (b) $df = f'_x(0,1)\cdot\Delta x + f'_y(0,1)\cdot\Delta y = e\cdot\Delta x + 2e\cdot\Delta y$
   (c) $\left|f\left(\frac{1}{2},\frac{1}{2}\right) - (f(0,1)+df)\right| = \left|2.399 - \left(e + \frac{e}{2} - e\right)\right| = 1.040$
   (d) $z = f(0,1) + f'_x(0,1)\cdot(x-0) + f'_y(0,1)\cdot(y-1) = e + ex + 2e(y-1) = -e + ex + 2ey$

Lösung zu Aufgabe 1.2.2

1. (a) $f(\lambda x, \lambda y) = \sqrt{5(\lambda x)^5} + 2(\lambda x)^2\sqrt{\lambda y} = \lambda^{5/2} f(x,y) \Rightarrow r = 5/2$
   (b) $f(\lambda x, \lambda y) = e^{(\lambda x)^2}(\ln(4\lambda x) - \ln(\lambda y))(e^{-\lambda x})^2 = e^{\lambda^2 x^2 - 2\lambda x}\ln\left(\frac{4\lambda x}{\lambda y}\right)$
   f ist nicht homogen, da sich λ aus dem e-Term nicht ausklammern läßt.
2. $g(\lambda p, \lambda w) = \lambda^r \cdot g(p,w), \quad g = 10, \quad \lambda = \frac{1}{2}$
   (a) $r = 3 \Rightarrow g\left(\frac{1}{2}p, \frac{1}{2}w\right) = \left(\frac{1}{2}\right)^3 \cdot 10 = 1.25$
   (b) $r = 1/3 \Rightarrow g\left(\frac{1}{2}p, \frac{1}{2}w\right) = \left(\frac{1}{2}\right)^{1/3} \cdot 10 = 7.937$
   (c) $r = -3 \Rightarrow g\left(\frac{1}{2}p, \frac{1}{2}w\right) = \left(\frac{1}{2}\right)^{-3} \cdot 10 = 80$

Lösung zu Aufgabe 1.2.3

1. Die Skizze von $B(t) = (1+e^{-t})^{-1}$ sollte für $0 \leq t \leq 10$ und $0 \leq B \leq 1$ erstellt werden. Der Graph verläuft durch die (t,B)-Paare $(0,0.5)$, $(1,0.7311)$, $(2,0.8808)$, $(3,0.9526)$, $(5,0.9933)$ und $(10,1.0000)$.
2. $B'(t) = -S(1+e^{a-bt})^{-2}(-be^{a-bt}) = \frac{Sbe^{a-bt}}{(1+e^{a-bt})^2}$

   $\rho_B(t) = \frac{Sbe^{a-bt}}{(1+e^{a-bt})^2} \cdot \frac{1+e^{a-bt}}{S} = \frac{be^{a-bt}}{1+e^{a-bt}}$

   $\varepsilon_B(t) = \frac{bte^{a-bt}}{1+e^{a-bt}}$

3. $\rho_B(10) = \frac{e^{-10}}{1+e^{-10}} = 0.00004540$

   Für $t = 10$ gilt: In einem Jahr wächst der Automobilbestand approximativ um 0.004540%.

Lösung zu Aufgabe 1.2.4

1. (a) Die Skizze von $\varepsilon_y(t)$ sollte für $0 \leq t \leq 10$ und $0 \leq \varepsilon_y < 0.4$ erstellt werden. Der Graph verläuft durch die (t, ε_y)-Paare $(0,0)$, $(2, 0.1429)$, $(4, 0.2222)$, $(6, 0.2727)$, $(8, 0.3077)$ und $(10, 0.3333)$.

   (b) Es gibt keinen derartigen Zeitpunkt, denn $\varepsilon_y(t) = \frac{t}{10+2t} \stackrel{!}{=} 0.5$ führt zum Widerspruch $0 = 5$.

   (c) $\varepsilon_y(100) = 0.4762$
   Wegen $0 < |\varepsilon_y(100)| < 1$ liegt dieser Wert im unelastischen Bereich.

2. $\varepsilon_y(x) = x \cdot \rho_y(x) = x \cdot \frac{y'(x)}{y(x)} = x \cdot \frac{d}{dx}\ln(y(x)) \Rightarrow$

   $\ln(y(x)) = \int \frac{\varepsilon_y(x)}{x}\,dx = \int \frac{0.1}{x}\,dx = 0.1\ln(x) + c \Rightarrow y(x) = e^{0.1\ln(x)+c} = x^{0.1}e^c$

Lösung zu Aufgabe 1.2.5

1. $f'(x) = -2x^{-3} \quad f''(x) = 6x^{-4} \quad f'''(x) = -24x^{-5} \quad f''''(x) = 120x^{-6}$

2. $T_f^4(x) = \sum_{k=0}^{4} \frac{f^{(k)}(-1)}{k!}(x+1)^k =$
   $1 + 2(x+1) + 3(x+1)^2 + 4(x+1)^3 + 5(x+1)^4$

3. $f(-1.5) \approx 0.5625$

4. $f^{(n)}(x) = (-1)^n(n+1)!\,x^{-(n+2)}$

   $T_f^\infty(x) = \sum_{n=0}^{\infty} \frac{f^{(n)}(-1)}{n!}(x+1)^n = \sum_{n=0}^{\infty} \frac{(-1)^n(n+1)!\,(-1)^{-(n+2)}}{n!}(x+1)^n =$
   $\sum_{n=0}^{\infty}(n+1)(x+1)^n$

Lösung zu Aufgabe 1.2.6

1.

(x_0, y_0)	Maximum	Minimum	global	lokal	strikt
$(0,0)$	-	ja	ja	ja	-
$(4,0)$	-	-	-	-	-
$(-4,8)$	-	-	-	-	-
$(4,8)$	ja	-	ja	-	-
$(-4,-8)$	ja	-	ja	-	-

2. Das Maximum $(4, 8)$ ist nicht lokal, da es am Rand des Definitionsbereiches liegt.

Lösung zu Aufgabe 1.2.7

$f'_x(x,y) = \sqrt{y} - 2x + 2 \stackrel{!}{=} 0 \Rightarrow x = \frac{\sqrt{y}+2}{2} \quad (I)$
$f'_y(x,y) = x\frac{1}{2}y^{-1/2} - 1 \stackrel{!}{=} 0 \Rightarrow \frac{x}{2\sqrt{y}} = 1 \quad (II)$
$(I),(II) \Rightarrow \frac{\sqrt{y}+2}{4\sqrt{y}} = 1 \Rightarrow \sqrt{y}+2 = 4\sqrt{y} \Rightarrow \sqrt{y} = \frac{2}{3} \Rightarrow y_0 = \frac{4}{9} \Rightarrow x_0 = \frac{4}{3}$
$f''_{xx}(x,y) = -2 \quad f''_{yy}(x,y) = -\frac{1}{4}xy^{-3/2} \quad f''_{xy}(x,y) = \frac{1}{2}y^{-1/2}$
$f''_{xx}\left(\frac{4}{3},\frac{4}{9}\right) \cdot f''_{yy}\left(\frac{4}{3},\frac{4}{9}\right) = (-2)\left(-\frac{1}{4}\cdot\frac{4}{3}\left(\frac{4}{9}\right)^{-3/2}\right) = 2.25 > 0.5625 = \left(f''_{xy}\left(\frac{4}{3},\frac{4}{9}\right)\right)^2$
$f''_{xx}\left(\frac{4}{3},\frac{4}{9}\right) = -2 < 0$
Also hat f in $\left(\frac{4}{3},\frac{4}{9}\right)$ ein striktes lokales Maximum.

Lösung zu Aufgabe 1.2.8

1. $g(x,y) = x - y - 1 \stackrel{!}{=} 0 \Rightarrow x = 1 + y$
   $f(1+y,y) = (1+y)^2 + y^2 = 1 + 2y + 2y^2$
   $\frac{d}{dy}f(1+y,y) = 2 + 4y \stackrel{!}{=} 0 \Rightarrow y_0 = -1/2 \quad x_0 = 1/2$
   $\frac{d^2}{dy^2}f(1+y,y) = 4 > 0$
   $\left(\frac{1}{2},-\frac{1}{2}\right)$ ist strikt lokale und strikt globale Minimalstelle.

2. Die Skizze des Definitionsbereiches, also der (x,y)-Ebene, enthält die durch die Nebenbedingung $g(x,y) = x - y - 1 = 0$ ausgewählte Gerade $y = -1 + x$ und den Punkt $\left(\frac{1}{2},-\frac{1}{2}\right)$. Dieser Punkt zeichnet sich dadurch vor allen anderen Punkten auf der eingezeichneten Geraden aus, daß er den geringsten Abstand zum strikten lokalen Minimum der Funktion f (ohne Nebenbedingung!) im Punkt $(0,0)$ besitzt. Da die Bilder der Funktion f gleichmäßig von $(0,0)$ aus in x und y wachsen, muß also $\left(\frac{1}{2},-\frac{1}{2}\right)$ das Minimum unter der Nebenbedingung sein.

Lösung zu Aufgabe 1.2.9

$L(x,y,\lambda) = x^2 + y^2 + \lambda(xy-1)$
$L'_x(x,y,\lambda) = 2x + \lambda y \stackrel{!}{=} 0 \Rightarrow \lambda = -\frac{2x}{y} \quad (I)$
$L'_y(x,y,\lambda) = 2y + \lambda x \stackrel{!}{=} 0 \Rightarrow 2y = -\lambda x \quad (II)$
$L'_\lambda(x,y,\lambda) = xy - 1 \stackrel{!}{=} 0 \Rightarrow y = \frac{1}{x} \quad (III)$
$(I),(II) \Rightarrow 2y = \frac{2x^2}{y} \Rightarrow y^2 = x^2 \quad (IV)$
$(III),(IV) \Rightarrow x^2 = \frac{1}{x^2} \Rightarrow x^4 = 1 \Rightarrow (x_0,y_0) = (1,1)$ und $(x_1,y_1) = (-1,-1)$

Lösung zu Aufgabe 1.2.10

1. (a) $\int 2e^{5x} + \left(\frac{1}{2}\right)^x dx = \frac{2}{5}e^{5x} + \frac{1}{\ln(1/2)}\left(\frac{1}{2}\right)^x + c$

   (b) $\int \left(\sqrt{4x}\right)^{-2/3} + \frac{4}{x^4}\,dx = \int 4^{-1/3}x^{-1/3} + 4x^{-4}\,dx = \frac{3}{2}4^{-1/3}x^{2/3} - \frac{4}{3}x^{-3} + c = 0.9449\sqrt[3]{x^2} - \frac{4}{3x^3} + c$

(c) $\int \frac{1}{2x} + \cos(ax)\,dx = \frac{1}{2}\ln(x) + \frac{1}{a}\sin(ax) + c$

2. $\int_0^\infty ae^{-2x}\,dx = \lim_{b\to\infty}\int_0^b ae^{-2x}\,dx = \lim_{b\to\infty} a\left[-\frac{1}{2}e^{-2x}\right]_0^b =$

$\lim_{b\to\infty} a\left[-\frac{1}{2}e^{-2b} + \frac{1}{2}e^0\right] = \frac{a}{2} \overset{!}{=} 2 \Rightarrow a = 4$

Lösung zu Aufgabe 1.2.11

1. $g'(x) = -\dfrac{f_x'(x,y)}{f_y'(x,y)} = \dfrac{2\cos(x-2y) - ye^{xy} - \dfrac{1}{y^2+x}}{4\cos(x-2y) + xe^{xy} + \dfrac{2y}{y^2+x}}$

2. $\int_1^2 (\ln(x))x\,dx = \left[(\ln(x))\frac{1}{2}x^2\right]_1^2 - \int_1^2 \frac{1}{x}\frac{1}{2}x^2\,dx = \left[(\ln(x))\frac{1}{2}x^2\right]_1^2 - \int_1^2 \frac{1}{2}x\,dx =$

$\left[(\ln(x))\frac{1}{2}x^2 - \frac{1}{4}x^2\right]_1^2 = [(\ln(2))2 - 1 - (\ln(1))\frac{1}{2} + \frac{1}{4}] = 0.6363$

3.3 Lösungen

Lösung zu Aufgabe 1.3.1

1. $f_x'(x,y) = \frac{1}{2}(ax)^{-1/2}a = \frac{\sqrt{a}}{2\sqrt{x}}, \quad f_y'(x,y) = \frac{10}{y+1}$

2. grad $f(4,4) = (f_x'(4,4), f_y'(4,4)) = (0.5, 2)$

   Die Skizze zeigt in der (x,y)-Ebene einen Vektor (Pfeil), der vom Punkt $(4,4)$ zum Punkt $(4.5,6)$ zeigt. Im Punkt $(4,4)$ steigt f in Pfeilrichtung am stärksten an.

3. $df = f_x'(16,9)\cdot\Delta x + f_y'(16,9)\cdot\Delta y = \frac{\sqrt{a}}{8}\Delta x + \Delta y$

4. $|f(17,8) - [f(16,9) + df]| = |50 + \sqrt{17a} + 10\ln(9) - [50 + \sqrt{16a} + 10\ln(10) + \frac{\sqrt{a}}{8} - 1]|$

   $= 0.05361 + 0.001894\sqrt{a}$

Lösung zu Aufgabe 1.3.2

1. $K_1(\lambda x, \lambda y) = \lambda^r \cdot K_0(x,y), \quad \lambda = 0.5, \quad K_1 = 80, \quad K_0 = 100$

   $80 = 0.5^r \cdot 100 \Rightarrow 0.5^r = 0.8 \Rightarrow r\ln(0.5) = \ln(0.8) \Rightarrow r = 0.3219$

2. Nicht-konstantes Minimalbeispiel ist $f(x,y) = \frac{x}{y}$

   Überprüfung: $f(\lambda x, \lambda y) = \frac{\lambda x}{\lambda y} = \lambda^0 f(x,y) \Rightarrow r = 0$

3. $f_x'(x,y) = \frac{1}{2}(x^2+2y^2-xy)^{-1/2}(2x-y), \quad f_y'(x,y) = \frac{1}{2}(x^2+2y^2-xy)^{-1/2}(4y-x)$

   $f_x'(x,y)\cdot x + f_y'(x,y)\cdot y = \frac{1}{2}(x^2+2y^2-xy)^{-1/2}(2x^2-xy) + \frac{1}{2}(x^2+2y^2-xy)^{-1/2}(4y^2-xy)$

   $= \frac{1}{2}(x^2+2y^2-xy)^{-1/2}(2x^2+4y^2-2xy) = 1\cdot f(x,y) \Rightarrow r = 1$

Lösung zu Aufgabe 1.3.3

1. (a) $\dfrac{dy}{dx} = -\dfrac{f_x'(x,y)}{f_y'(x,y)} = -\dfrac{e^y + y/x}{xe^y + \ln(x)}$

(b) $\left.\frac{dx}{dy}\right|_{(x_0,y_0)=(1,1)} = -\left.\frac{f'_y(x,y)}{f'_x(x,y)}\right|_{(x_0,y_0)=(1,1)} = -\left.\frac{xe^y+\ln(x)}{e^y+y/x}\right|_{(x_0,y_0)=(1,1)} = -0.7311$

2. $f'(x) = \frac{0.5(x+3^x)^{-0.5}(1+3^x\ln(3))}{(x+3^x)^{0.5}} = \frac{1+3^x\ln(3)}{2(x+3^x)}$

Lösung zu Aufgabe 1.3.4

1. $I'(r) = -2br^{-3} = -\frac{2b}{r^3} \quad \rho_I(r) = \frac{I'(r)}{I(r)} = -\frac{2b}{r^3}\frac{r^2}{b} = -\frac{2}{r} \quad \varepsilon_I(r) = \rho_I(r)\cdot r = -2$

2. $I(0.1) = 100b, \quad \rho_I(0.1) = -20, \quad \varepsilon_I(0.1) = -2$

   Für $r = 0.1$ gilt: Bei einem Anstieg des Zinssatzes um 1% (auf $r = 0.101$) sinken approximativ die Investitionen um 2%.

3. Unelastischer Bereich $= \{r \mid 0 < |\varepsilon_I(r)| < 1\} = \emptyset$

   Elastischer Bereich $= \{r \mid 1 < |\varepsilon_I(r)| < \infty\} = \mathbf{R}_+$

4. $\rho_I(r) = -\frac{2}{r} \stackrel{!}{=} -40 \Rightarrow r = 0.05$

Lösung zu Aufgabe 1.3.5

1. $x'(y) = -b\cdot\ln(c)\cdot c^y\cdot\exp(a-bc^y)$

   $\rho_x(y) = \frac{x'(y)}{x(y)} = \frac{-b\cdot\ln(c)\cdot c^y\cdot\exp(a-bc^y)}{\exp(a-bc^y)} = -b\cdot\ln(c)\cdot c^y$

   $\varepsilon_x(y) = \rho_x(y)\cdot y = -b\cdot\ln(c)\cdot c^y\cdot y$

2. $0 < c < 1 \Rightarrow \ln(c) < 0 \Rightarrow \varepsilon_x(y) > 0$

3. Für $c = \frac{1}{e}$ gilt: $\rho_x(y) = -b\cdot\ln(\frac{1}{e})\cdot\left(\frac{1}{e}\right)^y = be^{-y}$

   Die Skizze von $\rho_x(y)$ wird für $0 \le y \le 4$ und $0 \le \rho_x(y) \le b$ erstellt. Der Graph verläuft durch die $(y,\rho_x(y))$-Paare $(0,b)$, $(1, 0.3679\,b)$, $(2, 0.1353\,b)$, $(3, 0.0498\,b)$ und $(4, 0.0183\,b)$.

Lösung zu Aufgabe 1.3.6

1. $f'(x) = \ln(2)\cdot 2^x \quad f''(x) = (\ln(2))^2\cdot 2^x \quad f'''(x) = (\ln(2))^3\cdot 2^x$

2. $T_f^3(x) = \sum_{k=0}^{3}\frac{f^{(k)}(0)}{k!}(x-0)^k = \frac{1}{1}1 + \frac{\ln(2)}{1}x + \frac{(\ln(2))^2}{2}x^2 + \frac{(\ln(2))^3}{6}x^3$

   $= 1 + 0.6931\,x + 0.2402\,x^2 + 0.0555\,x^3$

3. $\sqrt{2} = f(0.5) \approx T_f^3(0.5) = 1.414$

4. $f^{(n)}(x) = (\ln(2))^n 2^x$

   $T_f^\infty(x) = \sum_{n=0}^{\infty}\frac{f^{(n)}(0)}{n!}(x-0)^n = \sum_{n=0}^{\infty}\frac{(\ln(2))^n}{n!}x^n$

Lösung zu Aufgabe 1.3.7

$f'_x(x,y) = \ln(x+y) + \frac{x}{x+y} \stackrel{!}{=} 0 \quad (I)$

$f'_y(x,y) = \frac{x}{x+y} - 1 \stackrel{!}{=} 0 \Rightarrow x = x + y \Rightarrow y_0 = 0 \quad (II)$

$(I), (II) \Rightarrow \ln(x) + 1 = 0 \Rightarrow x_0 = e^{-1}$

$f''_{xx}(x,y) = \dfrac{1}{x+y} + \dfrac{x+y-x}{(x+y)^2} = \dfrac{x+2y}{(x+y)^2} \quad f''_{xy}(x,y) = \dfrac{y}{(x+y)^2} \quad f''_{yy}(x,y) = \dfrac{-x}{(x+y)^2}$

$f''_{xx}(e^{-1},0) \cdot f''_{yy}(e^{-1},0) = e \cdot (-e) = -e^2 < 0 = (f''_{xy}(e^{-1},0))^2$

Daher hat f in $(e^{-1}, 0)$ einen Sattelpunkt.

Lösung zu Aufgabe 1.3.8

$g(x,y) = 2x + y - 10 = 0 \Rightarrow y = 10 - 2x \Rightarrow U(x, 10-2x) = 3\sqrt{x+2} + \sqrt{22-4x}$

$\dfrac{d}{dx}U(x, 10-2x) = 1.5(x+2)^{-0.5} + 0.5(22-4x)^{-0.5}(-4) \stackrel{!}{=} 0 \Rightarrow \dfrac{1.5}{\sqrt{x+2}} = \dfrac{2}{\sqrt{22-4x}}$

$\Rightarrow 9(22-4x) = 16(x+2) \Rightarrow 52x = 166 \Rightarrow x_0 = 3.192 \Rightarrow y_0 = 3.616$

$\dfrac{d^2}{dx^2}U(x, 10-2x) = -0.75(x+2)^{-1.5} - 0.25(22-4x)^{-1.5}16 = -0.2060 < 0$

Somit besitzt U unter der Nebenbedingung ein striktes lokales Maximum in $(3.192, 3.616)$.

Lösung zu Aufgabe 1.3.9

$L(x,y,\lambda) = x^2 + y^2 + 4 + \lambda(2x^3 + 2y^3 + x^2 + y^2)$

$L'_x(x,y,\lambda) = 2x + 6\lambda x^2 + 2\lambda x \stackrel{!}{=} 0 \Rightarrow x_{01} = 0 \quad \text{und} \quad 6\lambda x + 2(\lambda+1) = 0 \quad (I)$

$L'_y(x,y,\lambda) = 2y + 6\lambda y^2 + 2\lambda y \stackrel{!}{=} 0 \Rightarrow y_{02} = 0 \quad \text{und} \quad 6\lambda y + 2(\lambda+1) = 0 \quad (II)$

$L'_\lambda(x,y,\lambda) = 2x^3 + 2y^3 + x^2 + y^2 \stackrel{!}{=} 0 \quad (III)$

$x_{01} = 0 \text{ und } (III) \Rightarrow 2y^3 + y^2 = 0 \Rightarrow y_0 = 0 \quad \text{und} \quad 2y + 1 = 0 \Rightarrow y_1 = -0.5$

$y_{02} = 0 \text{ und } (III) \Rightarrow 2x^3 + x^2 = 0 \Rightarrow x_0 = 0 \quad \text{und} \quad 2x + 1 = 0 \Rightarrow x_2 = -0.5$

$(I), (II) \Rightarrow x = y \quad (IV)$

$(III), (IV) \Rightarrow 2x^3 + 2x^3 + x^2 + x^2 = 0 \Rightarrow 4x^3 + 2x^2 = 0 \Rightarrow 4x + 2 = 0$

$\Rightarrow x_3 = -0.5 \Rightarrow y_3 = -0.5$

Kritische Punkte: $(0,0)$, $(0,-0.5)$, $(-0.5,0)$ und $(-0.5,-0.5)$

Lösung zu Aufgabe 1.3.10

1. (a) $\int 2e^{x/2} + \sin(2x)\,dx = 4e^{x/2} - 0.5\cos(2x) + c$
   (b) $\int 2x^{-3} + (x+a)^2\,dx = -x^{-2} + \frac{1}{3}(x+a)^3 + c$
   (c) $\int x^a \exp(2a\ln(x))\,dx = \int x^{3a}\,dx = \frac{1}{3a+1}x^{3a+1} + c$

2. $\rho_x(p) = \frac{x'(p)}{x(p)} = \frac{d}{dp}\ln(x(p)) \Rightarrow \ln(x(p)) = \int \rho_x(p)\,dp = \int 2\,dp = 2p + c \Rightarrow x(p) = e^{2p+c}$

   $x(1) = e^{2+c} \stackrel{!}{=} 10 \Rightarrow 2 + c = \ln(10) \Rightarrow c = 0.3026 \Rightarrow x(p) = e^{2p}e^{0.3026} = 1.353\,e^{2p}$

Lösung zu Aufgabe 1.3.11

1. $\int_{-2}^{2} \max\{x, x^2\}\,dx = \int_{-2}^{0} x^2\,dx + \int_0^1 x\,dx + \int_1^2 x^2\,dx$

   $= [\frac{1}{3}x^3]_{-2}^0 + [\frac{1}{2}x^2]_0^1 + [\frac{1}{3}x^3]_1^2 = 0 + \frac{8}{3} + \frac{1}{2} - 0 + \frac{8}{3} - \frac{1}{3} = 5.5$

2. $\int_1^a \log_a(x)\,dx = [\log_a(x) \cdot x]_1^a - \int_1^a \frac{1}{x\ln(a)}x\,dx = [x\log_a(x)]_1^a - \int_1^a \frac{1}{\ln(a)}\,dx$

   $= [x\log_a(x)]_1^a - \frac{1}{\ln(a)}[x]_1^a = a - 0 - \frac{a}{\ln(a)} + \frac{1}{\ln(a)} = \frac{1-a}{\ln(a)} + a$

3.4 Lösungen

Lösung zu Aufgabe 1.4.1

1. $f'_x(x,y) = \frac{2}{x^2}\exp\left(-\frac{2}{x}+y\right), \quad f'_y(x,y) = \exp\left(-\frac{2}{x}+y\right)$
   $f''_{xx}(x,y) = \left(-\frac{4}{x^3}+\frac{4}{x^4}\right)\exp\left(-\frac{2}{x}+y\right), \quad f''_{yy}(x,y) = \exp\left(-\frac{2}{x}+y\right),$
   $f''_{xy}(x,y) = \frac{2}{x^2}\exp\left(-\frac{2}{x}+y\right)$
2. $df = f'_x(2,1)\cdot\Delta x + f'_y(2,1)\cdot\Delta y = 0.5\cdot\Delta x + \Delta y$
3. $f(1.5,1.5) \approx f(2,1) + df + d^2f = 1 + (-0.25+0.5) + (-0.03125 - 0.125 + 0.125) = 1.219$
4. $d((1.5,1.5),(2,1)) = \sqrt{(1.5-2)^2 + (1.5-1)^2} = 0.7071$

Lösung zu Aufgabe 1.4.2

1. (a) $\frac{dx_2}{dx_1} = -\frac{f'_1(x_1,x_2)}{f'_2(x_1,x_2)} = -\frac{\frac{1}{\rho}(a_1x_1^\rho + a_2x_2^\rho)^{(1/\rho)-1}a_1\rho x_1^{\rho-1}}{\frac{1}{\rho}(a_1x_1^\rho + a_2x_2^\rho)^{(1/\rho)-1}a_2\rho x_2^{\rho-1}} = -\frac{a_1x_1^{\rho-1}}{a_2x_2^{\rho-1}}$

   (b) $\left(\frac{1}{4}x_1^{1/2} + \frac{3}{4}x_2^{1/2}\right)^2 - 100 = 0 \Leftrightarrow \frac{1}{4}\sqrt{x_1} + \frac{3}{4}\sqrt{x_2} = 10 \Leftrightarrow 3\sqrt{x_2} = 40 - \sqrt{x_1} \Leftrightarrow$
   $x_2 = \left(\frac{40}{3} - \frac{1}{3}\sqrt{x_1}\right)^2$
   Die Isoquante verläuft für $0 \le x_1 \le 200$ und $0 \le x_2 \le 177.8$ durch die (x_1,x_2)-Paare $(0,177.8)$, $(50,120.5)$, $(100,100)$, $(150,85.58)$ und $(200,74.29)$.

2. $\ln : (0,\infty) \to \mathbf{R} \Rightarrow x > c \quad (I)$
   $\ln(x-c) \neq 0 \Rightarrow x \neq c+1 \quad (II)$
   $(I), (II) \Rightarrow D_g = \{(x,y) \mid x > c,\ x \neq c+1\}$

Lösung zu Aufgabe 1.4.3

1. $f(\lambda x,\lambda y) = \sqrt{\lambda x + \sqrt{(\lambda x)^2 + \sqrt{(\lambda y)^4}}} = \sqrt{\lambda}\cdot f(x,y) \Rightarrow r = 0.5$
2. Z. B. $g(x,y) = xy + 1$
3. $K_1(\lambda x,\lambda y) = \lambda^r\cdot K_0(x,y)$, $K_0 = 100, K_1 = 50,\ r = 2 \Rightarrow 50 = \lambda^2 100 \Rightarrow \lambda = 0.7071$
4. (a) $h(\lambda x,\lambda y) = \sqrt{(\lambda x)^b + (\lambda y)^{1/c} + a} = \lambda^{b/2}\cdot h(x,y)$,
   falls $a = 0$, $1/c = b \neq 0$, $c \neq 0$. Dann ist $r = b/2$.

   (b) $0 < r = b/2 < 1 \Rightarrow 0 < b < 2$ (und $a = 0$, $c > 1/2$).

Lösung zu Aufgabe 1.4.4

1. (a) $x'(p) = -\frac{2}{3}p^{-2/3}$, $\rho_x(p) = \dfrac{-\frac{2}{3}p^{-2/3}}{10-2p^{1/3}}$, $\varepsilon_x(p) = \dfrac{-\frac{2}{3}p^{-2/3}p}{10-2p^{1/3}} = \dfrac{1}{3-15p^{-1/3}}$

   (b) $\frac{d}{dp}x(p)\Big|_{p=8} = -\frac{2}{3}8^{-2/3} = -\frac{1}{6}\frac{kg}{DM}$
   Für $p = 8$ gilt: Wächst p um 1 DM, so sinkt x approximativ um $\frac{1}{6}$ kg.

2. (a) $\varepsilon_f(x) = \frac{\cos(x)}{\sin(x)}x = x \cdot \cot(x)$

   (b) $\varepsilon_f(x) = \frac{-\sin(x)}{\cos(x)}x = -x \cdot \tan(x)$

   (c) $\varepsilon_f(x) = \frac{1/x}{\ln(x)}x = \frac{1}{\ln(x)}$

Lösung zu Aufgabe 1.4.5

1. $f_1'(p_1,p_2) = -abp_1^{-b-1}\sqrt{cp_2}$, $\rho_{f,p_1}(p_1,p_2) = \dfrac{-abp_1^{-b-1}\sqrt{cp_2}}{ap_1^{-b}\sqrt{cp_2}} = -\dfrac{b}{p_1}$,

   $\varepsilon_{f,p_1}(p_1,p_2) = -b$

   $f_2'(p_1,p_2) = ap_1^{-b}\frac{1}{2}(cp_2)^{-1/2}c$, $\rho_{f,p_2}(p_1,p_2) = \dfrac{ap_1^{-b}\frac{1}{2}(cp_2)^{-1/2}c}{ap_1^{-b}\sqrt{cp_2}} = \dfrac{1}{2p_2}$,

   $\varepsilon_{f,p_2}(p_1,p_2) = \frac{1}{2}$

2. Für alle $(p_1,p_2) \in D_f$ gilt: Steigt p_1 um 1%, so sinkt x_1 approximativ um b%.

3. (a) Nein, da $b > 0$.

   (b) Nein, da $b < \infty$.

   (c) Ja, wenn $b > 1$.

Lösung zu Aufgabe 1.4.6

1. (a) $f'(x) = \cos(x)$, $f''(x) = -\sin(x)$, $f'''(x) = -\cos(x)$,
   $f^{(n)}(x) = f^{(n-4)}(x)$ für $n \geq 4$.

   (b) $T_f^8(x) = \sum_{k=0}^{n} \dfrac{f^{(k)}(0)}{k!}(x-0)^k =$
   $0 + \frac{1}{1!}x + 0 + \frac{-1}{3!}x^3 + 0 + \frac{1}{5!}x^5 + 0 + \frac{-1}{7!}x^7 + 0 =$
   $x - \frac{1}{3!}x^3 + \frac{1}{5!}x^5 - \frac{1}{7!}x^7$

2. (a) $T_f^4(x) = x - \dfrac{x^3}{3} + \dfrac{x^5}{5} - \dfrac{x^7}{7} + \dfrac{x^9}{9}$

   (b) $\arctan(1) \approx T_f^4(1) = 1 - \dfrac{1}{3} + \dfrac{1}{5} - \dfrac{1}{7} + \dfrac{1}{9} = 0.8349 \Rightarrow \pi = 4\arctan(1) \approx 3.340$

Lösung zu Aufgabe 1.4.7

$f_x'(x,y) = 6xy - 12 \stackrel{!}{=} 0 \Rightarrow y = 2/x \quad (I)$
$f_y'(x,y) = 3y^2 + 3x^2 - 15 \stackrel{!}{=} 0 \quad (II)$
$(I), (II) \Rightarrow \dfrac{12}{x^2} + 3x^2 - 15 = 0 \Rightarrow x^4 - 5x^2 + 4 = 0$

Mit $z \stackrel{!}{=} x^2$ folgt $z^2 - 5z + 4 = 0 \Rightarrow z_{1,2} = \frac{5}{2} \pm \sqrt{\frac{25}{4} - \frac{16}{4}} = \frac{5}{2} \pm \frac{3}{2} \Rightarrow z_1 = 4,\ z_2 = 1 \Rightarrow$
$(x_1, y_1) = (2,1)$, $(x_2, y_2) = (-2,-1)$, $(x_3, y_3) = (1,2)$, $(x_4, y_4) = (-1,-2)$
$f''_{xx}(x,y) = 6y \quad f''_{yy}(x,y) = 6y \quad f''_{xy}(x,y) = 6x$
$f''_{xx}(2,1) \cdot f''_{yy}(2,1) = 36 < 144 = (f''_{xy}(2,1))^2 \Rightarrow (2,1)$ Sattelpunkt
Oder: $f''_{xx}(-2,-1) \cdot f''_{yy}(-2,-1) = 36 < 144 = (f''_{xy}(-2,-1))^2 \Rightarrow (-2,-1)$ Sattelpunkt
Oder: $f''_{xx}(1,2) \cdot f''_{yy}(1,2) = 144 > 36 = (f''_{xy}(1,2))^2$ und $f''_{xx}(1,2) = 12 > 0 \Rightarrow$
$(1,2)$ striktes lokales Minimum
Oder: $f''_{xx}(-1,-2) \cdot f''_{yy}(-1,-2) = 144 > 36 = (f''_{xy}(-1,-2))^2$ und
$f''_{xx}(-1,-2) = -12 < 0 \Rightarrow (-1,-2)$ striktes lokales Maximum

Lösung zu Aufgabe 1.4.8

$g(x,y) = 4x^{1/3}y^{2/3} - 16 = 0 \Rightarrow y^{2/3} = 4x^{-1/3} \Rightarrow y = 8x^{-1/2} \Rightarrow$
$K(x, 8x^{-1/2}) = 2x^2 + 256x^{-1} \Rightarrow \frac{d}{dx}K(x, 8x^{-1/2}) = 4x - 256x^{-2} \stackrel{!}{=} 0 \Rightarrow$
$x^3 = 64 \Rightarrow x_0 = 4 \Rightarrow y_0 = 4$
$\frac{d^2}{dx^2}K(x, 8x^{-1/2}) = 4 + 512x^{-3} > 0 \Rightarrow$ str. lok. u. str. glob. Min. in $(4,4)$

Lösung zu Aufgabe 1.4.9

1. $L(x_1, x_2, \lambda) = 10\sqrt{x_1} + 20\sqrt{x_2} + \lambda(4000 - x_1 - x_2)$

   $L'_1(x_1, x_2, \lambda) = 5x_1^{-1/2} - \lambda \stackrel{!}{=} 0 \quad (I)$

   $L'_2(x_1, x_2, \lambda) = 10x_2^{-1/2} - \lambda \stackrel{!}{=} 0 \quad (II)$

   $L'_\lambda(x_1, x_2, \lambda) = 4000 - x_1 - x_2 \stackrel{!}{=} 0 \quad (III)$

   $(I), (II) \Rightarrow 5x_1^{-1/2} = 10x_2^{-1/2} \Rightarrow x_1 = \frac{1}{4}x_2 \quad (IV)$

   $(III), (IV) \Rightarrow 4000 - \frac{1}{4}x_2 - x_2 = 0 \Rightarrow x_2 = 3200 \Rightarrow x_1 = 800$

2. $\int_1^\infty x^{-\alpha}\,dx = \lim_{b\to\infty} \int_1^b x^{-\alpha}\,dx = \lim_{b\to\infty} [\frac{1}{1-\alpha}x^{1-\alpha}]_1^b = \lim_{b\to\infty} \frac{1}{1-\alpha}(b^{1-\alpha} - 1) = \frac{1}{\alpha-1}$

Lösung zu Aufgabe 1.4.10

1. (a) $\int (\frac{1}{3})^x + \sqrt{x}\,dx = \frac{1}{-\ln(3)}3^{-x} + \frac{2}{3}x^{3/2} + c$

   (b) $\int x^{-b}\, 2^{b \operatorname{ld} x}\,dx = \int x^{-b}x^b\,dx = \int 1 dx = x + c$

   (c) $\int \frac{-4}{\exp(4x)}\,dx = \int -4\exp(-4x)\,dx = \exp(-4x) + c$

2. $\int x^2\lambda e^{-\lambda x}\,dx = x^2(-1)e^{-\lambda x} - \int 2x(-1)e^{-\lambda x}\,dx =$

   $-x^2e^{-\lambda x} + 2x(-1/\lambda)e^{-\lambda x} - \int 2(-1/\lambda)e^{-\lambda x}\,dx =$

   $-x^2e^{-\lambda x} - (2x/\lambda)e^{-\lambda x} - (2/\lambda^2)e^{-\lambda x} + c$

3.5 Lösungen

Lösung zu Aufgabe 1.5.1

1. (a) $f(\lambda x, \lambda y) = (\lambda x)^2 \exp(\frac{\lambda x}{\lambda y}) + (\lambda y)^2 \exp(\frac{\lambda y}{\lambda x}) = \lambda^2 \cdot f(x,y) \Rightarrow r = 2$

(b) $f(\lambda x, \lambda y) = \dfrac{a(\lambda x)^2 + \sqrt{\lambda x(\lambda y)^3}}{(\lambda x + \lambda y)^3} = \dfrac{\lambda^2}{\lambda^3} \cdot f(x,y) \Rightarrow r = -1$

(c) $f(\lambda x, \lambda y) = \lambda x \ln(\lambda x + \lambda y)$

f ist nicht homogen, da sich λ aus dem ln-Term nicht ausklammern läßt.

2. $g_1(\lambda p, \lambda w) = \lambda^r \cdot g_0(p,w)$, $\lambda = \frac{1}{2}$, $r = \frac{1}{3}$, $g_1 = 100 \Rightarrow 100 = (\frac{1}{2})^{1/3} \cdot g_0 \Rightarrow g_0 = 126.0$

3. $r \cdot h(x,y) = h'_x(x,y) \cdot x + h'_y(x,y) \cdot y \Rightarrow r = \varepsilon_{h,x}(x,y) + \varepsilon_{h,y}(x,y) \Rightarrow$
$1 = 1 + xy + \varepsilon_{h,y}(x,y) \Rightarrow \varepsilon_{h,y}(x,y) = -xy$

Lösung zu Aufgabe 1.5.2

1. (a) $K'(x) = \frac{1}{2}(x^3+10)^{-1/2}3x^2 \Rightarrow \rho_K(x) = \dfrac{1.5x^2(x^3+10)^{-1/2}}{(x^3+10)^{1/2}} = \dfrac{1.5x^2}{x^3+10} \Rightarrow$

$\varepsilon_K(x) = \dfrac{1.5x^3}{x^3+10}$

(b) i. $\rho_K(10) \cdot 100 = 0.1485 \cdot 100 = 14.85\%$

ii. $\varepsilon_K(10) = 1.485\%$

(c) Man wähle $g : (0,\infty) \to \mathbf{R}_+$, $g(x) = x$ mit
$g'(x) = 1$, $\rho_g(x) = 1/x$ und $\varepsilon_g(x) = 1$. Dann ist
$\varepsilon_S(x) = \varepsilon_{K/g}(x) = \varepsilon_K(x) - \varepsilon_g(x) = \dfrac{1.5x^3}{x^3+10} - 1 = \dfrac{0.5x^3 - 10}{x^3+10}$

2. Für $|x| > 1$ gilt: $\dfrac{1}{|x|-1} > 1 \Leftrightarrow |x| - 1 < 1 \Leftrightarrow |x| < 2$, also insgesamt $1 < |x| < 2$.

Für $|x| < 1$ gilt: $\dfrac{1}{|x|-1} > 1 \Leftrightarrow |x| - 1 > 1 \Leftrightarrow |x| > 2$ (Widerspruch zu $|x| < 1$).

Daher ist $\varepsilon_f(x) > 1$ für $-2 < x < -1$ und $1 < x < 2$.

Lösung zu Aufgabe 1.5.3

1. (a) $\ln(Y(t)) = \ln(Y_0) + t \cdot \ln(1+r) \Rightarrow \rho_Y(t) = \frac{d}{dt}\ln(Y(t)) = \ln(1+r)$

(b) Die Skizze zeigt für $0 \le t \le 10$ die konstante Funktion $\rho_Y(t) = \ln(1+r)$ in der $(t, \rho_Y(t))$-Ebene.

(c) Für $r = 0.03$ folgt: $\rho_Y(t) = \ln(1.03) = 0.02956$.

Für beliebiges t gilt: Pro Jahr wächst Y approximativ um 2.956%.

2. $\ln(x-y) \ge 0 \Rightarrow x - y \ge e^0 = 1 \Rightarrow x \ge y + 1 \Rightarrow D_f = \{(x,y) \mid x \ge 1 + y\}$

3. (a) $\int \sqrt{x\sqrt{x}}\,dx = \int \sqrt{x^{3/2}}\,dx = \int x^{3/4}\,dx = \frac{4}{7}x^{7/4} + c$

(b) $\int 2(1+a)^x\,dx = \frac{2}{\ln(1+a)}(1+a)^x + c$

(c) $\int (\sin(x))^2 + (\cos(x))^2\,dx = \int 1\,dx = x + c$

Lösung zu Aufgabe 1.5.4

1. $f'(x) = 0.5(r^2 - x^2)^{-0.5}(-2x) = -x(r^2 - x^2)^{-0.5}$
   $f''(x) = -(r^2 - x^2)^{-0.5} + x0.5(r^2 - x^2)^{-1.5}(-2x) = -(r^2 - x^2)^{-0.5} - x^2(r^2 - x^2)^{-1.5}$
   $f'''(x) = 0.5(r^2 - x^2)^{-1.5}(-2x) - 2x(r^2 - x^2)^{-1.5} + x^2 1.5(r^2 - x^2)^{-2.5}(-2x) =$
   $-3x(r^2 - x^2)^{-1.5} - 3x^3(r^2 - x^2)^{-2.5}$

2. $T_f^3(x) = \sum_{k=0}^{3} \frac{f^{(k)}(0)}{k!}(x - 0)^k = \frac{r}{1}1 + \frac{0}{1}x + \frac{-1/r}{2}x^2 + \frac{0}{6}x^3 = r - \frac{1}{2r}x^2$

3. $\int_{-r}^{r} f(x)\,dx \approx \int_{-r}^{r} r - \frac{1}{2r}x^2\,dx = [rx - \frac{1}{6r}x^3]_{-r}^{r} = r^2 - \frac{1}{6}r^2 + r^2 - \frac{1}{6}r^2 = \frac{5}{3}r^2$
   Absoluter Approximationsfehler $= |\frac{\pi}{2}r^2 - \frac{5}{3}r^2| = 0.09587r^2$

Lösung zu Aufgabe 1.5.5

$f'_x(x,y) = 4(x-y) \stackrel{!}{=} 0 \Rightarrow x = y \quad (I)$
$f'_y(x,y) = -4(x-y) + 2ye^y + y^2e^y \stackrel{!}{=} 0 \quad (II)$
$(I), (II) \Rightarrow (2y + y^2)e^y = 0 \Rightarrow 2y + y^2 = 0$
Es folgt $(x_1, y_1) = (0,0)$ und $2 + y = 0$, also $(x_2, y_2) = (-2,-2)$.
$f''_{xx}(x,y) = 4 \quad f''_{xy}(x,y) = -4$
$f''_{yy}(x,y) = 4 + 2e^y + 2ye^y + 2ye^y + y^2e^y = 4 + (2 + 4y + y^2)e^y$
$f''_{xx}(0,0) \cdot f''_{yy}(0,0) = 4 \cdot 6 = 24 > 16 = (f''_{xy}(0,0))^2$ und $f''_{xx}(0,0) > 0$
$f''_{xx}(-2,-2) \cdot f''_{yy}(-2,-2) = 4 \cdot 3.729 = 14.92 < 16 = (f''_{xy}(-2,-2))^2$
Also ein striktes lokales Minimum in $(0,0)$ und ein Sattelpunkt in $(-2,-2)$.

Lösung zu Aufgabe 1.5.6

1. $P(x,y) = 4x + 6y \stackrel{!}{=} 24 \Rightarrow y = 4 - \frac{2}{3}x \Rightarrow y^2 = 16 - \frac{16}{3}x + \frac{4}{9}x^2$
   $G(x, 4 - \frac{2}{3}x) = 20x + 156 - 26x - 2x^2 - 48 + 16x - \frac{4}{3}x^2 = -\frac{10}{3}x^2 + 10x + 108$
   $\frac{d}{dx}G(x, 4 - \frac{2}{3}x) = -\frac{20}{3}x + 10 \stackrel{!}{=} 0 \Rightarrow x_0 = 1.5 \Rightarrow y_0 = 3$
   $\frac{d^2}{dx^2}G(x, 4 - \frac{2}{3}x) = -\frac{20}{3} < 0 \Rightarrow$ str. lok. u. str. glob. Max. in $(1.5, 3)$

2. $G(1.5, 3) = 115.5$

3. Die Skizze zeigt in der (x,y)-Ebene mit $0 \le x \le 6$ und $0 \le y \le 4$ die Gerade durch die Punkte $(0,4)$ und $(6,0)$.

Lösung zu Aufgabe 1.5.7

$L(x,y,\lambda) = \frac{1}{3}\left(\frac{100x}{4+x} + \frac{50y}{2+y}\right) - (x+y) + \lambda(x + y - 10)$

$L'_x(x,y,\lambda) = \frac{1}{3}\left(\frac{100(4+x) - 100x}{(4+x)^2}\right) - 1 + \lambda \stackrel{!}{=} 0 \Rightarrow \lambda = 1 - \frac{400}{3(4+x)^2} \quad (I)$

$L'_y(x,y,\lambda) = \frac{1}{3}\left(\frac{50(2+y) - 50y}{(2+y)^2}\right) - 1 + \lambda \stackrel{!}{=} 0 \Rightarrow \lambda = 1 - \frac{100}{3(2+y)^2} \quad (II)$

$L'_\lambda(x,y,\lambda) = x + y - 10 \stackrel{!}{=} 0 \Rightarrow x = 10 - y \quad (III)$
$(I), (II) \Rightarrow \frac{400}{3(4+x)^2} = \frac{100}{3(2+y)^2} \Rightarrow 4(2+y)^2 = (4+x)^2 \quad (IV)$

$(III), (IV) \Rightarrow 4(2+y)^2 = (14-y)^2 \Rightarrow (V), (VI)$
(V): $2(2+y) = (14-y) \Rightarrow y_0 = \frac{10}{3} \Rightarrow x_0 = \frac{20}{3}$
(VI): $2(2+y) = -(14-y) \Rightarrow y_1 = -18 \notin D_G$

Lösung zu Aufgabe 1.5.8

Die Skizze von $g(x)$ wird für $-1 \leq x \leq 2$ und $0 \leq g(x) \leq 6$ erstellt. Der Graph verläuft durch die $(x, g(x))$-Punkte $(-1,0)$, $(-0.5774, 0.3849)$, $(0,0)$, $(0.5774, 0.3849)$, $(1,0)$ und $(2,6)$.

x_i	Maximum	Minimum	lokal	strikt lokal	global	strikt global
-1	-	+	-	-	+	-
$-\sqrt{1/3}$	+	-	+	+	-	-
0	-	+	+	+	+	-
$\sqrt{1/3}$	+	-	+	+	-	-
1	-	+	+	+	+	-
2	+	-	-	-	+	+

Lösung zu Aufgabe 1.5.9

1. Die Skizze von $\mathcal{A}$ sollte für $-2 \leq x \leq 0$ und $-1 \leq y \leq 3$ erstellt werden. $\mathcal{A}$ liegt zwischen dem Geradenstück $g(x)$ durch die (x,y)-Punkte $(-2,3)$ und $(0,1)$ und dem Parabelstück $f(x)$ durch die Punkte $(-2,3)$, $(-1,0)$ und $(0,-1)$.

   $\mathcal{A} = \int_{-2}^{0} 1 - x\, dx - \int_{-2}^{0} x^2 - 1\, dx = [x - \frac{1}{2}x^2]_{-2}^{0} - [\frac{1}{3}x^3 - x]_{-2}^{0} =$

   $[0 - 0 + 2 + 2] - [0 - 0 + \frac{8}{3} - 2] = 3.333$

2. $\int \sin(x) \cdot e^x\, dx = \sin(x) \cdot e^x + c - \int \cos(x) \cdot e^x\, dx = \sin(x) \cdot e^x + c - \cos(x) \cdot e^x + \int -\sin(x) \cdot e^x\, dx \Rightarrow$

   $2 \int \sin(x) \cdot e^x\, dx = (\sin(x) - \cos(x))e^x + c \Rightarrow \int \sin(x) \cdot e^x\, dx = \frac{1}{2}(\sin(x) - \cos(x))e^x + c$

Lösung zu Aufgabe 1.5.10

1. $f'_x(x,y) = a_0 \frac{1}{\rho}(a_1 x^\rho + a_2 y^\rho)^{(1/\rho)-1} a_1 \rho x^{\rho-1}$

   $f'_y(x,y) = a_0 \frac{1}{\rho}(a_1 x^\rho + a_2 y^\rho)^{(1/\rho)-1} a_2 \rho y^{\rho-1}$

2. $df = f'_x(1,4) \cdot \Delta x + f'_y(1,4) \cdot \Delta y = a_0 a_1 (a_1 + 2a_2) \cdot \Delta x + 0.5 a_0 a_2 (a_1 + 2a_2) \cdot \Delta y$

3. $z = f(1,4) + f'_x(1,4) \cdot (x-1) + f'_y(1,4) \cdot (y-4) = 2.25 + 0.75 \cdot (x-1) + 0.375(y-4) =$

   $0.75x + 0.375y$

4. $\text{grad}\, f(1,4) = (f'_x(1,4), f'_y(1,4)) = (0.75, 0.375)$

   Die Skizze zeigt in der (x,y)-Ebene einen Vektor, der vom Punkt $(1,4)$ zum Punkt $(1.75, 4.375)$ zeigt. Im Punkt $(1,4)$ steigt f in Pfeilrichtung am stärksten an.

3.6 Lösungen

Lösung zu Aufgabe 1.6.1

1. $K_t'(t,i) = K_0 \cdot (1+i)^t \cdot \ln(1+i) \quad K_i'(t,i) = K_0 \cdot t \cdot (1+i)^{t-1}$
2. $dK = K_t'(t_0,i_0) \cdot \Delta t + K_i'(t_0,i_0) \cdot \Delta i = K_0 \cdot 1.05^{10} \cdot \ln(1.05) \cdot \Delta t + K_0 \cdot 10 \cdot 1.05^9 \cdot \Delta i =$
   $K_0 \cdot (0.07947 \cdot \Delta t + 15.51 \cdot \Delta i)$
3. $z = K(10, 0.05) + K_t'(10, 0.05) \cdot (t-10) + K_i'(10, 0.05) \cdot (i - 0.05) =$
   $K_0 \cdot 1.05^{10} + K_0 \cdot 0.07947 \cdot (t-10) + K_0 \cdot 15.51 \cdot (i - 0.05) =$
   $K_0 \cdot (0.05869 + 0.07947 \cdot t + 15.51 \cdot i)$
4. $K(9, 0.06) \approx K_0 \cdot 1.05^{10} + K_0 \cdot (0.07947 \cdot (-1) + 15.51 \cdot 0.01) = K_0 \cdot 1.705$
   $K(9, 0.06) = K_0 \cdot 1.06^9 = K_0 \cdot 1.689 \quad \delta K = |K_0 \cdot 1.689 - K_0 \cdot 1.705| = K_0 \cdot 0.016$

Lösung zu Aufgabe 1.6.2

1. (a) $y'(x) = -\dfrac{f_x'(x,y)}{f_y'(x,y)} = -\dfrac{\dfrac{2x}{x^2+e^{2y}} + 2(x+1)}{\dfrac{2e^{2y}}{x^2+e^{2y}}}$
   (b) $f(0,y) = \ln(0 + e^{2y}) + (0+1)^2 = 0 \Rightarrow 2y + 1 = 0 \Rightarrow y(0) = -0.5$
   $y'(0) = -\frac{0+2}{2} = -1$
   (c) $T_y^1(x) = \sum_{k=0}^{1} \frac{y^{(k)}(0)}{k!}(x-0)^k = \frac{-0.5}{1}1 + \frac{-1}{1}x = -0.5 - x$
2. $x > 0 \Rightarrow 1 + \frac{1}{x} < \frac{2}{|x|} \Leftrightarrow 1 + \frac{1}{x} < \frac{2}{x} \Leftrightarrow x + 1 < 2 \Leftrightarrow x < 1$, also $0 < x < 1$
   $x < 0 \Rightarrow 1 + \frac{1}{x} < \frac{2}{|x|} \Leftrightarrow 1 + \frac{1}{x} < \frac{2}{-x} \Leftrightarrow x + 1 > -2 \Leftrightarrow x > -3$, also $-3 < x < 0$
   Insgesamt folgt: $x \in (-3, 1) \setminus \{0\}$

Lösung zu Aufgabe 1.6.3

1. (a) $g_1(\lambda x, \lambda y) = f_1(\lambda x, \lambda y) + f_2(\lambda x, \lambda y) = \lambda^r \cdot f_1(x,y) + \lambda^r \cdot f_2(x,y) = \lambda^r \cdot g_1(x,y) \Rightarrow$
   $r_g = r$
   (b) $g_2(\lambda x, \lambda y) = f_1(\lambda x, \lambda y) \cdot f_2(\lambda x, \lambda y) = \lambda^r \cdot f_1(x,y) \cdot \lambda^r \cdot f_2(x,y) = \lambda^{2r} \cdot g_2(x,y) \Rightarrow$
   $r_g = 2r$
   (c) $g_3(\lambda x, \lambda y) = \dfrac{f_1(\lambda x, \lambda y)}{f_2(\lambda x, \lambda y)} = \dfrac{\lambda^r \cdot f_1(x,y)}{\lambda^r \cdot f_2(x,y)} = \lambda^0 \cdot g_3(x,y) \Rightarrow r_g = 0$
2. $1 < \lambda^r < 2, \lambda = 2 \Rightarrow 0 < r < 1$
3. $\sqrt{x}^{\sqrt{x}} = \exp\left(\ln\left(\sqrt{x}^{\sqrt{x}}\right)\right) = \exp\left(x^{1/2}\ln\left(x^{1/2}\right)\right) \Rightarrow$
   $\frac{d}{dx}\sqrt{x}^{\sqrt{x}} = \left(\frac{1}{2}x^{-1/2}\ln\left(x^{1/2}\right) + x^{1/2}\dfrac{(1/2)x^{-1/2}}{x^{1/2}}\right)\exp\left(x^{1/2}\ln\left(x^{1/2}\right)\right) =$
   $\left(\frac{1+\ln(\sqrt{x})}{2\sqrt{x}}\right) \cdot \sqrt{x}^{\sqrt{x}}$

Lösung zu Aufgabe 1.6.4

1. $\frac{d}{dp}x(p) = -1 \quad \rho_x(p) = \frac{-1}{20-p} \quad \varepsilon_x(p) = \frac{-p}{20-p}$

2. (a) $\frac{x(5.05)-x(5)}{x(5)} \cdot 100 = \frac{14.95-15}{15} \cdot 100 = -\frac{1}{3}\%$

   (b) $\varepsilon_x(5) = -\frac{1}{3}\%$

3. Ja, denn $x(p)$ ist eine Gerade und $\varepsilon_x(p)$ liefert somit die exakte Lösung zur Frage in 2.

4. (a) $x(p)$ unelastisch $\Leftrightarrow 0 < |\varepsilon_x(p)| = |\frac{-p}{20-p}| = \frac{p}{20-p} < 1 \Leftrightarrow 0 < p < 20 - p \Leftrightarrow$ $0 < p < 10$

   (b) $x(p)$ elastisch $\Leftrightarrow 1 < |\varepsilon_x(p)| = |\frac{-p}{20-p}| = \frac{p}{20-p} < \infty \Leftrightarrow 20 - p < p < \infty \Leftrightarrow$ $10 < p < 20$, da $p \in (0, 20)$

Lösung zu Aufgabe 1.6.5

1. (a) $S'(x) = 2x - 5 \quad \rho_S(x) = \dfrac{2x-5}{x^2 - 5x + 10} \quad \varepsilon_S(x) = \dfrac{2x^2 - 5x}{x^2 - 5x + 10}$

   (b) $S'(4) = 3$
   Für $x = 4$ gilt: Wächst x um 1 kg, so steigt $S(x)$ approximativ um 3 $\frac{DM}{kg}$.

   (c) $S'(x) = 2x - 5 \stackrel{!}{=} 0 \Rightarrow x_0 = 2.5$

   (d) Die Funktion verläuft für $0 < x \leq 5$ und $0 < S(x) \leq 10$ durch die $(x, S(x))$-Paare $(0, 10)$, $(1, 6)$, $(2.5, 3.75)$, $(4, 6)$ und $(5, 10)$.

   (e) $\varepsilon_S(x) = \dfrac{2x^2 - 5x}{x^2 - 5x + 10} > 0 \Leftrightarrow 2x^2 - 5x > 0 \Leftrightarrow 2x - 5 > 0 \Leftrightarrow x > 2.5$

2. Ja, denn $\frac{d}{dx}\ln(ax) = \frac{a}{ax} = \frac{1}{x} = \frac{d}{dx}\ln(x)$

Lösung zu Aufgabe 1.6.6

1. $f'(x) = -x\exp(-x^2/2) \qquad f''(x) = -\exp(-x^2/2) + x^2\exp(-x^2/2)$
   $f'''(x) = x\exp(-x^2/2) + 2x\exp(-x^2/2) - x^3\exp(-x^2/2)$

2. $T_f^3(x) = \sum_{k=0}^{3} \frac{f^{(k)}(0)}{k!}(x-0)^k = \frac{1}{1}1 + \frac{0}{1}x + \frac{-1}{2}x^2 + \frac{0}{6}x^3 = 1 - \frac{1}{2}x^2$

3. Das Polynom verläuft für $-1 \leq x \leq 1$ und $0 < T_f^3(x) \leq 1$ durch die $(x, T_f^3(x))$-Paare $(-1, 0.5)$, $(-0.5, 0.875)$, $(0, 1)$, $(0.5, 0.875)$ und $(1, 0.5)$.

4. $\int_0^1 \dfrac{1}{\sqrt{2\pi}}\exp\left(-\dfrac{x^2}{2}\right) dx \approx \dfrac{1}{\sqrt{2\pi}}\int_0^1 1 - \dfrac{x^2}{2}\, dx = \dfrac{1}{\sqrt{2\pi}}\left[x - \dfrac{x^3}{6}\right]_0^1 = \dfrac{1}{\sqrt{2\pi}}\left[1 - \frac{1}{6} - 0\right] =$ 0.3325

Lösung zu Aufgabe 1.6.7

$f'_x(x,y) = e^x(x^2 - y^2) + e^x 2x \overset{!}{=} 0 \quad (I)$
$f'_y(x,y) = -2ye^x \overset{!}{=} 0 \Rightarrow y = 0 \quad (II)$
$(I), (II) \Rightarrow e^x x^2 + e^x 2x = 0 \Rightarrow x^2 + 2x = 0$
Es folgt $(x_1, y_1) = (0,0)$ und $x + 2 = 0$, also $(x_2, y_2) = (-2, 0)$.
$f''_{xx}(x,y) = e^x(x^2 - y^2) + e^x 2x + e^x 2x + e^x 2 \quad f''_{yy}(x,y) = -2e^x \quad f''_{xy}(x,y) = -2ye^x$
$f''_{xx}(0,0) \cdot f''_{yy}(0,0) = 2 \cdot (-2) = -4 < 0 = (f''_{xy}(0,0))^2 \Rightarrow$ Sattelpunkt in $(0,0)$
$f''_{xx}(-2,0) \cdot f''_{yy}(-2,0) = e^{-2}(-2) \cdot (-2)e^{-2} = 4e^{-4} > 0 = (f''_{xy}(-2,0))^2$
Da $f''_{xx}(-2,0) < 0$, liegt ein striktes lokales Maximum in $(-2, 0)$.

Lösung zu Aufgabe 1.6.8

$x + y - 6 = 0 \Rightarrow x = 6 - y$
$d(6-y, y) = \sqrt{(6 - y - 1)^2 + (y-1)^2} = ((5-y)^2 + (y-1)^2)^{1/2}$
$\frac{d}{dy} d(6-y,y) = \frac{1}{2}((5-y)^2 + (y-1)^2)^{-1/2}(-2(5-y) + 2(y-1)) =$
$\frac{1}{2}((5-y)^2 + (y-1)^2)^{-1/2}(4y - 12) \overset{!}{=} 0 \quad (I)$
Da $(1,1)$ nicht in der Ebene liegt, ist $d(x,y) > 0$ und es folgt:
$(I) \Leftrightarrow 4y - 12 = 0 \Rightarrow y_0 = 3 \Rightarrow x_0 = 3$
$\frac{d^2}{dy^2} d(6-y,y) = -\frac{1}{4}((5-y)^2 + (y-1)^2)^{-3/2}\underbrace{(4y-12)}_{=0 \text{ für } y=3}{}^2 + \frac{1}{2}((5-y)^2 + (y-1)^2)^{-1/2} \cdot 4 > 0$
für $y = 3 \Rightarrow$ ein striktes lokales Minimum in $(3,3)$
$d((x,y),(1,1)) = \sqrt{(3-1)^2 + (3-1)^2} = \sqrt{8} = 2.828$

Lösung zu Aufgabe 1.6.9

$L(x,y,\lambda) = \exp(x^2 + y^2) + \lambda(y - \frac{1}{x})$
$L'_x(x,y,\lambda) = 2x\exp(x^2 + y^2) + \lambda x^{-2} \overset{!}{=} 0 \quad (I)$
$L'_y(x,y,\lambda) = 2y\exp(x^2 + y^2) + \lambda \overset{!}{=} 0 \quad (II)$
$L'_\lambda(x,y,\lambda) = y - \frac{1}{x} \overset{!}{=} 0 \quad (III)$
$(I), (II) \Rightarrow 2x\exp(x^2 + y^2) - 2y\exp(x^2+y^2)x^{-2} = 0 \Rightarrow x - yx^{-2} = 0 \Rightarrow y = x^3 \quad (IV)$
$(III), (IV) \Rightarrow x^3 - \frac{1}{x} = 0 \Rightarrow x^4 = 1 \Rightarrow x_{1,2} = \pm 1 \Rightarrow y_{1,2} = \pm 1$
Kritische Stellen also: $(x_1, y_1) = (1,1)$ und $(x_2, y_2) = (-1,-1)$

Lösung zu Aufgabe 1.6.10

1. $\int_0^t 2x - b\,dx = [x^2 - bx]_0^t = t^2 - bt - 0 \overset{!}{=} 2b^2 \Rightarrow t^2 - bt - 2b^2 = 0 \Rightarrow$

   $$t_{1,2} = \frac{b}{2} \pm \sqrt{\frac{b^2}{4} + 2b^2} = \frac{b}{2} \pm \frac{3}{2}b \Rightarrow \left\{ \begin{array}{l} t_1 = 2b \\ t_2 = -b \end{array} \right\} \Rightarrow \left\{ \begin{array}{lll} b < 0 & \Rightarrow & t = -b \\ b = 0 & \Rightarrow & \text{keine Lösung} \\ b > 0 & \Rightarrow & t = 2b \end{array} \right.$$

2. $\int \frac{1}{2^x} + \frac{1}{\exp(0.5\ln(x))}\,dx = \int \left(\frac{1}{2}\right)^x + x^{-1/2}\,dx = \frac{1}{\ln(0.5)}\left(\frac{1}{2}\right)^x + 2x^{1/2} + c =$
   $\frac{-1.443}{2^x} + 2\sqrt{x} + c$

3.7 Lösungen

Lösung zu Aufgabe 1.7.1

1. (a) $f'(x) = \dfrac{\cos(x) \cdot x - \sin(x)}{x^2}$

   (b) $f'(x) = \frac{\ln(2)}{x} \cdot 2^{\ln(x)}$

   (c) $f(x) = (x^{-1} + 1)^{1/3} \Rightarrow f'(x) = \frac{1}{3}(\frac{1}{x} + 1)^{-2/3}(-x^{-2})$

   (d) $f'(x) = \dfrac{-(5+x) - (1-x)}{(5+x)^2} = \dfrac{-6}{(5+x)^2}$

   (e) $f(x) = e^x \Rightarrow f'(x) = e^x$

2. $f'_x(x, y) = \frac{10}{\sqrt{1+y}}$ $\quad f(x, y) = 10x(1+y)^{-1/2} \Rightarrow f'_y(x, y) = -5x(1+y)^{-3/2}$

Lösung zu Aufgabe 1.7.2

1. (a) $df_K = f'_K(1,4) \cdot \Delta K = a\,b\,4^c \cdot \Delta K$

   (b) $df = f'_K(1,4) \cdot \Delta K + f'_L(1,4) \cdot \Delta L = a\,\frac{1}{2}\,4^{1/2} \cdot \Delta K + a\,\frac{1}{2}\,4^{-1/2} \cdot \Delta L = a(\Delta K + \frac{\Delta L}{4})$

   (c) grad $f(1,4) = (f'_K(1,4), f'_L(1,4)) = (1, 0.25)$
   Die Skizze zeigt in der (K, L)-Ebene einen Vektor, der vom Punkt $(1,4)$ zum Punkt $(2, 4.25)$ zeigt.

2. $K_M(x) = 80 + 0.2\,x \stackrel{!}{=} 4 + x = K_T(x) \Rightarrow x_0 = 95$ km
   T billiger für $x \in [0, 95)$, M billiger für $x \in (95, \infty)$

Lösung zu Aufgabe 1.7.3

1. $g'(x) = -\dfrac{f'_x(x,y)}{f'_y(x,y)} = -\dfrac{\sin(x) + x \cdot \cos(x)}{\cos(y) - y \cdot \sin(y)}$

   $\frac{d}{dy} g^{-1}(y) = -\dfrac{f'_y(x,y)}{f'_x(x,y)} = -\dfrac{\cos(y) - y \cdot \sin(y)}{\sin(x) + x \cdot \cos(x)}$

2. (a) $K_0(1+i)^t = 20000 \iff i = g(t) = \sqrt[t]{\frac{20000}{K_0}} - 1$

   (b) Die Funktion $i = g(t) = \sqrt[t]{1.042} - 1$ verläuft durch die (t, i)-Paare $(0.5, 0.08507)$, $(1, 0.04167)$ und $(1.5, 0.02759)$

3. Die Division durch $(a + 2b)$ ist nicht korrekt, denn $-2a = 4b \iff a + 2b = 0$

Lösung zu Aufgabe 1.7.4

1. $x(2p, 2y) = 2^r \cdot x(p, y) = x(p, y) \Rightarrow 2^r = 1 \Rightarrow r = 0$

2. (a) $f(\lambda x, \lambda y) = 4(\lambda y) + \sqrt{(\lambda x)^2 + \left|\ln\left(\frac{\lambda x}{\lambda y}\right)\right|} \Rightarrow f$ ist nicht homogen, da die Summe unter der Wurzel unterschiedliche λ-Exponenten hat

   (b) $f(\lambda x, \lambda y) = a(\lambda x)^2 + 2(\lambda x + \lambda y)^2 = \lambda^2 \cdot f(x, y) \Rightarrow r = 2$

3. Nach Kettenregel folgt: $f'(\lambda x) \cdot \lambda = \lambda^r \cdot f'(x) \Rightarrow f'(\lambda x) = \lambda^{r-1} \cdot f'(x) \Rightarrow$
   f' ist homogen vom Grad $r-1$

Lösung zu Aufgabe 1.7.5

1. $\rho_{K,t}(t,i) = \dfrac{K_t'(t,i)}{K(t,i)} = \dfrac{-K_0(1+i)^{-t} \cdot \ln(1+i)}{K_0(1+i)^{-t}} = -\ln(1+i)$
   $\varepsilon_{K,t}(t,i) = t \cdot \rho_{K,t}(t,i) = -t \cdot \ln(1+i)$
   $\rho_{K,i}(t,i) = \dfrac{K_i'(t,i)}{K(t,i)} = \dfrac{-K_0\, t\,(1+i)^{-t-1}}{K_0(1+i)^{-t}} = -\dfrac{t}{1+i}$
   $\varepsilon_{K,i}(t,i) = i \cdot \rho_{K,i}(t,i) = -\frac{ti}{1+i}$
2. $\operatorname{sign}(K_t'(t,i)) = \operatorname{sign}(\rho_{K,t}(t,i)) = \operatorname{sign}(\varepsilon_{K,t}(t,i)) = -1$
   Je größer der Zeitraum t, desto geringer der Barwert $K(t,i)$.
3. $K_t'(t,i) = -10000\,(1.05)^{-5}\ln(1.05) = -382.3$
   Für $t = 5$ und $i = 0.05$ gilt: Steigt t um 1 Jahr, so sinkt K approx. um 382.3 DM.

Lösung zu Aufgabe 1.7.6

1. $|\varepsilon_x(p)| = \frac{2+p}{2} > 1\, \forall p \in D_x \Rightarrow$ Nachfrage elastisch $\forall p \in D_x$.
2. $\mathrm{id}(p) = p \Rightarrow \frac{d}{dp}\mathrm{id}(p) = 1 \Rightarrow \rho_{\mathrm{id}}(p) = \frac{\mathrm{id}'(p)}{\mathrm{id}(p)} = \frac{1}{p} \Rightarrow \varepsilon_{\mathrm{id}}(p) = p \cdot \rho_{\mathrm{id}}(p) = 1$
   $\varepsilon_U(p) = \varepsilon_{\mathrm{id}\cdot x}(p) = \varepsilon_{\mathrm{id}}(p) + \varepsilon_x(p) = 1 - \frac{2+p}{2} = -\frac{p}{2}$
3. $\ln(x(p)) = \int -\frac{2+p}{2p}\, dp = \int -\frac{1}{p} - \frac{1}{2}\, dp = -\ln(p) - \frac{p}{2} + c \Rightarrow$
   $x(p) = \exp\left(-\ln(p) - \frac{p}{2} + c\right) = \exp(-\ln(p))\, e^{-p/2}\, e^c = \dfrac{e^c}{p\, e^{p/2}}$

Lösung zu Aufgabe 1.7.7

1. (a) $T_f^2(x) = \sum_{k=0}^{2} \dfrac{f^{(k)}(0)}{k!}(x-0)^k = \frac{1}{1}1 + \frac{-1/2}{1}x + \frac{3/4}{2}x^2 = 1 - \frac{x}{2} + \frac{3}{8}x^2$
   (b) $\dfrac{1}{\sqrt{2}} \approx T_f^2(1) = 1 - \frac{1}{2} + \frac{3}{8} = \frac{7}{8}$
   (c) $\delta f = \left|\dfrac{1}{\sqrt{2}} - \dfrac{7}{8}\right| = 0.1679$
2. (a) Der Graph verläuft in der $(x, f(x))$-Ebene mit $0 \leq x \leq 2$ und $0 \leq f(x) \leq 1$ durch die Punkte $(0,1)$, $(1, 0.25)$ und $(2, 0.1111)$.
   (b) $f(x) = (1+x)^{-2}$
   $f'(x) = -2\,(1+x)^{-3}, \quad f''(x) = 3!\,(1+x)^{-4}, \quad f'''(x) = -4!\,(1+x)^{-5}$
   (c) $f^{(n)}(x) = (-1)^n\,(n+1)!\,(1+x)^{-(n+2)}$

Lösung zu Aufgabe 1.7.8

1. $f(0) = c \stackrel{!}{=} 2, \qquad f'(x) = 2ax + b, \quad f'(1) = 2a + b \stackrel{!}{=} 0 \Rightarrow a = -\frac{b}{2}$
   $f(1) = a + b + c \stackrel{!}{=} 3 \Rightarrow -\frac{b}{2} + b + 2 = 3 \Rightarrow b = 2 \Rightarrow a = -1$
2. $f'_x(x,y) = 2^{xy}\ln(2)\,y \stackrel{!}{=} 0 \Rightarrow y_0 = 0 \qquad f'_y(x,y) = 2^{xy}\ln(2)\,x \stackrel{!}{=} 0 \Rightarrow x_0 = 0$
3. $f''_{xx}(1,3)\cdot f''_{yy}(1,3) = 1\cdot\frac{1}{2} = \frac{1}{2} > \frac{1}{4} = (f''_{xy}(1,3))^2, \quad f''_{xx}(1,3) = 1 > 0 \Rightarrow$
   in $(1,3)$ ist ein striktes lokales Minimum

Lösung zu Aufgabe 1.7.9

1. (a) $g(x,y) = x + 2y = 8 \Longleftrightarrow x = 8 - 2y$
   $U(8-2y,y) = 3((8-2y)y+1)^{1/2} = 3(8y - 2y^2 + 1)^{1/2}$
   $\frac{d}{dy}U(8-2y,y) = \frac{3}{2}(8y-2y^2+1)^{-1/2}(8-4y) \stackrel{!}{=} 0 \Rightarrow y_0 = 2 \Rightarrow x_0 = 4$
   (b) Die Skizze zeigt in der (x,y)-Ebene mit $0 \le x \le 8$ und $0 \le y \le 4$ die Gerade durch die Punkte $(0,4)$ und $(8,0)$ sowie darauf den Punkt $(x_0, y_0) = (4,2)$.

2. $$f''\left(\frac{d}{\sqrt{2}}\right) = \frac{\frac{-4d}{\sqrt{2}}\overbrace{\left(d^2 - \frac{d^2}{2}\right)}^{>0} + \frac{d}{\sqrt{2}}\overbrace{\left(d^2 - \frac{2d^2}{2}\right)}^{=0}}{\underbrace{\left(d^2 - \frac{d^2}{2}\right)^{3/2}}_{>0}} < 0 \Rightarrow$$
   in x_0 ist ein striktes lokales Maximum

Lösung zu Aufgabe 1.7.10

$\mathcal{F} = xy, \quad d^2 = x^2 + y^2 \Rightarrow L(x,y,\lambda) = xy + \lambda(x^2 + y^2 - d^2)$
$L'_x(x,y,\lambda) = y + 2\lambda x \stackrel{!}{=} 0 \Rightarrow \lambda = -\frac{y}{2x} \quad (I)$
$L'_y(x,y,\lambda) = x + 2\lambda y \stackrel{!}{=} 0 \Rightarrow \lambda = -\frac{x}{2y} \quad (II)$
$L'_\lambda(x,y,\lambda) = x^2 + y^2 - d^2 \stackrel{!}{=} 0 \quad (III)$
$(I),(II) \Rightarrow -\frac{y}{2x} = -\frac{x}{2y} \Rightarrow 2y^2 = 2x^2 \Rightarrow x = y \quad (IV)$
$(III),(IV) \Rightarrow x^2 + x^2 = d^2 \Rightarrow x = \frac{d}{\sqrt{2}} = y$

Lösung zu Aufgabe 1.7.11

1. (a) $\int_2^2 2^{\ln(x)}\,dx = 0$
   (b) $\int_{-1}^1 1 - |x|\,dx = \int_{-1}^0 1 + x\,dx + \int_0^1 1 - x\,dx = [x + \frac{1}{2}x^2]_{-1}^0 + [x - \frac{1}{2}x^2]_0^1 =$
   $0 + 1 - \frac{1}{2} + 1 - \frac{1}{2} - 0 = 1$
   (c) $\int_0^\pi \sin(x)\,dx = [-\cos(x)]_0^\pi = -\cos(\pi) + \cos(0) = 1 + 1 = 2$
2. $x > 2: \frac{-1}{x-2} \le 1 \Rightarrow -1 \le x - 2 \Rightarrow x \ge 1$, also $x > 2$
   $x < 2: \frac{-1}{x-2} \le 1 \Rightarrow -1 \ge x - 2 \Rightarrow x \le 1$, also $x \le 1$
   Somit gilt $\frac{-1}{x-2} \le 1$ für $x \in (-\infty, 1] \cup (2, \infty)$

3.8 Lösungen

Lösung zu Aufgabe 1.8.1

Die Skizze zeigt, daß $x^3 < e^{2x} \forall x \in \mathbf{R} \Rightarrow x^3 - e^{2x} < 0 \forall x \in \mathbf{R} \Rightarrow$ $\ln(x^3 - e^{2x}) \forall x \in \mathbf{R}$ nicht definiert $\Rightarrow D_{nat} = \emptyset$

Lösung zu Aufgabe 1.8.2

1. (a) $f(x) = \frac{1}{2}x^{-1/2} \Rightarrow f'(x) = -\frac{1}{4}x^{-3/2}$

   (b) $f'(x) = 4(6x+2) + (4x-1)6 = 48x + 2$

   (c) $f'(x) = \dfrac{2e^{2x} - 3x^2}{e^{2x} - x^3}$

2. $f(x) = \dfrac{(x+1)^{0.5}}{(x-1)^2} \Rightarrow f'(x) = \dfrac{0.5(x+1)^{-0.5}(x-1)^2 - 2(x-1)\sqrt{x+1}}{(x-1)^4} =$
   $\dfrac{0.5(x-1) - 2(x+1)}{(x-1)^3\sqrt{x+1}} = \dfrac{-2.5 - 1.5x}{(x-1)^3\sqrt{x+1}}$

3. $f(x,y) = 5\,x^{y/2} \Rightarrow f'_x(x,y) = 2.5y\,x^{(y/2)-1}, \quad f'_y(x,y) = 2.5\,x^{y/2}\ln(x)$

Lösung zu Aufgabe 1.8.3

1. $df_0 = f'_x(x_0,y_0)\cdot\Delta x + f'_y(x_0,y_0)\cdot\Delta y = \frac{3}{4}\Delta x + \frac{1}{2}\Delta y$
   $df_1 = f'_x(x_1,y_1)\cdot\Delta x + f'_y(x_1,y_1)\cdot\Delta y = \frac{1}{8}\Delta x + \frac{5}{4}\Delta y$

2. $z = f(x_0,y_0) + f'_x(x_0,y_0)\cdot(x-x_0) + f'_y(x_0,y_0)\cdot(y-y_0) = 2 + \frac{3}{4}(x-2) + \frac{1}{2}(y-1) =$ $\frac{3}{4}x + \frac{1}{2}y$

3. $4 = f(2,3) \approx f(2,1) + df_0 = 2 + \frac{3}{4}0 + \frac{1}{2}2 = 3, \quad \delta f_0 = |4-3| = 1$
   $2 = f(2,1) \approx f(2,3) + df_1 = 4 + \frac{1}{8}0 + \frac{5}{4}(-2) = 1.5, \quad \delta f_1 = |2-1.5| = 0.5$

4. $d((x_0,y_0),(x_1,y_1)) = \sqrt{(2-2)^2 + (1-3)^2} = 2$

Lösung zu Aufgabe 1.8.4

1. $v(p_1,p_2) = yp_1^{-1} + yp_2^{-1} \Rightarrow \dfrac{d}{dp_2}g(p_2) = -\dfrac{v'_{p_2}(p_1,p_2)}{v'_{p_1}(p_1,p_2)} = -\dfrac{-yp_2^{-2}}{-yp_1^{-2}} = -\dfrac{p_1^2}{p_2^2}$

2. $\dfrac{y}{p_1} + \dfrac{y}{p_2} = 100 \Longleftrightarrow \dfrac{y}{p_1} = 100 - \dfrac{y}{p_2} \Longleftrightarrow p_1 = \dfrac{y}{100 - \dfrac{y}{p_2}}$

3. $p_1 = \dfrac{100}{100 - \dfrac{100}{p_2}} = \dfrac{p_2}{p_2 - 1}$

   Der Graph verläuft in der (p_2,p_1)-Ebene mit $\frac{10}{9} \le p_2 \le 10$ und $\frac{10}{9} \le p_1 \le 10$ durch die Punkte $(\frac{10}{9}, 10)$, $(2,2)$, $(5,\frac{5}{4})$ und $(10,\frac{10}{9})$.

4. $\dfrac{d}{dp_2}g(p_2) = -1$. Somit gilt für $p_1 = p_2 = 2$: Um $v = 100$ zu halten, muß p_1 approximativ um 1 DM sinken, wenn p_2 um 1 DM wächst.

Lösung zu Aufgabe 1.8.5

1. (a) $f(\lambda x, \lambda y) = a^2 + (\lambda x + \lambda y)^2 \Rightarrow f$ ist nicht homogen.

   (b) $f(\lambda x, \lambda y) = a\sqrt{\lambda x \lambda y} + \lambda x = \lambda \cdot f(x,y) \Rightarrow r = 1$

2. $r = \varepsilon_{f,y}(p,y) + \varepsilon_{f,p}(p,y) \Rightarrow 0 = \frac{1}{2} + \varepsilon_{f,p}(p,y) \Rightarrow \varepsilon_{f,p}(p,y) = -\frac{1}{2}$

3. Nur für $a = 2$ und $b = 0$ gilt: $h(\lambda x, \lambda y) = \dfrac{a(\lambda x)^2 + (\lambda y)^a}{1 + b\ln(\lambda x)} = \lambda^2 \cdot h(x,y) \Rightarrow r = 2$

4. Nach Kettenregel folgt: $f'_x(\lambda x, \lambda y) \cdot \lambda = \lambda^r \cdot f'_x(x,y) \Rightarrow f'_x(\lambda x, \lambda y) = \lambda^{r-1} \cdot f'_x(x,y) \Rightarrow$ f'_x ist homogen vom Grad $r - 1$

Lösung zu Aufgabe 1.8.6

1. (a) Ja, denn $\frac{d}{dy}x(y) > 0 \; \forall y \in D_x$

   (b) $\rho_x(y) = \dfrac{x'(y)}{x(y)} = \dfrac{Sb\exp(a-by)}{(1+\exp(a-by))^2} \cdot \dfrac{1+\exp(a-by)}{S} = \dfrac{b\exp(a-by)}{1+\exp(a-by)}$

   $\varepsilon_x(y) = y \cdot \rho_x(y) = \dfrac{by\exp(a-by)}{1+\exp(a-by)}$

   (c) $\varepsilon_x(2) = \frac{2\exp(-2)}{1+\exp(-2)} = 0.2384$

   Für $y = 2$ gilt: Steigt y um 1%, so steigt x approximativ um 0.2384%.

   Nein, die Nachfrage ist für $y = 2$ unelastisch, denn $|\varepsilon_x(2)| < 1$.

   (d) $x(y) = \frac{S}{1+\exp(a-by)} \Longleftrightarrow 1 + \exp(a-by) = \frac{S}{x} \Longleftrightarrow \exp(a-by) = \frac{S}{x} - 1 \Longleftrightarrow$

   $x^*(y) = \ln\left(\frac{S}{x} - 1\right) = a - by$

2. $x(t) = 10000 + 1000\,t$

Lösung zu Aufgabe 1.8.7

1. Laut Definition gilt $0 < p < a^{1/c} \Rightarrow p^c < a \Rightarrow \varepsilon_x(p) = \dfrac{cp^c}{b(p^c - a)} < 0 \; \forall p \in D_x \Rightarrow$

   für kein $p \in D_x$ gilt $\varepsilon_x(p) \geq 0$

2. $|\varepsilon_x(p)| = \dfrac{cp^c}{b(a-p^c)} > 1 \Longleftrightarrow cp^c > b(a - p^c) \Longleftrightarrow cp^c + bp^c > ba \Longleftrightarrow$

   $p^c > \dfrac{ab}{b+c} \Longleftrightarrow p > \left(\dfrac{ab}{b+c}\right)^{1/c}$

3. Dann: $\varepsilon_x(p) = \frac{p}{p-10} \stackrel{!}{=} -1 \Rightarrow p = 10 - p \Rightarrow p = 5$

4. Es folgt: $\varepsilon_x(p) = \frac{p}{p-10}$ für $p \in (0, 10)$. Der Graph verläuft in der $(p, \varepsilon_x(p))$-Ebene mit $0 < p < 10$ und $-\infty < \varepsilon_x(p) < 0$ durch die Punkte $(0,0)$, $(5,-1)$, $(9,-9)$ und hat eine Polstelle in $p = 10$.

Lösung zu Aufgabe 1.8.8

1. (a) $T_f^3(x) = \sum_{k=0}^{3} \frac{f^{(k)}(0)}{k!}(x-0)^k = 0 + \frac{1}{1}x + \frac{0}{2}x^2 + \frac{2}{6}x^3 = x + \frac{1}{3}x^3$
   (b) Nein, denn $\tan\left(\frac{\pi}{2}\right) = \frac{\sin(\pi/2)}{\cos(\pi/2)} = \frac{1}{0}$ ist nicht definiert.

2. (a) $f'(x) = 3\left(x - \frac{1}{2}\right)^2 \Rightarrow T_f^1(x) = \sum_{k=0}^{1} \frac{f^{(k)}(0)}{k!}(x-0)^k = -\frac{1}{8} + \frac{3}{4}x$
   (b) $\left(x - \frac{1}{2}\right)^3 \stackrel{!}{=} 0 \Rightarrow x_N = \frac{1}{2}$
   $T_f^1(x) = -\frac{1}{8} + \frac{3}{4}x \stackrel{!}{=} 0 \Rightarrow \frac{3}{4}x = \frac{1}{8} \Rightarrow \tilde{x}_N = \frac{1}{6}$
   $\delta = |x_N - \tilde{x}_N| = \frac{1}{3}$

Lösung zu Aufgabe 1.8.9

1. (a) (x_0, y_0) ist eine Minimalstelle.
   (b) $f''_{xx}(x_0,y_0) \cdot f''_{yy}(x_0,y_0) > (f''_{xy}(x_0,y_0))^2 > 0$ und
   $f''_{xx}(x_0,y_0) > 0$ sowie $f''_{yy}(x_0,y_0) < 0 \Rightarrow f''_{xx}(x_0,y_0) \cdot f''_{yy}(x_0,y_0) < 0$
   führen zu einem Widerspruch. Daher ist keine Aussage möglich.
   (c) (x_0, y_0) ist eine Sattelstelle.

2. $G(y) = (10-y)\cdot y - (1+y^2) = -2y^2 + 10y - 1 \Rightarrow G'(y) = -4y + 10 \stackrel{!}{=} 0 \Rightarrow y_0 = 2.5$
   $G''(y) = -4 < 0 \Rightarrow y_0$ ist eine strikt lokale Maximalstelle.
   Sie ist auch strikt global, da sie die einzige lokale Maximalstelle ist.

3. $f'_x(x,y) = x - \frac{1}{2}y - \frac{1}{2} \stackrel{!}{=} 0 \Rightarrow x = \frac{1}{2}(y+1) \quad (I)$
   $f'_y(x,y) = \frac{1}{2}y - \frac{1}{2}x + 1 \stackrel{!}{=} 0 \quad (II)$
   $(I),(II) \Rightarrow \frac{1}{2}y - \frac{1}{4}(y+1) + 1 = 0 \Rightarrow \frac{1}{4}y + \frac{3}{4} = 0 \Rightarrow y_0 = -3 \Rightarrow x_0 = -1$

Lösung zu Aufgabe 1.8.10

1. $U(x_1,x_2) = (100 - x_1)\cdot x_1 + (200 - x_2)\cdot x_2 = 100x_1 - x_1^2 + 200x_2 - x_2^2$
   $x_1 + 2x_2 = 70 \Rightarrow x_1 = 70 - 2x_2$
   $U(70 - 2x_2, x_2) = 100(70 - 2x_2) - (70 - 2x_2)^2 + 200x_2 - x_2^2 =$
   $7000 - 200x_2 - (4900 - 280x_2 + 4x_2^2) + 200x_2 - x_2^2 = -5x_2^2 + 280x_2 + 2100 \Rightarrow$
   $\frac{d}{dx_2}U(70 - 2x_2, x_2) = -10x_2 + 280 \stackrel{!}{=} 0 \Rightarrow x_2 = 28 \Rightarrow x_1 = 14$
   $\frac{d^2}{dx_2^2}U(70 - 2x_2, x_2) = -10 < 0 \Rightarrow (14, 28)$ ist str. lok. u. str. glob. Max.stelle

2. Die Skizze zeigt in der (x_1, x_2)-Ebene mit $0 < x_1 < 70$ und $0 < x_2 < 35$ die Gerade durch die Punkte $(70, 0)$ und $(0, 35)$ sowie darauf den Punkt $(14, 28)$.

Lösung zu Aufgabe 1.8.11

$L(x, y, \lambda) = y^3 + 3x^2y - 12x - 15y + \lambda(y + x - 3)$
$L'_x(x, y, \lambda) = 6xy - 12 + \lambda \stackrel{!}{=} 0 \Rightarrow -\lambda = 6xy - 12 \quad (I)$
$L'_y(x, y, \lambda) = 3y^2 + 3x^2 - 15 + \lambda \stackrel{!}{=} 0 \Rightarrow -\lambda = 3y^2 + 3x^2 - 15 \quad (II)$
$L'_\lambda(x, y, \lambda) = y + x - 3 \stackrel{!}{=} 0 \Rightarrow y = 3 - x \quad (III)$
$(I), (II) \Rightarrow 6xy - 12 = 3y^2 + 3x^2 - 15 \Rightarrow x^2 + y^2 - 2xy - 1 = 0 \quad (IV)$
$(III), (IV) \Rightarrow x^2 + (3 - x)^2 - 2x(3 - x) - 1 = 0 \Rightarrow$
$x^2 + 9 - 6x + x^2 - 6x + 2x^2 - 1 = 0 \Rightarrow x^2 - 3x + 2 = 0 \Rightarrow$
$x_{1,2} = \frac{3}{2} \pm \sqrt{\frac{9}{4} - 2} = \frac{3}{2} \pm \sqrt{\frac{1}{4}} \Rightarrow x_1 = 2$ und $x_2 = 1 \Rightarrow y_1 = 1$ und $y_2 = 2$.

Teil II

Lineare Algebra

Kapitel 4

Lineare-Algebra-Klausuren mit Lösungen

In diesem Kapitel finden Sie 4 Lineare-Algebra-Klausuren, zu denen in Kapitel 6 ausführliche Musterlösungen angegeben werden. Der maximal erreichbare Anteil an der Gesamtpunktzahl ist jeweils hinter der Aufgabennummer angegeben. Eine für alle Klausuren typische Formelsammlung befindet sich am Ende des Kapitels.

4.1 Klausur

Aufgabe 4.1.1 *(8 %)*

Sind die folgenden Vektoren des $\mathbf{R}^3$ *linear unabhängig? Begründen Sie Ihre Antwort!*

1. $\mathbf{x} = \begin{pmatrix} 1 \\ 1 \\ 1 \end{pmatrix}$

2. $\mathbf{x}_1 = \begin{pmatrix} 1 \\ 1 \\ 1 \end{pmatrix}, \mathbf{x}_2 = \begin{pmatrix} 2 \\ 2 \\ 2 \end{pmatrix}$

3. $\mathbf{x}_1 = \begin{pmatrix} 0 \\ 0 \\ 0 \end{pmatrix}, \mathbf{x}_2 = \begin{pmatrix} 1 \\ 5 \\ 0 \end{pmatrix}$

4. $\mathbf{x}_1 = \begin{pmatrix} 1 \\ 2 \\ 1 \end{pmatrix}, \mathbf{x}_2 = \begin{pmatrix} 2 \\ 1 \\ 2 \end{pmatrix}$

5. $\begin{pmatrix} 1 \\ 1 \\ 1 \end{pmatrix}, \begin{pmatrix} -1 \\ 5 \\ 1 \end{pmatrix}, \begin{pmatrix} 6 \\ \pi \\ 1 \end{pmatrix}, \begin{pmatrix} a \\ 2 \\ 3 \end{pmatrix}$ *mit* $a \in \mathbf{R}$.

Aufgabe 4.1.2 *(8 %)*

1. *Skizzieren Sie die durch* $\left\{ y \in \mathbf{R}^2 \;\middle|\; y = r_1 \begin{pmatrix} 1 \\ 2 \end{pmatrix} + r_2 \begin{pmatrix} 2 \\ 1 \end{pmatrix},\ r_1, r_2 \geq 0 \right\}$ *gegebene Punktmenge.*

2. *Bestimmen Sie* $a, b \in \mathbf{R}$ *so, daß* $\mathbf{x}_0 = \begin{pmatrix} 1 \\ a \\ b \end{pmatrix}$ *orthogonal zu der von* $\mathbf{x}_1 = \begin{pmatrix} 1 \\ 2 \\ 1 \end{pmatrix}$ *und* $\mathbf{x}_2 = \begin{pmatrix} 2 \\ 1 \\ 2 \end{pmatrix}$ *aufgespannten Ebene ist.*

Aufgabe 4.1.3 *(10 %)*

1. *Seien* $\mathbf{A} \in \mathcal{M}_{m,n}$ *und* $\mathbf{B} \in \mathcal{M}_{r,s}$. *Welche Bedingungen erfüllen* $m, n, r, s \in \mathbf{N}$, *damit* $\mathbf{A} \cdot \mathbf{B}$
   (a) *ein Zeilenvektor ist?*
   (b) *ein Spaltenvektor ist?*
   (c) *ein Skalar ist?*
   (d) *eine quadratische Matrix ist?*
   (e) *nicht definiert ist?*

2. *Seien* $\mathbf{A}, \mathbf{B}, \mathbf{C}, \mathbf{D}$ *Matrizen, für die* $\mathbf{A} \cdot \mathbf{B} \cdot \mathbf{C} \cdot \mathbf{D}$ *definiert ist. Gilt dann allgemein* $(\mathbf{A} \cdot \mathbf{B} \cdot \mathbf{C} \cdot \mathbf{D})^T = \mathbf{D}^T \cdot \mathbf{C}^T \cdot \mathbf{B}^T \cdot \mathbf{A}^T$ *? Weisen Sie die Richtigkeit Ihrer Behauptung nach!*

3. *Der Bedarf an Rohstoffen* R_1, R_2, R_3 *für 2 Zwischenprodukte* Z_1, Z_2 *sowie der Bedarf an Zwischenprodukten* Z_1, Z_2 *für die Endprodukte* P_1, P_2, P_3, P_4 *lautet:*

	R_1	R_2	R_3
Z_1	3	2	5
Z_2	5	1	8

	P_1	P_2	P_3	P_4
Z_1	1	1	2	3
Z_2	1	1	4	5

Ermitteln Sie die Matrix des Rohstoffbedarfs für die Endprodukte. Überprüfen Sie an einer Komponente der Ergebnismatrix deren korrekte Dimension (R_i/P_i).

Aufgabe 4.1.4 *(9 %)*

Seien

$$\mathbf{A} = \begin{pmatrix} 1 & -3 & 2 \\ 3 & -4 & 1 \\ 2 & -5 & 3 \end{pmatrix}, \quad \mathbf{B} = \begin{pmatrix} 2 & 5 & 6 \\ 1 & 2 & 5 \\ 1 & 3 & 2 \end{pmatrix}, \quad \mathbf{x} = \begin{pmatrix} 3 \\ 2 \\ 1 \end{pmatrix}$$

Führen Sie die folgenden Operationen durch, falls sie definiert sind, oder geben Sie an, warum diese nicht definiert sind:

1. $\mathbf{A}+\mathbf{B}+\mathbf{x}^T$
2. $(\mathbf{A}^T+2\cdot\mathbf{B})\cdot\mathbf{x}$
3. $-\mathbf{A}\cdot(2\cdot\mathbf{x})$
4. $\mathbf{x}\cdot(\mathbf{A}-\mathbf{B})$

Aufgabe 4.1.5 *(9 %)*

1. *Für* $\mathbf{A},\mathbf{B}\in\mathcal{M}_n$ *definiert man* $\mathbf{A}^2 := \mathbf{A}\cdot\mathbf{A}$. *Gilt dann, wie bei reellen Zahlen, auch allgemein* $(\mathbf{A}+\mathbf{B})\cdot(\mathbf{A}-\mathbf{B}) = \mathbf{A}^2-\mathbf{B}^2$ *? Weisen Sie die Richtigkeit Ihrer Behauptung nach!*

2. (a) *Die Matrix* $\mathbf{C}\in\mathcal{M}_3$ *gibt die Lieferverflechtung einer Volkswirtschaft mit 3 Wirtschaftssektoren an: Sektor* i *liefert an Sektor* j *Güter im Wert von* c_{ij} *DM mit* $i,j=1,2,3$. *Sei* $\mathbf{S}=\begin{pmatrix}1&1&0\\0&0&1\end{pmatrix}$. *Berechnen und interpretieren Sie* $\mathbf{S}\cdot\mathbf{C}\cdot\mathbf{S}^T$.

   (b) *Geben Sie für die analog für 5 Sektoren gebildete Matrix* $\mathbf{C}\in\mathcal{M}_5$ *die Matrix* $\mathbf{S}$ *an, die durch* $\mathbf{S}\cdot\mathbf{C}\cdot\mathbf{S}^T$ *die Sektoren Nr. 3 und 5 zu einem Sektor zusammenfaßt. Berechnen Sie nichts!*

Aufgabe 4.1.6 *(10 %)*

1. *Berechnen Sie die Inverse der Blockmatrix* $\mathbf{A}=\begin{pmatrix}1&2&0&0\\2&1&0&0\\0&0&1&2\\0&0&3&4\end{pmatrix}$.

2. *Ermitteln Sie zu* $\mathbf{A}=\begin{pmatrix}1&0&4\\0&1&2\\-1&0&3\end{pmatrix}$ *die Inverse mit dem Gaußschen Eliminationsverfahren. Prüfen Sie Ihr Ergebnis durch Berechnung von* $\mathbf{A}\cdot\mathbf{A}^{-1}$ *nach.*

3. *Für welche* $a\in\mathbf{R}$ *ist* $\mathbf{A}=\begin{pmatrix}1&1&2\\2&4&6\\3&5&a\end{pmatrix}$ *regulär?*

Aufgabe 4.1.7 *(8 %)*

1. *Für ein inhomogenes lineares Gleichungssystem* $\mathbf{A} \cdot \mathbf{x} = \mathbf{b}$ *mit* m *Gleichungen und* n *Variablen gelten folgende Rangbedingungen. Kreuzen Sie jeweils die richtige Schlußfolgerung bezüglich der Anzahl der Lösungen* $|\mathbf{L}|$ *an.*

Rangbedingung	$\lvert\mathbf{L}\rvert = 0$	$\lvert\mathbf{L}\rvert = 1$	$\lvert\mathbf{L}\rvert = \infty$	*Widerspruch*
$\text{rg}(\mathbf{A}) = \text{rg}(\mathbf{A}\lvert\mathbf{b}) = n$				
$\text{rg}(\mathbf{A}) > \text{rg}(\mathbf{A}\lvert\mathbf{b})$				
$\text{rg}(\mathbf{A}) = \text{rg}(\mathbf{A}\lvert\mathbf{b}) < n$				
$\text{rg}(\mathbf{A}) < \text{rg}(\mathbf{A}\lvert\mathbf{b})$				
$\text{rg}(\mathbf{A}) = \text{rg}(\mathbf{A}\lvert\mathbf{b}) = n < m$				
$\text{rg}(\mathbf{A}) = \text{rg}(\mathbf{A}\lvert\mathbf{b}) > n$				

2. *Gilt* $\mathbf{A} \cdot \mathbf{A}^T = \mathbf{A}^T\mathbf{A}$ *für eine beliebige Matrix* $\mathbf{A}$ *? Weisen Sie die Richtigkeit Ihrer Behauptung nach!*

3. *Gegeben sei das volkswirtschaftliche Modell*

$$\begin{aligned} Y &= C + I_0 + G_0 \\ C &= \alpha + \beta(Y - T) \\ T &= tY \end{aligned}$$

mit $\alpha > 0$, $0 < \beta < 1$ *und* $0 < t < 1$, *wobei* Y *das Volkseinkommen,* C *der Konsum,* I_0 *die autonomen Investitionen,* G_0 *die autonomen Staatsausgaben und* T *das Steueraufkommen ist. Schreiben Sie obiges Gleichungssystem in Matrixform* $\mathbf{A} \cdot \mathbf{x} = \mathbf{b}$ *mit* $\mathbf{x} = \begin{pmatrix} Y \\ C \\ T \end{pmatrix}$.

Aufgabe 4.1.8 *(9 %)*

1. *Entscheiden Sie mittels einer Skizze, ob das inhomogene lineare Gleichungssystem (ILGS)*

$$3x_1 - x_2 = 7 \tag{4.1}$$
$$6x_1 + 2x_2 = -14 \tag{4.2}$$

keine, genau eine oder unendlich viele Lösungen besitzt. Begründen Sie Ihre Antwort kurz. Geben Sie bei Lösbarkeit anhand der Skizze die Lösungsmenge an.

2. *Wir verändert sich die Lösungsmenge, wenn Sie das ILGS mit den Gleichungen (1), (2) und*

$$6x_1 - 2x_2 = 14 \tag{4.3}$$

betrachten? Begründen Sie Ihre Antwort kurz.

3. *Wir verändert sich die Lösungsmenge, wenn Sie das ILGS mit den Gleichungen (1), (2) und*

$$6x_1 - 2x_2 = -14 \tag{4.4}$$

betrachten? Begründen Sie Ihre Antwort kurz anhand der ergänzten Skizze.

Aufgabe 4.1.9 *(11 %)*

Für welche $a, c \in \mathbf{R}$ hat das inhomogene lineare Gleichungssystem (ILGS)

$$\begin{aligned} x_1 - x_4 &= 2 \\ x_2 - x_3 + x_4 &= 3 \\ ax_3 &= 1 \\ x_2 + cx_4 &= 0 \end{aligned}$$

keine, genau eine oder unendlich viele Lösungen? Begründen Sie Ihre Antwort kurz. Geben Sie dann für $c = 0$ die Lösungsmenge des ILGS an.

Aufgabe 4.1.10 *(18 %)*

Ein Meinungsforschungsinstitut behauptet, daß die Wählerzahlen linker und rechter Parteien x_{1t} bzw. x_{2t} einer Bundestagswahl zum Zeitpunkt t sich aus den Ergebnissen der vorigen Wahl zum Zeitpunkt $t-1$ gemäß der Matrixgleichung $\mathbf{x}_t = \mathbf{A} \cdot \mathbf{x}_{t-1}$ mit der über die Zeit stabilen Übergangsmatrix $\mathbf{A} = \begin{pmatrix} 0.9 & 0.1 \\ 0.2 & 0.8 \end{pmatrix}$ ermitteln lassen.

1. *Berechnen Sie $\det(\mathbf{A})$.*

2. *Berechnen Sie die Eigenwerte und Eigenvektoren von $\mathbf{A}$.*

3. *Zeichnen Sie die Eigenvektoren.*

4. *In der folgenden Tabelle wird gezeigt, welche Wählerzahlen (in Mill.) sich aus Startwerten im Jahre $t = 1$ bei Gültigkeit obigen Modells in den Jahren $t = 2, 4, 8, 16$ ergeben, was Sie nicht nachzuprüfen brauchen:*

t	1	2	4	8	16
x_{1t}	16	15.4	14.69	14.16	14.01
x_{2t}	10	11.2	12.63	13.67	13.98
x_{1t}	10	10.6	11.31	11.84	11.99
x_{2t}	16	14.8	13.37	12.33	12.02
x_{1t}	13	13	13	13	13
x_{2t}	13	13	13	13	13

Interpretieren Sie diese Entwicklungen anhand Ihrer Resultate aus 1. bis 3.

4.2 Klausur

Aufgabe 4.2.1 *(8 %)*

1. *Sind die folgenden Vektoren des* $\mathbf{R}^4$ *linear unabhängig? Begründen Sie Ihre Antwort!*

   (a) $\mathbf{x} = \begin{pmatrix} 2 \\ 1 \\ -1 \\ 0 \end{pmatrix}$

   (b) $\mathbf{x}_1 = \begin{pmatrix} 0 \\ 0 \\ 0 \\ 0 \end{pmatrix}, \mathbf{x}_2 = \begin{pmatrix} 2 \\ 1 \\ -1 \\ 0 \end{pmatrix}$

2. *Normieren Sie* $\mathbf{x} = \begin{pmatrix} 1 \\ \sqrt{2} \\ 0 \\ -1 \end{pmatrix}$.

3. *Bestimmen Sie den von* $\mathbf{x}_1 = \begin{pmatrix} -1 \\ 0 \\ 2 \end{pmatrix}$ *und* $\mathbf{x}_2 = \begin{pmatrix} 3 \\ -4 \\ 5 \end{pmatrix}$ *eingeschlossenen Winkel* α *(in Grad).*

Aufgabe 4.2.2 *(10 %)*

1. *Skizzieren Sie die durch* $\left\{ \mathbf{y} \in \mathbf{R}^2 \,\middle|\, \mathbf{y} = r \cdot \begin{pmatrix} 1 \\ 2 \end{pmatrix}, \ r \geq 0 \right\}$ *gegebene Punktmenge.*

2. *Berechnen und zeichnen Sie den Abstand von* $\mathbf{x}_1 = \begin{pmatrix} 1 \\ 0 \end{pmatrix}$ *und* $\mathbf{x}_2 = \begin{pmatrix} 0 \\ -1 \end{pmatrix}$.

3. *Bestimmen Sie rechnerisch und graphisch die Linearkombination, die* $\mathbf{y} = \begin{pmatrix} 2.5 \\ 2 \end{pmatrix}$ *bezüglich*

   (a) *der Basis* $\left\{ \begin{pmatrix} 1 \\ 2 \end{pmatrix}, \begin{pmatrix} 2 \\ 1 \end{pmatrix} \right\}$

   (b) *der kanonischen Basis* $\{\mathbf{e}_1, \mathbf{e}_2\}$

   darstellt.

Aufgabe 4.2.3 *(10 %)*

Führen Sie die folgenden Operationen durch, falls sie definiert sind, oder geben Sie an, warum diese nicht definiert sind:

1. $\begin{pmatrix} 2 \\ 0 \\ 3 \end{pmatrix} \cdot \begin{pmatrix} 1 \\ 1 \\ 1 \end{pmatrix}$

2. $\left(\begin{pmatrix} 2 \\ 6 \\ -1 \end{pmatrix}^T \cdot \begin{pmatrix} 3 \\ 6 \\ 1 \end{pmatrix} \right)^{-1}$

3. $\left(3 \cdot \begin{pmatrix} 2 & 1 & 0 \\ 0 & -1 & 3 \\ 1 & 0 & 7 \end{pmatrix}^T \right)^T \cdot \begin{pmatrix} 1 \\ 0 \\ 4 \end{pmatrix} - \begin{pmatrix} 0 \\ 2 \\ 1 \end{pmatrix}$

4. $\begin{pmatrix} 1 & 3 \\ 4 & -1 \\ 0 & 2 \end{pmatrix} \cdot \begin{pmatrix} 2 & -2 \\ 1 & 0 \\ 0 & 3 \\ 0 & 2 \end{pmatrix}^T \cdot \begin{pmatrix} 1 & 0 & 2 & 3 \\ 0 & 1 & -1 & 3 \end{pmatrix}^T$

Aufgabe 4.2.4 *(10 %)*

1. *Geben Sie den Rang von* $\mathbf{A} = \begin{pmatrix} 1 & 0 & 1 & 1 \\ 0 & 1 & 1 & 1 \\ 2 & 2 & 4 & 4 \\ 0 & 0 & 0 & 0 \end{pmatrix}$ *an. Begründen Sie Ihre Antwort.*

   Berechnen Sie nichts!

2. *Seien* $\mathbf{A}, \mathbf{B} \in \mathcal{M}_{m,n}$ *und* $\mathbf{C} \in \mathcal{M}_{p,n}$ *gegeben. Welche Dimension muß die unbekannte Matrix* $\mathbf{X}$ *besitzen, damit die Gleichung* $\mathbf{XA} - \mathbf{XB} = \mathbf{C}$ *definiert ist? Unter welchen weiteren Voraussetzungen kann man diese Gleichung nach* $\mathbf{X}$ *auflösen? Geben Sie die Lösung für* $\mathbf{X}$ *an.*

3. *Seien* $\mathbf{A}, \mathbf{B}, \mathbf{C}, \mathbf{D}$ *Matrizen, für die der Ausdruck*

$$\mathbf{B}^T \cdot \mathbf{A}^T \cdot \mathbf{C} + (\mathbf{D}^T \cdot \mathbf{A} \cdot \mathbf{B})^T + (\mathbf{C}^T \cdot \mathbf{A} \cdot \mathbf{B})^T + (\mathbf{A} \cdot \mathbf{B})^T \cdot \mathbf{D}$$

   definiert ist. Fassen Sie diesen Ausdruck so zusammen, daß möglichst wenig Matrizenmultiplikationen durchzuführen sind.

4. *Seien* $\mathbf{A}, \mathbf{B}, \mathbf{C} \in \mathcal{M}_n$ *mit* $\mathbf{A} \cdot \mathbf{B} = \mathbf{A} \cdot \mathbf{C}$. *Unter welchen Voraussetzungen folgt daraus* $\mathbf{B} = \mathbf{C}$*? Begründen Sie Ihre Antwort!*

Aufgabe 4.2.5 *(10 %)*

1. *Berechnen Sie die Inverse der Blockmatrix* $\mathbf{A} = \begin{pmatrix} -1 & 4 & 0 & 0 \\ 0 & 3 & 0 & 0 \\ 0 & 0 & 2 & -1 \\ 0 & 0 & 0 & 3 \end{pmatrix}$.

2. *Seien* $\mathbf{A} := \begin{pmatrix} 2 & -1 & 0 \\ 1 & 1 & -1 \\ 0 & 1 & 1 \end{pmatrix}$ *und* $\mathbf{B} := \begin{pmatrix} 1 & 0 & 0 & 1 \\ 0 & 1 & 0 & 2 \\ 0 & 0 & 1 & 1 \end{pmatrix}$. *Lösen Sie die Gleichung* $\mathbf{A} \cdot \mathbf{X} = \mathbf{B}$. *Führen Sie dabei die Matrixinversion mit dem Gaußschen Eliminationsverfahren durch.*

Aufgabe 4.2.6 *(9 %)*

Für drei Güter G_1, G_2, G_3 *mit den Preisen* p_1, p_2, p_3 *gelten die Nachfragefunktionen*

$$\begin{aligned} N_1 &= 10 - p_1 + p_2 + p_3 \\ N_2 &= 15 + p_1 - p_2 + 3p_3 \\ N_3 &= 18 + 2p_1 + p_2 - p_3 \end{aligned}$$

und die Angebotsfunktionen

$$A_1 = p_1, \quad A_2 = 4p_2, \quad A_3 = 2p_3.$$

Bestimmen Sie Preise und Mengen der umgesetzten Güter für den Fall, daß für alle drei Produkte das Angebot gleich der Nachfrage ist.

Aufgabe 4.2.7 *(11 %)*

Für welche $a, b \in \mathbf{R}$ *hat das inhomogene lineare Gleichungssystem (ILGS)*

$$\begin{aligned} x_1 + 2x_2 + 3x_3 - x_4 &= a \\ x_2 - x_3 + x_4 &= b \\ x_1 + 3x_2 + 2x_3 &= 0 \end{aligned}$$

keine, genau eine oder unendlich viele Lösungen? Begründen Sie Ihre Antwort kurz. Geben Sie die Lösungsmenge des ILGS an.

Aufgabe 4.2.8 *(8 %)*

1. *Sei* $\mathbf{A} = \begin{pmatrix} 2 & 1 & 0 \\ 8 & -1 & 4 \end{pmatrix}$. *Berechnen Sie – falls möglich – det(*$\mathbf{A}$*) oder geben Sie an, warum det(*$\mathbf{A}$*) nicht zu berechnen ist.*

2. *Sei* $\mathbf{A} = \begin{pmatrix} 1 & 1 & -1 & 4 & 1 \\ 0 & 0 & 6 & 0 & 2 \\ 0 & 0 & 0 & 0 & 7 \\ 3 & 0 & 0 & -4 & 1 \\ 4 & -3 & 4 & 0 & 2 \end{pmatrix}$.

   (a) *Berechnen Sie det(*$\mathbf{A}$*) durch zweckmäßige Laplace-Entwicklung.*

   (b) *Geben Sie das Volumen* V *des durch* $\mathbf{A} \cdot \mathbf{e}_1, \ldots, \mathbf{A} \cdot \mathbf{e}_5$ *aufgespannten Parallelotops an, wobei* $\{\mathbf{e}_1, \ldots, \mathbf{e}_5\}$ *die kanonische Basis des* $\mathbf{R}^5$ *ist.*

Aufgabe 4.2.9 *(14 %)*

Auf einem Markt gibt es zwei Frauenzeitschriften, auf die sich die Käuferinnen aufteilen. Zu- und Abgänge spielen keine Rolle. Die Käuferinnen x_{1t} und x_{2t} der beiden Zeitschriften in der Woche t lassen sich aus den Werten der jeweiligen Vorwoche t − 1 gemäß der Matrixgleichung $\mathbf{x}_t = \mathbf{A} \cdot \mathbf{x}_{t-1}$ mit der im betrachteten Zeitraum stabilen Übergangsmatrix $\mathbf{A} = \begin{pmatrix} 0.65 & 0.35 \\ 0.2 & 0.8 \end{pmatrix}$ ermitteln.

1. *Berechnen Sie die Eigenwerte von* **A**.

2. *Berechnen und zeichnen Sie die zugehörigen Eigenvektoren.*

3. *Geben Sie die Menge aller zugehörigen Eigenvektoren an.*

4. *Geben Sie anhand Ihrer Resultate aus 1. bis 3. für die Anfangswerte*

$$\begin{pmatrix} \mathbf{x}_{1,0} \\ \mathbf{x}_{2,0} \end{pmatrix} = \begin{pmatrix} 40 \\ 40 \end{pmatrix}, \begin{pmatrix} 50 \\ 30 \end{pmatrix}, \begin{pmatrix} 20 \\ 40 \end{pmatrix}$$

(in Tausend) jeweils an, wie sich die Käuferinnenzahlen im Zeitablauf bei Gültigkeit obigen Modells entwickeln werden. Begründen Sie Ihre Antwort. Berechnen Sie nichts!

Aufgabe 4.2.10 *(10 %)*

1. *Geben Sie die Eigenwerte von* $\mathbf{A} = \begin{pmatrix} 7 & 0 & 0 \\ 0 & 6 & 0 \\ 0 & 0 & 8 \end{pmatrix}$ *ohne Berechnung an.*

2. *Sei* $\mathbf{A} = \begin{pmatrix} 0 & 0 & a \\ 0 & 1 & 0 \\ a & 0 & 0 \end{pmatrix}$ *mit* $a \in \mathbf{R}$.

   (a) *Berechnen Sie die Eigenwerte von* **A**.

   (b) *Entscheiden Sie mit Hilfe der Ergebnisse aus (a), für welche* $a \in \mathbf{R}$ **A** *positiv/negativ (semi-)definit oder indefinit ist.*

3. *Schreiben Sie die quadratische Form*

$$q(\mathbf{x}) = 7x_1^2 + 4x_1x_2 - 3x_1x_3 + 2x_2^2 + 4x_3^2$$

in der Form $\mathbf{x}^T \cdot \mathbf{A} \cdot \mathbf{x}$ *mit* $\mathbf{x} \in \mathbf{R}^3$ *und einer symmetrischen Matrix* **A**. *Berechnen Sie nichts!*

4.3 Klausur

Aufgabe 4.3.1 *(9 %)*

1. *Seien* $\mathbf{x}_1 = \begin{pmatrix} 20 \\ 30 \\ 80 \\ 10 \end{pmatrix}$, $\mathbf{x}_2 = \begin{pmatrix} 10 \\ 90 \\ 60 \\ 20 \end{pmatrix}$, $\mathbf{p} = \begin{pmatrix} 2 \\ 1.2 \\ 8 \\ 0.7 \end{pmatrix}$ *und* $h = 8$.

   Dabei enthalten $\mathbf{x}_1$ *und* $\mathbf{x}_2$ *die Gerätebestände in 4 Warengruppen eines Unterhaltungselektronikhändlers in Geschäft Nr. 1 und Nr. 2,* $\mathbf{p}$ *die Preise (in Tsd. DM) für je ein Gerät der 4 Warengruppen (in gleicher Reihenfolge) und h die Gesamtzahl der Geschäfte des Händlers. Sind die folgenden Berechnungen mathematisch möglich und ökonomisch sinnvoll? Begründen Sie alle 'Neins'. Berechnen Sie alle Lösungen, die mathematisch möglich* und *ökonomisch sinnvoll sind, und geben Sie deren inhaltliche Bedeutung an.*

   (a) $\mathbf{x}_1 + \mathbf{x}_2$

   (b) $\mathbf{x}_1 + \mathbf{p}$

   (c) $\mathbf{x}_1^T \cdot \mathbf{x}_2$

   (d) $\mathbf{x}_1^T \cdot \mathbf{p}$

   (e) $h \cdot \mathbf{x}_1$

2. *Sei* $\mathbf{x} \in \mathbf{R}^n$. *Kann* $< \mathbf{x}, \mathbf{x} > < 0$ *sein? Begründen Sie Ihre Antwort anhand der Definition des Skalarprodukts.*

Aufgabe 4.3.2 *(11 %)*

1. *Seien* $\mathbf{x} = \begin{pmatrix} 1 \\ 1 \\ -2 \end{pmatrix}$ *und* $\mathbf{y} = \begin{pmatrix} 3 \\ 0 \\ 2 \end{pmatrix}$. *Ermitteln Sie*

   (a) *den Abstand* $d(\mathbf{x}, \mathbf{y})$ *von* $\mathbf{x}$ *und* $\mathbf{y}$.

   (b) *den von* $\mathbf{x}$ *und* $\mathbf{y}$ *eingeschlossenen Winkel* α *(in Grad).*

   (c) *die Projektion* $\hat{\mathbf{y}}$ *von* $\mathbf{y}$ *auf* $\mathbf{x}$.

2. *Zeichnen Sie die durch* $\left\{ \mathbf{y} \in \mathbf{R}^2 \;\middle|\; \mathbf{y} = \begin{pmatrix} 1 \\ 2 \end{pmatrix} + r \cdot \begin{pmatrix} 2 \\ 1 \end{pmatrix},\ r \in \mathbf{R} \right\}$ *gegebene Punktmenge. Ist diese Punktmenge ein Vektorraum? Begründen Sie Ihre Antwort kurz.*

3. *Seien* $\mathbf{x}$, $\mathbf{y}$, $\mathbf{w} \in \mathbf{R}^n$ *und* r, $s \in \mathbf{R}$. *Zeigen Sie:*

$$\mathbf{w} \perp \mathbf{x} \quad \text{und} \quad \mathbf{w} \perp \mathbf{y} \Longrightarrow \mathbf{w} \perp (r \cdot \mathbf{x} + s \cdot \mathbf{y})$$

Aufgabe 4.3.3 *(9 %)*

1. *Seien* $\mathbf{A} = \begin{pmatrix} 1 & 2 & 3 \\ 2 & -1 & 4 \end{pmatrix}$, $\mathbf{B} = \begin{pmatrix} 1 & 0 \\ 2 & 1 \\ 3 & -2 \end{pmatrix}$, $\mathbf{C} = \begin{pmatrix} -1 & -2 \\ -1 & -3 \end{pmatrix}$ *und* $\mathbf{D} = \begin{pmatrix} 1 \\ 1 \end{pmatrix}$.
   Führen Sie die folgenden Operationen durch, falls sie definiert sind, oder geben Sie an, warum diese nicht definiert sind:
   (a) $(\mathbf{A} \cdot \mathbf{B})^T$
   (b) $(\mathbf{A} + \mathbf{B}^T + \mathbf{C})^T$
   (c) $(\mathbf{A}^T)^T$
   (d) $(2+3)\mathbf{A}$
   (e) $\mathbf{A} \cdot \mathbf{D}$
   (f) $\mathbf{D}^T \cdot \mathbf{A}$

2. *Bestimmen Sie je* <u>*einen*</u> *Wert von* r *und* s *so, daß* $\begin{pmatrix} 1 \\ r \\ 1 \end{pmatrix} \perp \begin{pmatrix} -2 \\ 3 \\ s \end{pmatrix}$ *gilt.*

Aufgabe 4.3.4 *(9 %)*

1. *Sei* $\mathbf{A} = \begin{pmatrix} 1 & 2 \\ 0 & 1 \end{pmatrix}$. *Bestimmen Sie* $\mathbf{B} = \begin{pmatrix} b_{11} & b_{12} \\ b_{21} & b_{22} \end{pmatrix}$ *so, daß* $\mathbf{A} \cdot \mathbf{B} = \mathbf{B} \cdot \mathbf{A}$ *gilt. Geben Sie dazu die allgemeine Lösung und eine spezielle Lösung (mit* $\mathbf{B} \neq \mathbf{A}$ *und* $\mathbf{B} \neq \mathbf{I}$ *sowie* $\mathbf{B} \neq \mathbf{0}$*) an.*

2. *Seien* $\mathbf{A}$, $\mathbf{B}$, $\mathbf{C}$ *Matrizen, für die der Ausdruck*
$$(\mathbf{A} + \mathbf{B})^T \cdot \mathbf{C} + (\mathbf{C}^T \cdot \mathbf{B})^T + \mathbf{A} \cdot \mathbf{C}$$
   definiert ist. Dabei ist $\mathbf{A}$ *symmetrisch. Vereinfachen Sie diesen Ausdruck so weit wie möglich. Nach der Vereinfachung darf nur noch eine Matrizenmultiplikation durchzuführen sein.*

Aufgabe 4.3.5 *(10 %)*

1. *Bestimmen Sie eine Basis des von den Vektoren* $\begin{pmatrix} 2 \\ 1 \\ 0 \end{pmatrix}$, $\begin{pmatrix} 1 \\ 1 \\ -1 \end{pmatrix}$ *und* $\begin{pmatrix} 3 \\ 1 \\ 1 \end{pmatrix}$ *aufgespannten Raumes. Welche Dimension hat dieser Raum?*

2. *Für welche* $a \in \mathbf{R}$ *ist* $\mathbf{A} = \begin{pmatrix} 0 & 1 & 0 \\ 1 & 0 & a \\ 1 & 1 & 1 \end{pmatrix}$ *regulär?*

3. *Ermitteln Sie die Inverse der Drehungsmatrix* $\begin{pmatrix} \cos(\alpha) & \sin(\alpha) \\ -\sin(\alpha) & \cos(\alpha) \end{pmatrix}$.

4. *Seien* $\mathbf{A}, \mathbf{B} \in \mathcal{M}_n$ *regulär. Ist dann auch* $\mathbf{A}+\mathbf{B}$ *immer regulär? Begründen Sie Ihre Antwort.*

Aufgabe 4.3.6 *(9 %)*

Seien $\mathbf{x}_1 = \begin{pmatrix} 1 \\ 1 \\ 0 \\ 0 \end{pmatrix}$, $\mathbf{x}_2 = \begin{pmatrix} 2 \\ 0 \\ 1 \\ 0 \end{pmatrix}$, $\mathbf{x}_3 = \begin{pmatrix} 0 \\ 1 \\ 2 \\ -1 \end{pmatrix}$, $\mathbf{x}_4 = \begin{pmatrix} 0 \\ 1 \\ -1 \\ 0 \end{pmatrix}$, $\mathbf{y} = \begin{pmatrix} -1 \\ 2 \\ -6 \\ 5 \end{pmatrix}$.

$\{\mathbf{x}_1, \mathbf{x}_2, \mathbf{x}_3, \mathbf{x}_4\}$ *ist eine Basis des* $\mathbf{R}^4$, *was Sie nicht nachzuprüfen brauchen. Stellen Sie* $\mathbf{y}$ *als Linearkombination von* $\mathbf{x}_1, \mathbf{x}_2, \mathbf{x}_3, \mathbf{x}_4$ *dar. Prüfen Sie die Richtigkeit Ihrer Lösung nach.*

Aufgabe 4.3.7 *(7 %)*

Ein Ökotrophologe bereitet eine Diätmahlzeit vor. 1 Einheit von Nahrungsmittel a enthält 2 Einheiten Eiweiß (E), 3 Einh. Fett (F) und 4 Einh. Kohlenhydrate (K). 1 Einh. von Nahrungsmittel b enthält 3 Einh. E, 2 Einh. F und 1 Einh. K. 1 Einheit von Nahrungsmittel c enthält 3 Einh. E, 3 Einh. F und 2 Einh. K. Die Mahlzeit soll exakt 25 Einh. E, 24 Einh. F und 21 Einh. K enthalten. Wie muß sie dann zusammengesetzt sein?

Aufgabe 4.3.8 *(10 %)*

Für welche $a \in \mathbf{R}$ *gibt es keinen, genau einen oder unendlich viele Punkte* $\mathbf{x} \in \mathbf{R}^2$, *die durch*

$$f : \mathbf{R}^2 \to \mathbf{R}^2, \quad f(\mathbf{x}) = \begin{pmatrix} 1 & 2 \\ 1 & a+2 \end{pmatrix} \cdot \mathbf{x} \quad \textit{auf} \quad f(\mathbf{x}) = \begin{pmatrix} 6 \\ 6 \end{pmatrix} \in \mathbf{R}^2$$

abgebildet werden? Begründen Sie Ihre Antwort kurz, und geben Sie in allen Fällen die Lösungsmenge an.

Aufgabe 4.3.9 *(9 %)*

1. *Sei* $\mathbf{A} = \begin{pmatrix} 4 & 0 & 0 & 0 \\ -1 & 2 & 0 & 0 \\ 1 & 2 & -3 & 0 \\ 1 & 5 & 3 & 5 \end{pmatrix}$. *Ermitteln Sie* $\det(\mathbf{A})$.

2. *Sei* $\mathbf{A} = \begin{pmatrix} 4 & 1 & 3 \\ 2 & -3 & 0 \\ 1 & 3 & 2 \end{pmatrix}$. *Berechnen Sie* $\det(\mathbf{A})$.

3. *Seien* $\mathbf{A}, \mathbf{B}, \mathbf{C} \in \mathcal{M}_n$ *und* $\mathbf{C}$ *regulär. Sind die folgenden Aussagen wahr? Begründen Sie Ihre Antworten.*

   (a) $\det(\mathbf{A} \cdot \mathbf{B}) = \det(\mathbf{B} \cdot \mathbf{A})$

(b) $\det(\mathbf{C}) = \det(\mathbf{C}^{-1}) \Longrightarrow \det(\mathbf{C}) = \pm 1$

(c) $\det(\mathbf{A}) = \det(\mathbf{C} \cdot \mathbf{A} \cdot \mathbf{C}^{-1})$

Aufgabe 4.3.10 *(17 %)*

Die Geldmenge m_t und das Bruttoinlandsprodukt y_t (beide geeignet transformiert) eines Landes im Jahre t lassen sich aus den Werten des jeweiligen Vorjahres $t-1$ gemäß der Matrixgleichung $\begin{pmatrix} m_t \\ y_t \end{pmatrix} = \mathbf{A} \cdot \begin{pmatrix} m_{t-1} \\ y_{t-1} \end{pmatrix}$ mit der im betrachteten Zeitraum stabilen Übergangsmatrix $\mathbf{A} = \begin{pmatrix} 1.3 & 0.1 \\ 0.3 & 1.1 \end{pmatrix}$ ermitteln.

1. *Berechnen Sie die Eigenwerte von $\mathbf{A}$.*
2. *Berechnen und zeichnen Sie die zugehörigen Eigenvektoren.*
3. *Geben Sie die Menge aller zugehörigen Eigenvektoren an.*
4. *Geben Sie die Eigenwerte von $\mathbf{A}^6$ an.*
5. *In der folgenden Tabelle wird gezeigt, welche (gerundeten) Werte sich für m_t und y_t aus Startwerten im Jahre $t = 1$ bei Gültigkeit obigen Modells in den Jahren $t = 2, \ldots, 6$ ergeben, was Sie nicht nachzuprüfen brauchen:*

t	1	2	3	4	5	6
m_t	50	66	88	120	164	225
y_t	10	26	48	80	124	185
m_t	40	54	74	101	139	193
y_t	20	34	54	81	119	173
m_t	30	42	59	82	115	161
y_t	30	42	59	82	115	161
m_t	20	30	44	64	91	129
y_t	40	50	64	84	111	149
m_t	10	18	29	45	67	98
y_t	50	58	69	85	107	138

Interpretieren Sie diese Entwicklungen anhand Ihrer Resultate aus 1. bis 2.

4.4 Klausur

Aufgabe 4.4.1 *(10 %)*

1. *Für eine Unternehmung sei $\mathbf{x} \in \mathbf{R}^{2120}$ der Vektor der (konstanten) monatlichen Einkünfte aller 2120 im Jahre 1997 dort ganzjährig beschäftigten Mitarbeiter. $\mathbf{y} \in \mathbf{R}^{2120}$ sei der Vektor der gesamten jährlichen Sondervergütungen im Jahre 1997 für diese Mitarbeiter. Geben Sie den Vektor*

(a) $\mathbf{z}_a \in \mathbf{R}^{2120}$ *der Bruttojahreseinkommen (mit Sondervergütungen) aller Mitarbeiter an.*

(b) $\mathbf{z}_b \in \mathbf{R}^{2120}$ *der Bruttojahreseinkommen (mit Sondervergütungen) aller Mitarbeiter bei einer vierprozentigen Erhöhung aller Zahlungen an.*

2. *Ermitteln Sie die Projektion* $\hat{\mathbf{y}}$ *von* $\mathbf{y} = \begin{pmatrix} -2 \\ 3 \\ -1 \\ -1 \end{pmatrix}$ *auf* $\mathbf{x} = \begin{pmatrix} -2 \\ -1 \\ -3 \\ -4 \end{pmatrix}$.

3. *Gilt* $|r \cdot \mathbf{x}| = r \cdot |\mathbf{x}|$ *für beliebige* $r \in \mathbf{R}$ *und* $\mathbf{x} \in \mathbf{R}^n$*? Begründen Sie Ihre Antwort.*

4. *Zeichnen Sie die durch* $\left\{ \mathbf{y} \in \mathbf{R}^2 \;\middle|\; \mathbf{y} = r_1 \cdot \begin{pmatrix} 2 \\ 2 \end{pmatrix} + r_2 \cdot \begin{pmatrix} 2 \\ -2 \end{pmatrix},\ r_1 > 0,\ r_2 < 0 \right\}$ *gegebene Punktmenge.*

Aufgabe 4.4.2 *(9 %)*

1. *Bestimmen Sie alle* a, b, $c \in \mathbf{R}$, *für die*

   (a) $d\left(\begin{pmatrix} 2 \\ a \end{pmatrix}, \begin{pmatrix} 1 \\ 1 \end{pmatrix}\right) = 2$ *ist.*

   (b) $\begin{pmatrix} b \\ 0.2 \\ -0.1 \end{pmatrix}$ *normiert ist.*

   (c) *der von* $\mathbf{x}_1 = \begin{pmatrix} 1 \\ 0 \\ 1 \end{pmatrix}$ *und* $\mathbf{x}_2 = \begin{pmatrix} 0 \\ c \\ 0 \end{pmatrix}$ *eingeschlossene Winkel* $\alpha = 45^0$ *ist.*

2. *Zeigen Sie für* $\mathbf{u}$, $\mathbf{v} \in \mathbf{R}^n$:

$$|\mathbf{u} + \mathbf{v}|^2 = |\mathbf{u}|^2 + |\mathbf{v}|^2 \iff <\mathbf{u}, \mathbf{v}> = 0$$

Aufgabe 4.4.3 *(11 %)*

1. *Seien* $\mathbf{A} = \begin{pmatrix} 5 & 2 & 3 \\ 4 & -2 & 3 \end{pmatrix}$, $\mathbf{B} = \begin{pmatrix} 2 & 1 & 0 \\ 0 & 2 & 2 \\ 3 & -1 & 3 \end{pmatrix}$, $\mathbf{C} = \begin{pmatrix} 1 \\ 0 \\ 1 \end{pmatrix}$ *und* $\mathbf{D} = \begin{pmatrix} 1 \\ 6 \\ 0 \end{pmatrix}$.
   Führen Sie die folgenden Operationen durch, falls sie definiert sind, oder geben Sie an, warum diese nicht definiert sind:

   (a) $\mathbf{B}^2$

   (b) $\mathbf{C} \cdot \mathbf{D}$

   (c) $(\mathbf{C}^T \cdot \mathbf{D})^{-1}$

   (d) $\mathbf{C} \cdot \mathbf{D}^T$

(e) $(\mathbf{A} \cdot \mathbf{C})^T$

2. *Sei* $\mathbf{x} \in \mathbf{R}^n$ *mit* $\mathbf{x} \neq \mathbf{0}$. *Bestimmen Sie* $rg(\mathbf{x} \cdot \mathbf{x}^T)$.

Aufgabe 4.4.4 *(10 %)*

1. *Für* $\mathbf{A} = \begin{pmatrix} a_{11} & a_{12} & \dots & a_{1n} \\ a_{21} & a_{22} & \dots & a_{2n} \\ \vdots & \vdots & \ddots & \vdots \\ a_{n1} & a_{n2} & \dots & a_{nn} \end{pmatrix} \in \mathcal{M}_n$ *ist die* **Spur von A** *(kurz:* $tr(\mathbf{A})$*) definiert als die Summe aller Hauptdiagonalelemente, d.h.:* $tr(\mathbf{A}) := \sum_{i=1}^{n} a_{ii}$.
Ermitteln Sie $tr(\mathbf{A} \cdot \mathbf{A}^T)$.

2. *Zeigen Sie für die Nullmatrix* $\mathbf{0} \in \mathcal{M}_n$ *und beliebiges* $\mathbf{A} \in \mathcal{M}_n$:
$$\mathbf{A} \cdot \mathbf{A}^T = \mathbf{0} \Longrightarrow \mathbf{A} = \mathbf{0}$$

3. *Seien* $\mathbf{A} \in \mathcal{M}_{m,n}$ *und* $\mathbf{B}, \mathbf{C} \in \mathcal{M}_{n,p}$. *Welche Seite der Gleichung*
$$\mathbf{A} \cdot (\mathbf{B} + \mathbf{C}) = \mathbf{A} \cdot \mathbf{B} + \mathbf{A} \cdot \mathbf{C}$$
erfordert mehr reelle Additionen und Multiplikationen? Geben Sie deren Anzahl an.

Aufgabe 4.4.5 *(10 %)*

1. *Für welche* $a \in \mathbf{R}$ *ist* $\mathbf{A} = \begin{pmatrix} 1 & 1 & 0 \\ 1 & 0 & 0 \\ 1 & 2 & a \end{pmatrix}$ *regulär? Ermitteln Sie* $\mathbf{A}^{-1}$ *für alle zulässigen* a.

2. *Sei* $\mathbf{A}^{-1} = \begin{pmatrix} 2 & 3 \\ 1 & 4 \end{pmatrix}$. *Bestimmen Sie* $\mathbf{A}$.

3. *Bestimmen Sie eine Basis des von den Vektoren* $\begin{pmatrix} 1 \\ 2 \\ -1 \end{pmatrix}, \begin{pmatrix} 6 \\ 3 \\ 0 \end{pmatrix}, \begin{pmatrix} 4 \\ -1 \\ 2 \end{pmatrix}$ *und* $\begin{pmatrix} 2 \\ -5 \\ 4 \end{pmatrix}$ *aufgespannten Raumes. Welche Dimension hat dieser Raum?*

Aufgabe 4.4.6 *(9 %)*

Entscheiden Sie jeweils mittels einer Skizze, ob das ILGS

$$x - y = 1 \tag{4.5}$$
$$a \cdot x + b \cdot y = c \tag{4.6}$$

mit $a, b, c \in \mathbf{R}$ *für die in der folgenden Tabelle angegebenen Parameterkonstellationen keine, genau eine oder unendlich viele Lösungen besitzt. Begründen Sie Ihre Antwort jeweils kurz. Geben Sie bei Lösbarkeit* <u>*anhand der Skizze*</u> *die Lösungsmenge* $\mathbf{L}$ *an.*

Nr.	a	b	c	$\|\mathbf{L}\| = 0, 1, \infty$	*Lösungsmenge*	*kurze geometrische Begründung*
1	1	1	1			
2	2	−2	2			
3	1	−1	2			

Aufgabe 4.4.7 *(10 %)*

Für welche $a \in \mathbf{R}$ hat das inhomogene lineare Gleichungssystem (ILGS)

$$\begin{aligned} x + y - z &= 2 \\ x + 2y + z &= 3 \\ x + y + (a^2 - 5)z &= a \end{aligned}$$

keine, genau eine oder unendlich viele Lösungen? Begründen Sie Ihre Antwort kurz. Geben Sie NUR die eindeutige Lösung des ILGS an.

Aufgabe 4.4.8 *(7 %)*

Ein Verleger publiziert ein neues Buch in 3 Varianten: als Taschenbuch (T), als Buchclub-Ausgabe (C) und als Deluxe-Ausgabe (D). Die Produktion eines Taschenbuchs erfordert 1 Minute Heften (H) und 2 Minuten Leimen (L), eine Buchclub-Ausgabe 2 Minuten Heften und 4 Minuten Leimen, eine Deluxe-Ausgabe 3 Minuten Heften und 5 Minuten Leimen. Die Heftmaschine ist täglich 6 Stunden frei, die Leimmaschine täglich 11 Stunden. Wieviele Bücher welcher Ausgabe sollten pro Tag produziert werden, damit die Maschinen voll ausgelastet sind?

Aufgabe 4.4.9 *(11 %)*

1. *Berechnen Sie* $\det(\mathbf{A})$ *für*

   (a) $\mathbf{A} = \begin{pmatrix} 2 & 0 & 0 & 0 & 0 \\ -5 & 3 & 0 & 0 & 0 \\ 3 & 2 & 4 & 0 & 0 \\ 4 & 2 & 1 & -5 & 0 \\ 4 & 2 & 1 & -5 & 1 \end{pmatrix}$

   (b) $\mathbf{A} = \begin{pmatrix} 2 & -1 & 8 & 9 \\ 3 & 2 & 7 & 6 \\ 0 & 0 & 2 & -1 \\ 0 & 0 & 3 & 2 \end{pmatrix}$

   (c) $\mathbf{A} = \begin{pmatrix} 2 & 0 & 1 & 4 \\ 3 & 0 & -4 & -2 \\ 2 & 0 & -1 & 0 \\ 11 & 8 & -4 & 6 \end{pmatrix}$

2. *Zeigen Sie, daß* $\det \begin{pmatrix} a^2 & a & 1 \\ b^2 & b & 1 \\ c^2 & c & 1 \end{pmatrix} = (b-a)(c-a)(b-c)$ *gilt.*

Aufgabe 4.4.10 *(13 %)*

1. *Berechnen Sie die Eigenwerte von*

   (a) $\mathbf{A} = \begin{pmatrix} 0 & 1 & 2 \\ 0 & 0 & 3 \\ 0 & 0 & 0 \end{pmatrix}$

   (b) $\mathbf{A} = \begin{pmatrix} 2 & -2 & 3 \\ 0 & 3 & -2 \\ 0 & -1 & 2 \end{pmatrix}$

2. *Sei* $\mathbf{D} = \begin{pmatrix} 2 & 0 \\ 0 & -2 \end{pmatrix}$. *Geben Sie* $\mathbf{D}^9$ *an.*

3. *Eine Matrix* $\mathbf{A} \in \mathcal{M}_n$ *heißt* **idempotent,** *wenn* $\mathbf{A}^2 = \mathbf{A}$ *ist. Zeigen Sie: Idempotente Matrizen haben nur die Eigenwerte 0 und 1.*

4.5 Formelsammlung

1. (a) $x^2 + bx + c = 0 \Longrightarrow x_{1,2} = -b/2 \pm \sqrt{(b/2)^2 - c}$
   (b) $(\sin(\alpha))^2 + (\cos(\alpha))^2 = 1$

2. $\mathbf{x}, \mathbf{y}, \mathbf{z} \in \mathbf{R}^n$, $r \in \mathbf{R}$

   (a) $<\mathbf{y}, \mathbf{x}> = <\mathbf{x}, \mathbf{y}> = \mathbf{x}^T\mathbf{y}$ und $r \cdot <\mathbf{x}, \mathbf{y}> = <r \cdot \mathbf{x}, \mathbf{y}> = <\mathbf{x}, r \cdot \mathbf{y}>$
   (b) $<\mathbf{x}, \mathbf{y} + \mathbf{z}> = <\mathbf{x}, \mathbf{y}> + <\mathbf{x}, \mathbf{z}>$ und $<\mathbf{x} + \mathbf{y}, \mathbf{z}> = <\mathbf{x}, \mathbf{z}> + <\mathbf{y}, \mathbf{z}>$
   (c) $|\mathbf{x}| := \sqrt{<\mathbf{x}, \mathbf{x}>}$ und $|r \cdot \mathbf{x}| = |r| \cdot |\mathbf{x}|$ sowie $d(\mathbf{x}, \mathbf{y}) := |\mathbf{x} - \mathbf{y}|$
   (d) $\cos(\alpha) = \frac{<\mathbf{x},\mathbf{y}>}{|\mathbf{x}||\mathbf{y}|}$ für $\mathbf{x} \neq \mathbf{0}$, $\mathbf{y} \neq \mathbf{0}$ und $\mathbf{x} \perp \mathbf{y} :\Longleftrightarrow <\mathbf{x}, \mathbf{y}> = 0$
   (e) $\hat{\mathbf{y}} = \frac{<\mathbf{x},\mathbf{y}>}{|\mathbf{x}|^2} \mathbf{x}$ für $\mathbf{x} \neq \mathbf{0}$

3. $\mathbf{x}_1, \ldots, \mathbf{x}_k \in \mathbf{R}^n$ l. u. $:\Longleftrightarrow [r_1, \ldots, r_k \in \mathbf{R} \wedge \sum_{j=1}^k r_j \mathbf{x}_j = \mathbf{0} \Longrightarrow r_1 = \ldots = r_k = 0]$

4. $\mathbf{A}, \mathbf{A}' \in \mathcal{M}_{m,n}$, $\mathbf{B}, \mathbf{B}' \in \mathcal{M}_{n,p}$

   (a) $\mathbf{A}(\mathbf{B} + \mathbf{B}') = \mathbf{AB} + \mathbf{AB}'$ und $(\mathbf{A} + \mathbf{A}')\mathbf{B} = \mathbf{AB} + \mathbf{A}'\mathbf{B}$
   (b) $(\mathbf{AB})^T = \mathbf{B}^T\mathbf{A}^T$ und $(\mathbf{A} + \mathbf{B})^T = \mathbf{A}^T + \mathbf{B}^T$
   (c) $(\mathbf{A} + \mathbf{A}')$ erfordert $m \cdot n$ Additionen, $(\mathbf{A} \cdot \mathbf{B})$ erfordert $m \cdot p \cdot n$ Multiplikationen und $m \cdot p \cdot (n-1)$ Additionen

5. $\mathbf{A} \in \mathcal{M}_n$: $\mathbf{A}$ symmetrisch $\Longleftrightarrow$ $\mathbf{A} = \mathbf{A}^T$

6. $\mathbf{A}, \mathbf{B} \in \mathcal{M}_n$ regulär: $(\mathbf{A}^{-1})^{-1} = \mathbf{A}$ und $\det(\mathbf{A}^{-1}) = \frac{1}{\det(\mathbf{A})}$ sowie $(\mathbf{A} \cdot \mathbf{B})^{-1} = \mathbf{B}^{-1} \cdot \mathbf{A}^{-1}$ und $(\mathbf{A}^{-1})^T = (\mathbf{A}^T)^{-1}$

7. $\begin{pmatrix} a & b \\ c & d \end{pmatrix}^{-1} = \frac{1}{ad-bc} \begin{pmatrix} d & -b \\ -c & a \end{pmatrix}$ für $ad - bc \neq 0$

8. $\mathbf{A} = \begin{pmatrix} \mathbf{A}_{11} & \mathbf{0} \\ \mathbf{0} & \mathbf{A}_{22} \end{pmatrix}$, $\mathbf{A}_{11}$, $\mathbf{A}_{22}$ regulär $\Longrightarrow \mathbf{A}^{-1} = \begin{pmatrix} \mathbf{A}_{11}^{-1} & \mathbf{0} \\ \mathbf{0} & \mathbf{A}_{22}^{-1} \end{pmatrix}$

9. $\det \begin{pmatrix} a_{11} & a_{12} \\ a_{21} & a_{22} \end{pmatrix} = a_{11}a_{22} - a_{12}a_{21}$ und $\det \begin{pmatrix} \mathbf{A}_{11} & \mathbf{A}_{12} \\ \mathbf{0} & \mathbf{A}_{22} \end{pmatrix} = \det(\mathbf{A}_{11}) \cdot \det(\mathbf{A}_{22})$

10. $\mathbf{A}, \mathbf{B} \in \mathcal{M}_n$: $\det(\mathbf{A} \cdot \mathbf{B}) = \det(\mathbf{A}) \cdot \det(\mathbf{B})$ und $\det(\mathbf{A}^T) = \det(\mathbf{A})$

11. $\mathbf{A} \in \mathcal{M}_n$ Dreiecksmatrix: $\det(\mathbf{A}) = \Pi_{i=1}^{n} a_{ii}$

12. (a) $\mathbf{A} \in \mathcal{M}_n$: $\lambda \in \mathbf{R}$ EW $:\Longleftrightarrow$ $\exists\, \mathbf{x} \neq \mathbf{0}$ mit $\mathbf{A}\mathbf{x} = \lambda\mathbf{x}$ $\Longleftrightarrow$ $\det(\mathbf{A} - \lambda\mathbf{I}) = 0$
    (b) $\mathbf{A} \in \mathcal{M}_n$: $\lambda \in \mathbf{R}$ EW von $\mathbf{A} \Longrightarrow \lambda^k$ EW von $\mathbf{A}^k$

13. $\mathbf{A} \in \mathcal{M}_n$ symmetrisch mit EW-Diagonalmatrix $\mathbf{\Lambda}$ und orthogonaler EV-Matrix $\mathbf{X}$: $\mathbf{X}^T \cdot \mathbf{A} \cdot \mathbf{X} = \mathbf{\Lambda}$ bzw. $\mathbf{A} = \mathbf{X} \cdot \mathbf{\Lambda} \cdot \mathbf{X}^T$

14. $\mathbf{A} \in \mathcal{M}_n$ symmetrisch mit EWen $\lambda_1, \ldots, \lambda_n$ und Hauptminoren $\det(\mathbf{H}_i)$:
    (a) $\mathbf{A}$ positiv definit $\Longleftrightarrow \lambda_1, \ldots, \lambda_n > 0 \Longleftrightarrow \det(\mathbf{H}_i) > 0\ \forall\, i$
    (b) $\mathbf{A}$ negativ definit $\Longleftrightarrow \lambda_1, \ldots, \lambda_n < 0 \Longleftrightarrow (-1)^i\det(\mathbf{H}_i) > 0\ \forall\, i$
    (c) $\mathbf{A}$ positiv semidefinit $\Longleftrightarrow \lambda_1, \ldots, \lambda_n \geq 0 \Longrightarrow \det(\mathbf{H}_i) \geq 0\ \forall\, i$
    (d) $\mathbf{A}$ negativ semidefinit $\Longleftrightarrow \lambda_1, \ldots, \lambda_n \leq 0 \Longrightarrow (-1)^i\det(\mathbf{H}_i) \geq 0\ \forall\, i$

Kapitel 5

Lineare-Algebra-Klausuren ohne Lösungen

In diesem Kapitel finden Sie 4 Lineare-Algebra-Klausuren ohne Musterlösungen. Der maximal erreichbare Anteil an der Gesamtpunktzahl ist jeweils hinter der Aufgabennummer angegeben. Eine für alle Klausuren typische Formelsammlung schließt das Kapitel ab.

5.1 Klausur

Aufgabe 5.1.1 *(9 %)*

1. *Seien* $\mathbf{a} = \begin{pmatrix} 1 \\ 3 \\ 4 \\ 2 \end{pmatrix}$ *und* $\mathbf{b} = \begin{pmatrix} -1 \\ 2 \\ -2 \\ 1 \end{pmatrix}$. *Berechnen Sie*

   (a) *den Abstand* $d(\mathbf{a}, \mathbf{b})$.

   (b) *die Längen* $|\mathbf{a}|$ *und* $|-2 \cdot \mathbf{a}|$.

   (c) *die Projektion* $\hat{\mathbf{a}}$ *von* $\mathbf{a}$ *auf* $\mathbf{b}$.

   (d) *den von* $\mathbf{a}$ *und* $\mathbf{b}$ *eingeschlossenen Winkel* α.

2. *Zeigen Sie für* $\mathbf{x}$, $\mathbf{y} \in \mathbf{R}^n$ *die Gültigkeit der bekannten Beziehung*

$$< \mathbf{x}+\mathbf{y}, \mathbf{z} > = < \mathbf{x}, \mathbf{z} > + < \mathbf{y}, \mathbf{z} >$$

Aufgabe 5.1.2 *(10 %)*

Welche der folgenden Vektormengen erzeugen den $\mathbf{R}^3$ *? Welche der Vektormengen sind Basen des* $\mathbf{R}^3$ *? Begründen Sie Ihre Antworten !*

1. $\left\{ \begin{pmatrix} 1 \\ -1 \\ 2 \end{pmatrix}, \begin{pmatrix} 1 \\ 1 \\ 0 \end{pmatrix} \right\}$

2. $\left\{ \begin{pmatrix} 0 \\ 0 \\ 0 \end{pmatrix}, \begin{pmatrix} 1 \\ 1 \\ 0 \end{pmatrix}, \begin{pmatrix} 0 \\ 2 \\ 2 \end{pmatrix} \right\}$

3. $\left\{ \begin{pmatrix} 1 \\ 0 \\ 0 \end{pmatrix}, \begin{pmatrix} 0 \\ 1 \\ 0 \end{pmatrix}, \begin{pmatrix} 0 \\ 0 \\ 1 \end{pmatrix}, \begin{pmatrix} 1 \\ 1 \\ 1 \end{pmatrix} \right\}$

4. $\left\{ \begin{pmatrix} 2 \\ 2 \\ 3 \end{pmatrix}, \begin{pmatrix} -1 \\ -2 \\ 1 \end{pmatrix}, \begin{pmatrix} 0 \\ 1 \\ 0 \end{pmatrix} \right\}$

Aufgabe 5.1.3 *(9 %)*

1. *Die Matrix* $\mathbf{A}$ *entnehmen Sie folgender Verteilung der Teilnehmer einer Ernährungsstudie:*

	Erwachsene	*Kinder*
männlich	*80*	*120*
weiblich	*100*	*200*

Die Matrix $\mathbf{B}$ *gibt die täglich konsumierte Menge (in Gramm) an Eiweiß, Fett und Kohlenhydrate pro Erwachsenem bzw. Kind an:*

	Eiweiß	*Fett*	*Kohlenhydrate*
Erwachsener	*20*	*20*	*20*
Kind	*10*	*20*	*30*

Berechnen Sie (falls möglich) und interpretieren Sie (falls sinnvoll) $\mathbf{A} \cdot \mathbf{B}$ *und* $\mathbf{B} \cdot \mathbf{A}$. *Begründen Sie alle negativen Antworten zu Möglichkeit und Sinn.*

2. *Sei* $\mathbf{A} = \begin{pmatrix} 0 & 1 \\ 1 & 0 \end{pmatrix}$. *Berechnen Sie*

   (a) $\mathbf{A}^2$

   (b) $\mathbf{A}^3$

   (c) $\mathbf{A}^{1000}$

   (d) $\mathbf{A}^{-1}$

Aufgabe 5.1.4 *(9 %)*

1. *Seien* $\mathbf{A}, \mathbf{B} \in \mathcal{M}_n$ *zwei beliebige Diagonalmatrizen. Gilt dann immer*

$$\mathbf{A} \cdot \mathbf{B} = \mathbf{B} \cdot \mathbf{A}\,?$$

Begründen Sie Ihre Antwort !

2. *Sei* $\mathbf{A} \in \mathcal{M}_n$. *Zeigen Sie:* $(\mathbf{A}^2)^T = (\mathbf{A}^T)^2$

3. *Seien* $\mathbf{A} = \begin{pmatrix} a & b \\ 0 & a \end{pmatrix}$ *und* $\mathbf{C} = \begin{pmatrix} c & d \\ 0 & e \end{pmatrix}$ *mit* $a, b, c, d, e \in \mathbf{R}$. *Geben Sie den vollständigen Parameterbereich an, für den*

$$\mathbf{A} \cdot \mathbf{C} = \mathbf{C} \cdot \mathbf{A}$$

gilt.

Aufgabe 5.1.5 *(10 %)*

1. *Seien* $\mathbf{A}, \mathbf{B} \in \mathcal{M}_n$ *mit* $\mathbf{A} \cdot \mathbf{B} = \mathbf{0}$. $\mathbf{B}$ *sei regulär. Bestimmen Sie* $\mathbf{A}$.

2. *Berechnen Sie die Inversen der folgenden Matrizen:*

   (a) $\mathbf{A} = \begin{pmatrix} 1 & -1 & 0 & 0 \\ 2 & 6 & 0 & 0 \\ 0 & 0 & -1 & 3 \\ 0 & 0 & 2 & 4 \end{pmatrix}$

   (b) $\mathbf{B} = \begin{pmatrix} 1 & 1 & 2 \\ 0 & 3 & 2 \\ 1 & 2 & -1 \end{pmatrix}$

Aufgabe 5.1.6 *(7 %)*

Die zeitlich stabile Käuferfluktuationsmatrix

	x_{t+1}	y_{t+1}	z_{t+1}	
x_t	*0.6*	*0.1*	*0.3*	
y_t	*0.1*	*0.9*	*0*	$= \mathbf{A}$
z_t	*0.4*	*0.4*	*0.2*	

beschreibt, zu welchen Anteilen auf einem abgeschlossenen, gesättigten Markt die Käufer der Zeitschriften x_t, y_t *und* z_t *der Periode* t *zu Käufern der Zeitschriften* x_{t+1}, y_{t+1} *und* z_{t+1} *der Folgeperiode* $t+1$ *werden. Eine Marktverteilung*

$$\mathbf{v} = \begin{pmatrix} x \\ y \\ z \end{pmatrix} \quad \textit{heißt } \textbf{stationär}, \textit{ wenn } \quad \mathbf{A} \cdot \mathbf{v} = \mathbf{v}$$

gilt. Bestimmen Sie alle stationären Marktverteilungen durch Umformung dieser Gleichung zu einem homogenen linearen Gleichungssystem und durch die Berechnung der vollständigen Lösungsmenge des HLGS.

Aufgabe 5.1.7 *(9 %)*

Seien $\mathbf{a} = \begin{pmatrix} 1 \\ 5 \\ -6 \\ -3 \end{pmatrix}$, $\mathbf{b} = \begin{pmatrix} 6 \\ 7 \\ 6 \\ 4 \end{pmatrix}$ *und* $\mathbf{B} = \begin{pmatrix} 2 & 1 & -2 & 0 \\ 0 & 2 & 2 & -1 \\ 2 & 3 & -1 & -1 \\ 1 & 2 & 0 & 0 \end{pmatrix}$. *Bestimmen Sie die vollständige Lösungsmenge des inhomogenen linearen Gleichungssystems*

$$\mathbf{a} + \mathbf{B} \cdot \mathbf{x} = \mathbf{b} + \mathbf{x}$$

nach geeigneter Umformung.

Aufgabe 5.1.8 *(10 %)*

1. *Berechnen Sie* $\det(\mathbf{A})$ *für* $\mathbf{A} = \begin{pmatrix} -4 & 2 & 3 & 1 \\ 2 & 3 & 1 & 3 \\ 0 & 0 & 10 & 2 \\ 0 & 0 & 1 & 3 \end{pmatrix}$.

2. *Seien* $\mathbf{A} \in \mathcal{M}_n$ *und* $\mathbf{B}, \mathbf{C} \in \mathcal{M}_{n,p}$. *Sind die folgenden Aussagen wahr? Begründen Sie Ihre Antworten.*

   (a) $\mathbf{A}^T = \mathbf{A}^{-1} \Longrightarrow \det(\mathbf{A}) = \pm 1$

   (b) $\mathbf{A} \cdot \mathbf{B} = \mathbf{A} \cdot \mathbf{C}$ *und* $\det(\mathbf{A}) \neq 0 \Longrightarrow \mathbf{B} = \mathbf{C}$

   (c) $\det(\mathbf{A}) = 0 \Longrightarrow \mathbf{A} = \mathbf{0}$

   (d) Gibt es ein $n \in \mathbf{N}$ *mit* $\mathbf{A}^n = \mathbf{0}$, *so folgt* $\det(\mathbf{A}) = 0$.

Aufgabe 5.1.9 *(11 %)*

1. *Sei* $\mathbf{A} = \begin{pmatrix} 0 & 3 & -5 & 0 \\ 0 & 0 & 2 & 0 \\ 1 & 2 & 4 & -5 \\ 4 & 2 & 3 & 0 \end{pmatrix}$. *Berechnen Sie* $\det(\mathbf{A})$ *mit dem Gaußschen Eliminationsverfahren.*

2. *(a) Schreiben Sie die quadratische Form*

   $$q(\mathbf{x}) = 3x_1^2 - x_1x_2 + x_2^2 - 2x_3^2 + 4x_2x_3$$

   in der Form $\mathbf{x}^T \cdot \mathbf{A} \cdot \mathbf{x}$ *mit* $\mathbf{x} \in \mathbf{R}^3$ *und einer symmetrischen Matrix* $\mathbf{A}$. *Berechnen Sie nichts!*

   (b) Ist $\mathbf{A}$ *dann positiv/negativ (semi-)definit oder indefinit? Verwenden Sie dazu die Hauptminoren von* $\mathbf{A}$.

Aufgabe 5.1.10 *(16 %)*

Sei $\mathbf{A} = \begin{pmatrix} 2 & 1 \\ 1 & 2 \end{pmatrix}$.

1. *Berechnen Sie die Eigenwerte von* $\mathbf{A}$.
2. *Berechnen Sie die zugehörigen Eigenvektoren.*
3. *Geben Sie den Winkel* α *zwischen den Eigenvektoren an.*
4. *Normieren Sie die Eigenvektoren.*
5. *Geben Sie die Hauptachsentransformation von* $\mathbf{A}$ *an und interpretieren Sie diese.*

5.2 Klausur

Aufgabe 5.2.1 *(10 %)*

1. *Normieren Sie* $\mathbf{x} = \begin{pmatrix} 2 \\ -3 \\ 0 \\ 8 \end{pmatrix}$.
2. *Seien* $\mathbf{x} = \begin{pmatrix} 2 \\ 2 \end{pmatrix}$ *und* $\mathbf{y} = \begin{pmatrix} 3 \\ 4 \end{pmatrix}$. *Berechnen und zeichnen Sie*
   (a) *die Projektion* $\hat{\mathbf{y}}$ *von* $\mathbf{y}$ *auf* $\mathbf{x}$.
   (b) *die Projektion* $\hat{\mathbf{x}}$ *von* $\mathbf{x}$ *auf* $\mathbf{y}$.

Aufgabe 5.2.2 *(10 %)*

1. *Erzeugt* $\left\{ \begin{pmatrix} 0 \\ 0 \end{pmatrix}, \begin{pmatrix} 1 \\ 0 \end{pmatrix}, \begin{pmatrix} 1 \\ 1 \end{pmatrix} \right\}$ *den* $\mathbf{R}^2$ *? Ist die Menge eine Basis des* $\mathbf{R}^2$ *? Begründen Sie Ihre Antworten !*
2. *Seien* $\mathbf{v}, \mathbf{w}, \mathbf{x}, \mathbf{y} \in \mathbf{R}^n$ *und* $\lambda, \mu > 0$ *mit* $\mathbf{v} = \lambda \cdot \mathbf{x} \neq \mathbf{0}$ *und* $\mathbf{w} = \mu \cdot \mathbf{y} \neq \mathbf{0}$. *Zeigen Sie:*
$$\frac{<\mathbf{x}, \mathbf{y}>}{|\mathbf{x}| \cdot |\mathbf{y}|} = \frac{<\mathbf{v}, \mathbf{w}>}{|\mathbf{v}| \cdot |\mathbf{w}|}$$
3. *Zeigen Sie für* $\mathbf{x}, \mathbf{y} \in \mathbf{R}^n$ *die Gültigkeit der sogenannten Parallelogrammgleichung*
$$|\mathbf{x} + \mathbf{y}|^2 + |\mathbf{x} - \mathbf{y}|^2 = 2 \cdot |\mathbf{x}|^2 + 2 \cdot |\mathbf{y}|^2$$

Aufgabe 5.2.3 *(10 %)*

1. *Berechnen Sie* $\left[\begin{pmatrix} 6 \\ 0 \\ 0 \end{pmatrix}^T \cdot \begin{pmatrix} 2 & 0 & 4 \\ 6 & 0 & 7 \\ 8 & 0 & 3 \end{pmatrix} \cdot \begin{pmatrix} -1 \\ 0 \\ 1 \end{pmatrix}\right]^{-1}$.

2. *Seien* $\mathbf{A} \in \mathcal{M}_{m,n}$, $\mathbf{B} \in \mathcal{M}_{p,q}$ *und* $\mathbf{C} \in \mathcal{M}_{r,s}$. *Welche Bedingungen müssen* $m, n, p, q, r, s \in \mathbf{N}$ *erfüllen, damit* $\mathbf{A} \cdot \mathbf{B} \cdot \mathbf{C}$

   (a) *ein Skalar ist?*

   (b) *ein Spaltenvektor ist?*

   (c) *eine quadratische Matrix ist?*

   (d) *nicht definiert ist?*

3. *Geben Sie den Rang von* $\mathbf{A} = \begin{pmatrix} 0 & 1 & 0 & 0 & 1 \\ 1 & 0 & 0 & 0 & 1 \\ 0 & 0 & 0 & 0 & 0 \\ 2 & 2 & 0 & 0 & 4 \\ 0 & 0 & 1 & 1 & 0 \end{pmatrix}$ *an. Begründen Sie Ihre Antwort.*

   Berechnen Sie nichts!

Aufgabe 5.2.4 *(10 %)*

1. *Bestimmen Sie für* $\mathbf{x} \in \mathbf{R}^n$ *mit* $\mathbf{x} \neq \mathbf{0}$ *alle Konstanten* $k \in \mathbf{R}$ *mit*

$$(k \cdot \mathbf{x})^T \cdot (k \cdot \mathbf{x}) = 1.$$

   Stellen Sie dabei k *in Abhängigkeit von der Länge* $|\mathbf{x}|$ *dar.*

2. *Gilt, wie bei reellen Zahlen, für* $\mathbf{A}$, $\mathbf{B} \in \mathcal{M}_n$ *allgemein*

$$(\mathbf{A}+\mathbf{B})^2 = \mathbf{A}^2 + 2 \cdot \mathbf{A} \cdot \mathbf{B} + \mathbf{B}^2 \quad ?$$

   Weisen Sie die Richtigkeit Ihrer Behauptung nach!

3. (a) *Die Matrix* $\mathbf{C} \in \mathcal{M}_3$ *gibt die Lieferverflechtung einer Volkswirtschaft mit 3 Sektoren an: Sektor* i *liefert an Sektor* j *Güter im Wert von* c_{ij} *DM mit* $i, j = 1, 2, 3$. *Sei*

$$\mathbf{P} = \begin{pmatrix} 0 & 1 & 0 \\ 1 & 0 & 0 \\ 0 & 0 & 1 \end{pmatrix}.$$

   Berechnen und interpretieren Sie $\mathbf{P} \cdot \mathbf{C} \cdot \mathbf{P}$.

   (b) *Geben Sie für die analog für 5 Sektoren gebildete Matrix* $\mathbf{C} \in \mathcal{M}_5$ *die Matrix* $\mathbf{P}$ *an, die durch* $\mathbf{P} \cdot \mathbf{C} \cdot \mathbf{P}$ *den Sektor Nr. 1 mit dem Sektor Nr. 4 und den Sektor Nr. 2 mit dem Sektor Nr. 3 vertauscht. Berechnen Sie nichts!*

Aufgabe 5.2.5 *(11 %)*

1. *Berechnen Sie, falls möglich, die Inversen der Matrizen*

   (a) $\mathbf{A} = \begin{pmatrix} 1 & 1 & 0 \\ 0 & 1 & 1 \\ 1 & 2 & 1 \end{pmatrix}$

   (b) $\mathbf{B} = \begin{pmatrix} 1 & 1 & 1 \\ 0 & 2 & 3 \\ 5 & 5 & 1 \end{pmatrix}$

2. *Für welche* $a \in \mathbf{R}$ *ist* $\mathbf{A} = \begin{pmatrix} 1 & 2 & 0 & 0 \\ 2 & a & 0 & 0 \\ 0 & 0 & -1 & 2 \\ 0 & 0 & 2 & a \end{pmatrix}$ *regulär? Ermitteln Sie* $\mathbf{A}^{-1}$ *für alle zulässigen* a.

3. *Gilt für reguläre* $\mathbf{A}_1$, $\mathbf{A}_2$, $\mathbf{A}_3 \in \mathcal{M}_n$ *immer*

$$(\mathbf{A}_1 \cdot \mathbf{A}_2 \cdot \mathbf{A}_3)^{-1} = \mathbf{A}_3^{-1} \cdot \mathbf{A}_2^{-1} \cdot \mathbf{A}_1^{-1} \quad ?$$

   Begründen Sie Ihre Antwort!

Aufgabe 5.2.6 *(6 %)*

Für welche $a \in \mathbf{R}$ *gibt es keinen, genau einen oder unendlich viele Punkte* $\mathbf{x} \in \mathbf{R}^2$, *die durch*

$$f : \mathbf{R}^2 \to \mathbf{R}^2, \quad f(\mathbf{x}) = \begin{pmatrix} a & 1 \\ a & 2 \end{pmatrix} \cdot \mathbf{x} \quad \text{auf} \quad f(\mathbf{x}) = \begin{pmatrix} 4 \\ 10 \end{pmatrix} \in \mathbf{R}^2$$

abgebildet werden? Begründen Sie Ihre Antwort kurz, und geben Sie in allen lösbaren Fällen die Lösungsmenge an.

Aufgabe 5.2.7 *(13 %)*

Für welche $a, b \in \mathbf{R}$ *hat das inhomogene lineare Gleichungssystem (ILGS)*

$$\begin{aligned} 2x_1 - 2x_2 + 2x_3 + (2a-4)x_4 &= 4 \\ x_1 + x_2 - x_3 + (2+a)x_4 &= 4 \\ 3x_2 - 3x_3 + 6x_4 &= b^2 - 1 \\ -x_1 + 2x_2 - 2x_3 + (4-a)x_4 &= -1 \end{aligned}$$

keine, genau eine oder unendlich viele Lösungen? Begründen Sie Ihre Antwort kurz. Geben Sie in allen lösbaren Fällen die Lösungsmenge des ILGS an.

Aufgabe 5.2.8 *(6 %)*

1. *Berechnen Sie* $\det\begin{pmatrix} 2 & 2 & 3 \\ 1 & 2 & 1 \\ 2 & -2 & 1 \end{pmatrix}$.

2. *Berechnen Sie* $\det\begin{pmatrix} -4 & 2 & 2 & 0 \\ 2 & 0 & 0 & 3 \\ 1 & 0 & 0 & 0 \\ 0 & 3 & 4 & 1 \end{pmatrix}$ *durch zweckmäßige Laplace-Entwicklung.*

Aufgabe 5.2.9 *(10 %)*

1. *Sei* $\mathbf{A} = \begin{pmatrix} 1 & 1 & 1 & 1 \\ 1 & 2 & -3 & 0 \\ -1 & 2 & 0 & 0 \\ 1 & 0 & 0 & 0 \end{pmatrix}$. *Berechnen Sie* $\det(\mathbf{A})$ *mit dem Gaußschen Eliminationsverfahren sowie* $\det(\mathbf{A}^4)$.

2. *Sei* $\mathbf{A} \in \mathcal{M}_n$. *Sind die folgenden Aussagen wahr? Begründen Sie Ihre Antworten.*

   (a) *Sind 2 Zeilen von* $\mathbf{A}$ *identisch, so ist* $\det(\mathbf{A}) = 0$.

   (b) *Ist* $\mathbf{A}$ *regulär mit* $\mathbf{A}^2 = \mathbf{A}$, *so folgt* $\det(\mathbf{A}) = 1$.
   (Wo benötigen Sie dabei die Regularität?)

   (c) *Gilt* $\mathbf{A}^T = -\mathbf{A}$ *und ist* n *ungerade, so ist* $\det(\mathbf{A}) = 0$.

Aufgabe 5.2.10 *(14 %)*

Die Nachfragemengen nach einem elektronischen Spielzeug x_t *und einem Zubehör* y_t *(beide in Tsd. Stück) eines Landes im Monat* t *lassen sich aus den Werten des jeweiligen Vormonats* $t-1$ *gemäß der Matrixgleichung* $\begin{pmatrix} x_t \\ y_t \end{pmatrix} = \mathbf{A} \cdot \begin{pmatrix} x_{t-1} \\ y_{t-1} \end{pmatrix}$ *mit der im betrachteten Zeitraum stabilen Übergangsmatrix* $\mathbf{A} = \begin{pmatrix} 0.8 & 0.1 \\ 0.7 & 0.2 \end{pmatrix}$ *ermitteln.*

1. *Berechnen Sie die Eigenwerte von* $\mathbf{A}$.

2. *Berechnen Sie die zugehörigen Eigenvektoren.*

3. *Die Nachfrage im Juli 1998 betrug* $\begin{pmatrix} x_0 \\ y_0 \end{pmatrix} = \begin{pmatrix} 100 \\ 100 \end{pmatrix}$. *Welche Nachfrage* $\begin{pmatrix} x_{12} \\ y_{12} \end{pmatrix}$ *erwarten Sie bei Gültigkeit obigen Modells im Juli 1999? Begründen Sie Ihr Vorgehen.*

4. *Mit den Startwerten* $\begin{pmatrix} x_0 \\ y_0 \end{pmatrix} = \begin{pmatrix} 200 \\ 100 \end{pmatrix}$ *im Monat* $t = 0$ *ergeben sich durch obiges Modell die folgenden gerundeten Nachfragemengen* $\begin{pmatrix} x_t \\ y_t \end{pmatrix}$ *in den Monaten* $t = 1, 2, 3, 4$, *was Sie nicht nachzuprüfen brauchen:*

t	0	1	2	3	4
x_t	200	170	152	137	123
y_t	100	160	151	137	123

Interpretieren Sie diese Entwicklung anhand Ihrer Resultate aus 1. und 2.

5.3 Klausur

Aufgabe 5.3.1 *(10 %)*

Bestimmen Sie alle $a, b, c, d \in \mathbf{R}$, *für die*

1. $< \begin{pmatrix} 4 \\ 2 \\ a \end{pmatrix}, \begin{pmatrix} 1 \\ 3 \\ 6 \end{pmatrix} > = 4$ *ist.*

2. $d\left(\begin{pmatrix} -3 \\ 1 \end{pmatrix}, \begin{pmatrix} b \\ -2 \end{pmatrix}\right) = 5$ *ist.*

3. *der von* $\begin{pmatrix} c \\ 1 \\ 0 \end{pmatrix}$ *und* $\begin{pmatrix} 1 \\ 0 \\ 1 \end{pmatrix}$ *eingeschlossene Winkel* $\alpha = 60^0$ *ist.*

4. $\begin{pmatrix} d \\ 2 \\ -1 \end{pmatrix}$ *normiert ist.*

Aufgabe 5.3.2 *(8 %)*

1. *Sind die folgenden Vektoren des* $\mathbf{R}^3$ *linear unabhängig? Begründen Sie Ihre Antworten.*

   (a) $\left\{\begin{pmatrix} 0 \\ 0 \\ 0 \end{pmatrix}\right\}$

   (b) $\left\{\begin{pmatrix} 1 \\ 1 \\ 0 \end{pmatrix}, \begin{pmatrix} 1 \\ 0 \\ 1 \end{pmatrix}, \begin{pmatrix} 0 \\ 1 \\ 1 \end{pmatrix}\right\}$

   (c) $\left\{\begin{pmatrix} 1 \\ 2 \\ -1 \end{pmatrix}, \begin{pmatrix} 1 \\ 3 \\ -2 \end{pmatrix}, \begin{pmatrix} 3 \\ 7 \\ 4 \end{pmatrix}, \begin{pmatrix} 1 \\ -2 \\ 3 \end{pmatrix}\right\}$

2. *Seien* $\mathbf{x}, \mathbf{y} \in \mathbf{R}^n$. *Verwenden Sie ohne Nachweis die bekannte Beziehung*

$$\cos(\alpha) = \frac{<\mathbf{x}, \mathbf{y}>}{|\mathbf{x}| \cdot |\mathbf{y}|} \leq 1$$

(mit einem Winkel α*) und einen binomischen Satz, um die Dreiecksungleichung*

$$|\mathbf{x} + \mathbf{y}| \leq |\mathbf{x}| + |\mathbf{y}|$$

zu zeigen. Beginnen Sie Ihren Nachweis mit

$$|\mathbf{x} + \mathbf{y}|^2 = <\mathbf{x} + \mathbf{y}, \mathbf{x} + \mathbf{y}> = \ldots$$

Aufgabe 5.3.3 *(12 %)*

Sei $\mathbf{A} \in \mathcal{M}_n$. *Welche der folgenden Aussagen sind äquivalent zu der Aussage*

*'**A** ist invertierbar'?*

Belegen Sie 3 Neins mit einem Gegenbeispiel für $\mathbf{A} \in \mathcal{M}_2$.

Nr.	*Aussage*	*ja*	*nein*
1	$\mathrm{rg}(\mathbf{A}) \geq n$		
2	$\det(\mathbf{A}) \neq 0$		
3	0 *ist kein Eigenwert von* $\mathbf{A}$		
4	$\mathbf{A}$ *ist symmetrisch*		
5	$\mathbf{A}$ *ist regulär*		
6	$\mathbf{A}$ *ist mit dem Gaußschen Eliminationsverfahren in* $\mathbf{I}_n$ *überführbar*		
7	*Die Spaltenvektoren* $\mathbf{a}_1, \ldots, \mathbf{a}_n$ *sind linear unabhängig*		
8	*Die Zeilenvektoren* $\mathbf{a}'_1, \ldots, \mathbf{a}'_n$ *sind paarweise orthogonal*		
9	$\mathbf{Ax} = \mathbf{0}$ *hat nur die triviale Lösung* $\mathbf{x} = \mathbf{0}$		
10	$\forall b \in \mathbf{R}^n$ *ist* $\mathbf{Ax} = \mathbf{b}$ *eindeutig lösbar*		
11	*Die Zeilenvektoren* $\mathbf{a}'_1, \ldots, \mathbf{a}'_n$ *sind linear unabhängig*		
12	$\mathbf{A}$ *ist nicht singulär*		
13	$\det(\mathbf{A}) > 0$		
14	$\mathrm{rg}(\mathbf{A}) \leq n$		
15	$\mathrm{rg}(\mathbf{A}) = n$		

Aufgabe 5.3.4 *(8 %)*

1. *Seien* $\mathbf{X} = \begin{pmatrix} 1 & 1 \\ 1 & 2 \\ 1 & 3 \\ 1 & 4 \end{pmatrix}$ *und* $\mathbf{y} = \begin{pmatrix} 8 \\ 7 \\ 6 \\ 6 \end{pmatrix}$.

   Berechnen Sie den in der Ökonometrie bedeutsamen Ausdruck

$$\mathbf{b} = (\mathbf{X}^T\mathbf{X})^{-1}\mathbf{X}^T\mathbf{y}$$

2. *Gilt, wie bei reellen Zahlen, für beliebige* $\mathbf{A}, \mathbf{B} \in \mathcal{M}_n$ *und* $p \in \mathbf{N}$ *allgemein*

$$(\mathbf{A} \cdot \mathbf{B})^p = \mathbf{A}^p \cdot \mathbf{B}^p \quad ?$$

Weisen Sie die Richtigkeit Ihrer Behauptung nach!

Aufgabe 5.3.5 *(9 %)*

Ein Unternehmen besteht aus drei Abteilungen, die für die übrigen Abteilungen und für den Verkauf (Endnachfrage) jeweils ein Produkt produzieren. Produktionskoeffizient a_{ij} *gibt für* $i, j = 1, 2, 3$ *an, wieviele Einheiten des i-ten Produkts aus Abteilung i an Sektor j zur Produktion des j-ten Produkts geliefert werden. Die innerbetriebliche Produktionskoeffizientenmatrix lautet:*

$$\mathbf{A} = \begin{pmatrix} 0 & \frac{1}{3} & \frac{1}{2} \\ \frac{1}{2} & 0 & \frac{1}{4} \\ \frac{1}{4} & \frac{1}{3} & 0 \end{pmatrix}$$

Bezeichnet $\mathbf{y} \in \mathbf{R}^3$ *den Vektor der Verkaufsmengen der 3 Produkte, so gilt für die Gesamtproduktion* $\mathbf{x} \in \mathbf{R}^3$ *der 3 Abteilungen die Beziehung*

$$\mathbf{x} = \mathbf{A} \cdot \mathbf{x} + \mathbf{y}$$

1. *Zeigen Sie, daß man – bei Existenz der auftretenden Inversen – für gegebene Endnachfrage* $\mathbf{y}$ *die erforderliche Gesamtproduktion durch die aus der Input-Output-Analyse bekannte Beziehung*

$$\mathbf{x} = (\mathbf{I} - \mathbf{A})^{-1} \cdot \mathbf{y}$$

erhält.

2. *Berechnen Sie* $(\mathbf{I} - \mathbf{A})^{-1}$.

Aufgabe 5.3.6 *(11 %)*

Sei

$$f : \mathbf{R}^2 \to \mathbf{R}^2, \quad \mathbf{y} = f(\mathbf{x}) = \mathbf{A} \cdot \mathbf{x}$$

eine lineare Abbildung mit

$$\mathbf{A} = \begin{pmatrix} a_{11} & a_{12} \\ a_{21} & a_{22} \end{pmatrix} \in \mathcal{M}_2$$

1. *Bestimmen Sie* $a_{11}, a_{12}, a_{21}, a_{22}$, *so daß*

$$f\begin{pmatrix} 1 \\ 2 \end{pmatrix} = \begin{pmatrix} 3 \\ 1 \end{pmatrix} \quad \text{und} \quad f\begin{pmatrix} 2 \\ 1 \end{pmatrix} = \begin{pmatrix} 3 \\ -1 \end{pmatrix}$$

ist.

2. *Ermitteln Sie* $\mathbf{A}^{-1}$.

3. *Überprüfen Sie durch Anwendung von*

$$f^{-1} : \mathbf{R}^2 \to \mathbf{R}^2, \quad \mathbf{x} = f^{-1}(\mathbf{y}) = \mathbf{A}^{-1} \cdot \mathbf{y}$$

auf

$$\begin{pmatrix} 3 \\ 1 \end{pmatrix} \quad \textit{und} \quad \begin{pmatrix} 3 \\ -1 \end{pmatrix}$$

die Richtigkeit Ihrer Lösungen.

Aufgabe 5.3.7 *(10 %)*

Bestimmen Sie die Lösungsmenge des inhomogenen linearen Gleichungssystems (ILGS)

$$\begin{aligned} x_1 + x_2 - x_3 + 3x_4 &= -3 \\ 2x_1 + x_2 + x_3 + 4x_4 &= -1 \\ 2x_1 + 3x_2 - 5x_3 + 8x_4 &= -11 \\ -x_1 + x_2 - 5x_3 + x_4 &= -7 \end{aligned}$$

Aufgabe 5.3.8 *(12 %)*

1. *Berechnen Sie* $\det \begin{pmatrix} 1 & -3 & 4 \\ -4 & 1 & 3 \\ 2 & -2 & 3 \end{pmatrix}$.

2. *Seien* $\mathbf{A}, \mathbf{B} \in \mathcal{M}_n$. *Sind die folgenden Aussagen wahr? Begründen Sie Ihre Antworten.*

   (a) $\det(\mathbf{A}^T \cdot \mathbf{B}^T) = \det(\mathbf{A} \cdot \mathbf{B}^T) = \det(\mathbf{A}^T \cdot \mathbf{B})$

   (b) $\mathbf{A} \cdot \mathbf{B} = \mathbf{I} \Longrightarrow \det(\mathbf{A}) \neq 0$ *und* $\det(\mathbf{B}) \neq 0$

   (c) $\det(\mathbf{A}) = \det(\mathbf{B}) \Longrightarrow \mathbf{A} = \mathbf{B}$

Aufgabe 5.3.9 *(9 %)*

1. *Sei* $\mathbf{A} = \begin{pmatrix} 0 & 0 & -1 & 3 \\ 0 & 1 & 2 & 1 \\ 2 & -2 & 5 & 2 \\ 3 & 3 & 0 & 0 \end{pmatrix}$.

   *(a) Berechnen Sie det(***A***) mit dem Gaußschen Eliminationsverfahren.*

   *(b) Berechnen Sie det(***A***) mit zweckmäßiger Laplace-Entwicklung.*

2. *Sei* $\mathbf{A} = \begin{pmatrix} 1 & 1 \\ -1 & 1 \end{pmatrix}$.

   (a) Berechnen Sie alle reellen Eigenwerte von **A**.

(b) Was bedeutet Ihr Resultat aus (a) für die Wirkung von **A** *auf die Punkte des* $\mathbf{R}^2$*?*

Aufgabe 5.3.10 *(11 %)*

Pharma-Konzern P benötigt zur Produktion eines Medikaments Mäuse einer bestimmten Rasse, die maximal 2 Jahre leben. Die Anzahl $x_{i,t}$ *der Mäuse des Alters i am Beginn des Jahres t läßt sich aus den Beständen des Vorjahres* $t-1$ *gemäß der Matrixgleichung*

$$\begin{pmatrix} x_{0,t} \\ x_{1,t} \end{pmatrix} = \mathbf{A} \cdot \begin{pmatrix} x_{0,t-1} \\ x_{1,t-1} \end{pmatrix}$$

mit der im betrachteten Zeitraum stabilen Übergangsmatrix

$$\mathbf{A} = \begin{pmatrix} 0 & 4 \\ \frac{1}{4} & 0 \end{pmatrix}$$

ermitteln. Dabei entsteht a_{12} *durch Neugeborene. Der Produzent benötigt für seine medizinischen Experimente die Kenntnis der stabilen Altersverteilung der Mäuse.*

1. *Berechnen Sie die Eigenwerte von* **A**.
2. *Berechnen Sie die zugehörigen Eigenvektoren.*
3. *Zeichnen Sie die Eigenvektoren.*
4. *Geben Sie anhand der Ergebnisse aus 1. bis 3. die stabile Altersverteilung der Mäuse an.*
5. *P hatte am 1.1.2000 genau 1000 einjährige und 4000 jüngere Mäuse. Welchen Bestand erwarten Sie bei Gültigkeit obigen Modells am 1.1.2001? Begründen Sie Ihr Vorgehen.*

5.4 Klausur

Aufgabe 5.4.1 *(6 %)*

1. *Seien* $\mathbf{x} = \begin{pmatrix} 2 \\ 3 \end{pmatrix}$ *und* $\mathbf{y} = \begin{pmatrix} 2 \\ 6 \end{pmatrix}$. *Berechnen und zeichnen Sie die Projektion* $\hat{\mathbf{y}}$ *von* $\mathbf{y}$ *auf* $\mathbf{x}$.
2. *Normieren Sie* $\mathbf{x} = \begin{pmatrix} \sqrt{2} \\ -3 \\ 1 \\ 2 \end{pmatrix}$.

Aufgabe 5.4.2 *(10 %)*

1. *Seien* $\mathbf{x}_1 = \begin{pmatrix} 3 \\ 1 \end{pmatrix}$ *und* $\mathbf{x}_2 = \begin{pmatrix} 1 \\ 3 \end{pmatrix}$.

   (a) *Zeichnen Sie die durch*

   $$\{\mathbf{y} \in \mathbf{R}^2 \mid \mathbf{y} = r_1 \cdot \mathbf{x}_1 + r_2 \cdot \mathbf{x}_2 \; ; \; r_1 > 0, r_2 \in \mathbf{R}\}$$

   gegebene Punktmenge.

   (b) *Bestimmen Sie den von* $\mathbf{x}_1$ *und* $\mathbf{x}_2$ *eingeschlossenen Winkel* α.

2. *Seien* $\mathbf{x}$, $\mathbf{y}$, $\mathbf{z} \in \mathbf{R}^n$. *Sind die folgenden Aussagen wahr? Begründen Sie Ihre Antworten.*

   (a) $(\mathbf{x} \cdot \mathbf{y}) \cdot \mathbf{z} = \mathbf{x} \cdot (\mathbf{y} \cdot \mathbf{z})$

   (b) $< \mathbf{x}, \mathbf{y} > \cdot\, \mathbf{z} = \mathbf{x} \cdot < \mathbf{y}, \mathbf{z} >$

Aufgabe 5.4.3 *(9 %)*

Seien

$$\mathbf{A} = \begin{pmatrix} 2 & 1 & 5 \\ -2 & 2 & 3 \\ 2 & 0 & 3 \end{pmatrix}, \quad \mathbf{B} = \begin{pmatrix} 1 & 1 \\ 3 & 2 \\ 1 & 2 \end{pmatrix}, \quad \mathbf{C} = \begin{pmatrix} 0 \\ -3 \\ 2 \end{pmatrix}.$$

Führen Sie die folgenden Operationen durch, falls sie definiert sind, oder geben Sie an, warum diese nicht definiert sind.

1. $\mathbf{A} \cdot \mathbf{B}$
2. $\mathbf{B}^T \cdot \mathbf{A}^T$
3. $\mathbf{C}^2$
4. $\mathbf{C} \cdot \mathbf{C}^T$
5. $(\mathbf{C}^T \cdot \mathbf{C})^{-1}$

Aufgabe 5.4.4 *(10 %)*

Sind die folgenden Aussagen wahr? Begründen Sie Ihre Antworten.

1. $\mathbf{A} \in \mathcal{M}_n \Longrightarrow \mathbf{A} + \mathbf{A}^T$ *symmetrisch*
2. $\mathbf{A} \in \mathcal{M}_n$ *symmetrisch und regulär* $\Longrightarrow \mathbf{A}^{-1}$ *symmetrisch*
3. $\mathbf{A}, \mathbf{B} \in \mathcal{M}_n$ *symmetrisch* $\Longrightarrow \mathbf{A} + \mathbf{B}$ *symmetrisch*
4. $\mathbf{A}, \mathbf{B} \in \mathcal{M}_n$ *symmetrisch* $\Longrightarrow \mathbf{A} \cdot \mathbf{B}$ *symmetrisch*

5. $\mathbf{A}, \mathbf{B} \in \mathcal{M}_n$ *symmetrisch mit* $\mathbf{A} \cdot \mathbf{B} = \mathbf{B} \cdot \mathbf{A} \Longrightarrow \mathbf{A} \cdot \mathbf{B}$ *symmetrisch*

Aufgabe 5.4.5 *(10 %)*

1. *Die Koeffizienten* a_{ij} *der Export-Import-Matrix* $\mathbf{A} \in \mathcal{M}_4$ *geben die Höhe der Exporte (in Mill. DM) von Land i nach Land j an. Ermitteln Sie eine Matrix* $\mathbf{C} \in \mathcal{M}_{3,4}$, *die durch*
$$\mathbf{C} \cdot \mathbf{A} \cdot \mathbf{C}^T$$
die Exporte und Importe von Land 2 und Land 3 zusammenfaßt und die von Land 1 und Land 4 vertauscht. Weisen Sie diese Eigenschaften der Matrix $\mathbf{C}$ *nach.*

2. *Bestimmen Sie eine Basis des von den Vektoren*
$$\begin{pmatrix} 1 \\ 1 \\ 0 \\ 1 \end{pmatrix}, \begin{pmatrix} 2 \\ 3 \\ 1 \\ 1 \end{pmatrix}, \begin{pmatrix} 0 \\ 1 \\ 1 \\ -1 \end{pmatrix}, \begin{pmatrix} 1 \\ -1 \\ -2 \\ 3 \end{pmatrix}$$
aufgespannten Raumes. Welche Dimension hat dieser Raum?

Aufgabe 5.4.6 *(11 %)*

1. *Für welche* $a \in \mathbf{R}$ *ist*
$$\mathbf{A} = \begin{pmatrix} 0 & 2 & 3a-9 \\ -1 & 3 & a-3 \\ 1 & -1 & a-3 \end{pmatrix}$$
regulär? Ermitteln Sie $\mathbf{A}^{-1}$ *für alle zulässigen* a.

2. *Seien*
$$\mathbf{x}_1 = \begin{pmatrix} -1 \\ 1 \\ 1 \end{pmatrix}, \quad \mathbf{x}_2 = \begin{pmatrix} 1 \\ 1 \\ -1 \end{pmatrix}, \quad \mathbf{x}_3 = \begin{pmatrix} -3 \\ 1 \\ 8 \end{pmatrix}, \quad \mathbf{y} = \begin{pmatrix} 2 \\ 0 \\ -5 \end{pmatrix}.$$
$\{\mathbf{x}_1, \mathbf{x}_2, \mathbf{x}_3\}$ *ist eine Basis des* $\mathbf{R}^3$, *was Sie nicht nachzuprüfen brauchen. Stellen Sie* $\mathbf{y}$ *als Linearkombination von* $\mathbf{x}_1$, $\mathbf{x}_2$, $\mathbf{x}_3$ *dar.*

Aufgabe 5.4.7 *(8 %)*

Bestimmen Sie die Lösungsmenge des inhomogenen linearen Gleichungssystems (ILGS)

$$\begin{aligned} x_1 + 5x_2 + 5x_3 &= 1 \\ 3x_1 + 2x_2 &= 0 \\ -x_1 - 5x_2 - 5x_3 &= -1 \\ 4x_1 + 7x_2 + 5x_3 &= 1 \end{aligned}$$

Aufgabe 5.4.8 *(10 %)*

1. *Seien* $\mathbf{A}, \mathbf{B} \in \mathcal{M}_n$ *und* $\mathbf{x}, \mathbf{a}, \mathbf{b} \in \mathbf{R}^n$ *sowie* $(\mathbf{A} \cdot \mathbf{B} - \mathbf{I})$ *invertierbar. Lösen Sie*

$$\mathbf{a}^T + \mathbf{x}^T \cdot \mathbf{B}^T \cdot \mathbf{A}^T = (\mathbf{A} \cdot \mathbf{b})^T + \mathbf{x}^T$$

nach $\mathbf{x}$ *auf.*

2. *Sei* $\mathbf{A} = \begin{pmatrix} 1 & 3 & 4 \\ 3 & 2 & 0 \\ 3 & 1 & 2 \end{pmatrix}$. *Berechnen Sie*
   (a) $\det(\mathbf{A})$.
   (b) $\det(\mathbf{A}^T)$.
   (c) $\det(\mathbf{A}^3)$.
   (d) $\det(\mathbf{A}^{-1})$.

Aufgabe 5.4.9 *(10 %)*

1. *Berechnen Sie* $\det\begin{pmatrix} 2 & 2 & 1 & 0 \\ 2 & 0 & 0 & 0 \\ 1 & 0 & 0 & 1 \\ 0 & 0 & 1 & 0 \end{pmatrix}$
   (a) mit dem Gaußschen Eliminationsverfahren.
   (b) mit zweckmäßiger Laplace-Entwicklung.

2. *Berechnen Sie* $\det\begin{pmatrix} 0 & 1 & 2 \\ 3 & 4 & 5 \end{pmatrix}$, *falls dieses möglich ist, oder geben Sie an, warum dieses nicht möglich ist.*

3. *Berechnen Sie* $\det\begin{pmatrix} 1 & 2 & 4 & 2 & 3 & -4 & 3 & -2 \\ -2 & 1 & 1 & 5 & -2 & 0 & 1 & -3 \\ 0 & 0 & 1 & -2 & 8 & -2 & 6 & 4 \\ 0 & 0 & 2 & 1 & 1 & 3 & -4 & -2 \\ 0 & 0 & 0 & 0 & -1 & 2 & 1 & 2 \\ 0 & 0 & 0 & 0 & -2 & 1 & -9 & 5 \\ 0 & 0 & 0 & 0 & 0 & 0 & -1 & 2 \\ 0 & 0 & 0 & 0 & 0 & 0 & -2 & -1 \end{pmatrix}$ *mit dem Verfahren für Blockmatrizen.*

Aufgabe 5.4.10 *(9 %)*

1. *Sei* $\mathbf{A} \in \mathcal{M}_2$. *Geben Sie (ohne Berechnung)* $\det(\mathbf{A})$ *möglichst genau (Zahl oder Wertebereich) an, wenn* $\mathbf{A}$ *auf die Punkte des* $\mathbf{R}^2$ *als*

(a) die Identität

(b) eine Streckung mit Faktor a

(c) eine Stauchung mit Faktor a

(d) eine Spiegelung

(e) eine Drehung

wirkt.

2. *Berechnen Sie die Eigenwerte von* $\begin{pmatrix} 0 & 0 & -1 \\ 0 & 1 & 0 \\ 2 & -2 & 5 \end{pmatrix}$.

Aufgabe 5.4.11 *(7 %)*

Sei $\mathbf{A} = \begin{pmatrix} 0 & 1 \\ 4 & 0 \end{pmatrix}$.

1. *Berechnen Sie die Eigenwerte von* $\mathbf{A}$.
2. *Berechnen Sie die zugehörigen Eigenvektoren.*

5.5 Formelsammlung

1. (a) $x^2 + bx + c = 0 \Longrightarrow x_{1,2} = -b/2 \pm \sqrt{(b/2)^2 - c}$

   (b) $(\sin(\alpha))^2 + (\cos(\alpha))^2 = 1$

2. $\mathbf{x}, \mathbf{y}, \mathbf{z} \in \mathbf{R}^n$, $r \in \mathbf{R}$

   (a) $< \mathbf{y}, \mathbf{x} > = < \mathbf{x}, \mathbf{y} > = \mathbf{x}^T\mathbf{y}$ und $r \cdot < \mathbf{x}, \mathbf{y} > = < r \cdot \mathbf{x}, \mathbf{y} > = < \mathbf{x}, r \cdot \mathbf{y} >$

   (b) $< \mathbf{x}, \mathbf{y} + \mathbf{z} > = < \mathbf{x}, \mathbf{y} > + < \mathbf{x}, \mathbf{z} >$ und $< \mathbf{x} + \mathbf{y}, \mathbf{z} > = < \mathbf{x}, \mathbf{z} > + < \mathbf{y}, \mathbf{z} >$

   (c) $|\mathbf{x}| := \sqrt{< \mathbf{x}, \mathbf{x} >}$ und $|r \cdot \mathbf{x}| = |r| \cdot |\mathbf{x}|$ sowie $d(\mathbf{x}, \mathbf{y}) := |\mathbf{x} - \mathbf{y}|$

   (d) $\cos(\alpha) = \frac{<\mathbf{x},\mathbf{y}>}{|\mathbf{x}||\mathbf{y}|}$ für $\mathbf{x} \neq \mathbf{0}$, $\mathbf{y} \neq \mathbf{0}$ und $\mathbf{x} \perp \mathbf{y} :\Longleftrightarrow < \mathbf{x}, \mathbf{y} > = 0$

   (e) $\hat{\mathbf{y}} = \frac{<\mathbf{x},\mathbf{y}>}{|\mathbf{x}|^2} \mathbf{x}$ für $\mathbf{x} \neq \mathbf{0}$

3. $\mathbf{x}_1, \ldots, \mathbf{x}_k \in \mathbf{R}^n$ l. u. $:\Longleftrightarrow$ $[r_1, \ldots, r_k \in \mathbf{R} \wedge \sum_{j=1}^k r_j \mathbf{x}_j = \mathbf{0} \Longrightarrow r_1 = \ldots = r_k = 0]$

4. $\mathbf{A}, \mathbf{A}' \in \mathcal{M}_{m,n}$, $\mathbf{B}, \mathbf{B}' \in \mathcal{M}_{n,p}$

   (a) $\mathbf{A}(\mathbf{B} + \mathbf{B}') = \mathbf{AB} + \mathbf{AB}'$ und $(\mathbf{A} + \mathbf{A}')\mathbf{B} = \mathbf{AB} + \mathbf{A}'\mathbf{B}$

   (b) $(\mathbf{AB})^T = \mathbf{B}^T\mathbf{A}^T$ und $(\mathbf{A} + \mathbf{B})^T = \mathbf{A}^T + \mathbf{B}^T$

   (c) $(\mathbf{A} + \mathbf{A}')$ erfordert $m \cdot n$ Additionen, $(\mathbf{A} \cdot \mathbf{B})$ erfordert $m \cdot p \cdot n$ Multiplikationen und $m \cdot p \cdot (n-1)$ Additionen

5. $\mathbf{A} \in \mathcal{M}_n$: $\mathbf{A}$ symmetrisch $\Longleftrightarrow$ $\mathbf{A} = \mathbf{A}^T$

6. $\mathbf{A}, \mathbf{B} \in \mathcal{M}_n$ regulär: $(\mathbf{A}^{-1})^{-1} = \mathbf{A}$ und $\det(\mathbf{A}^{-1}) = \frac{1}{\det(\mathbf{A})}$ sowie $(\mathbf{A} \cdot \mathbf{B})^{-1} = \mathbf{B}^{-1} \cdot \mathbf{A}^{-1}$ und $(\mathbf{A}^{-1})^T = (\mathbf{A}^T)^{-1}$

7. $\begin{pmatrix} a & b \\ c & d \end{pmatrix}^{-1} = \frac{1}{ad-bc} \begin{pmatrix} d & -b \\ -c & a \end{pmatrix}$ für $ad - bc \neq 0$

8. $\mathbf{A} = \begin{pmatrix} \mathbf{A}_{11} & \mathbf{0} \\ \mathbf{0} & \mathbf{A}_{22} \end{pmatrix}$, $\mathbf{A}_{11}$, $\mathbf{A}_{22}$ regulär $\Longrightarrow \mathbf{A}^{-1} = \begin{pmatrix} \mathbf{A}_{11}^{-1} & \mathbf{0} \\ \mathbf{0} & \mathbf{A}_{22}^{-1} \end{pmatrix}$

9. $\det \begin{pmatrix} a_{11} & a_{12} \\ a_{21} & a_{22} \end{pmatrix} = a_{11}a_{22} - a_{12}a_{21}$ und $\det \begin{pmatrix} \mathbf{A}_{11} & \mathbf{A}_{12} \\ \mathbf{0} & \mathbf{A}_{22} \end{pmatrix} = \det(\mathbf{A}_{11}) \cdot \det(\mathbf{A}_{22})$

10. $\mathbf{A}, \mathbf{B} \in \mathcal{M}_n$: $\det(\mathbf{A} \cdot \mathbf{B}) = \det(\mathbf{A}) \cdot \det(\mathbf{B})$ und $\det(\mathbf{A}^T) = \det(\mathbf{A})$

11. $\mathbf{A} \in \mathcal{M}_n$ Dreiecksmatrix: $\det(\mathbf{A}) = \Pi_{i=1}^n a_{ii}$

12. (a) $\mathbf{A} \in \mathcal{M}_n$: $\lambda \in \mathbf{R}$ EW $:\Longleftrightarrow \exists\, \mathbf{x} \neq \mathbf{0}$ mit $\mathbf{A}\mathbf{x} = \lambda\mathbf{x} \Longleftrightarrow \det(\mathbf{A} - \lambda\mathbf{I}) = 0$
    (b) $\mathbf{A} \in \mathcal{M}_n$: $\lambda \in \mathbf{R}$ EW von $\mathbf{A} \Longrightarrow \lambda^k$ EW von $\mathbf{A}^k$

13. $\mathbf{A} \in \mathcal{M}_n$ symmetrisch mit EW-Diagonalmatrix $\mathbf{\Lambda}$ und orthogonaler EV-Matrix $\mathbf{X}$: $\mathbf{X}^T \cdot \mathbf{A} \cdot \mathbf{X} = \mathbf{\Lambda}$ bzw. $\mathbf{A} = \mathbf{X} \cdot \mathbf{\Lambda} \cdot \mathbf{X}^T$

14. $\mathbf{A} \in \mathcal{M}_n$ symmetrisch mit EWen $\lambda_1, \ldots, \lambda_n$ und Hauptminoren $\det(\mathbf{H}_i)$:
    (a) $\mathbf{A}$ positiv definit $\Longleftrightarrow \lambda_1, \ldots, \lambda_n > 0 \Longleftrightarrow \det(\mathbf{H}_i) > 0 \; \forall\, i$
    (b) $\mathbf{A}$ negativ definit $\Longleftrightarrow \lambda_1, \ldots, \lambda_n < 0 \Longleftrightarrow (-1)^i \det(\mathbf{H}_i) > 0 \; \forall\, i$
    (c) $\mathbf{A}$ positiv semidefinit $\Longleftrightarrow \lambda_1, \ldots, \lambda_n \geq 0 \Longrightarrow \det(\mathbf{H}_i) \geq 0 \; \forall\, i$
    (d) $\mathbf{A}$ negativ semidefinit $\Longleftrightarrow \lambda_1, \ldots, \lambda_n \leq 0 \Longrightarrow (-1)^i \det(\mathbf{H}_i) \geq 0 \; \forall\, i$

Kapitel 6

Lösungen zu Lineare-Algebra-Klausuren

In diesem Kapitel finden Sie die Lösungen zu den 4 Lineare-Algebra-Klausuren des Kapitels 4.

6.1 Lösungen

Lösung zu Aufgabe 4.1.1

1. $r \cdot \mathbf{x} = \mathbf{0} \Rightarrow r = 0$, also: Ja
2. $2 \cdot \mathbf{x}_1 - \mathbf{x}_2 = \mathbf{0} \Rightarrow$ Nein
3. Für beliebiges $r \in \mathbf{R}$: $r \cdot \mathbf{x}_1 + 0 \cdot \mathbf{x}_2 = \mathbf{0} \Rightarrow$ Nein
4. $\begin{pmatrix} 1 & 2 & 1 \\ 2 & 1 & 2 \end{pmatrix} \overset{II-2\cdot I}{\longrightarrow} \begin{pmatrix} 1 & 2 & 1 \\ 0 & -3 & 0 \end{pmatrix} \Rightarrow \dim(\mathrm{Span}(\mathbf{x}_1, \mathbf{x}_2)) = 2 \Rightarrow$ Ja
5. 4 Vektoren sind im $\mathbf{R}^3$ immer linear abhängig, also: Nein

Lösung zu Aufgabe 4.1.2

1. Die Skizze sollte im $\mathbf{R}^2$ die durch $r_1 \cdot \begin{pmatrix} 1 \\ 2 \end{pmatrix}$ und $r_2 \cdot \begin{pmatrix} 2 \\ 1 \end{pmatrix}$ mit $r_1, r_2 \geq 0$ gegebenen Halbgeraden sowie die dazwischen liegende Punktmenge zeigen.
2. $< \mathbf{x}_0, \mathbf{x}_1 > = 1 \cdot 1 + 2 \cdot a + 1 \cdot b = 0 \Rightarrow 2 \cdot a + 1 \cdot b = -1 \quad \text{(I)}$

   $< \mathbf{x}_0, \mathbf{x}_2 > = 1 \cdot 2 + 1 \cdot a + 2 \cdot b = 0 \Rightarrow 1 \cdot a + 2 \cdot b = -2 \quad \text{(II)}$

   $\text{(I),(II)} \Rightarrow \left(\begin{array}{cc|c} 2 & 1 & -1 \\ 1 & 2 & -2 \end{array}\right) \overset{\substack{I \leftrightarrow II \\ II-2\cdot I}}{\longrightarrow} \left(\begin{array}{cc|c} 1 & 2 & -2 \\ 0 & -3 & 3 \end{array}\right) \overset{\substack{-1/3\cdot II \\ I-2\cdot II}}{\longrightarrow} \left(\begin{array}{cc|c} 1 & 0 & 0 \\ 0 & 1 & -1 \end{array}\right) \Rightarrow$

   $\mathbf{x}_0 = \begin{pmatrix} 1 \\ 0 \\ -1 \end{pmatrix}$

Lösung zu Aufgabe 4.1.3

1. (a) $n = r$, $m = 1$
   (b) $n = r$, $s = 1$
   (c) $n = r$, $m = s = 1$
   (d) $n = r$, $m = s$
   (e) $n \neq r$

2. $(\mathbf{A} \cdot \mathbf{B} \cdot \mathbf{C} \cdot \mathbf{D})^T = (\mathbf{C} \cdot \mathbf{D})^T \cdot (\mathbf{A} \cdot \mathbf{B})^T = \mathbf{D}^T \cdot \mathbf{C}^T \cdot \mathbf{B}^T \cdot \mathbf{A}^T \Rightarrow$ Ja

3. $$\begin{pmatrix} 3 & 5 \\ 2 & 1 \\ 5 & 8 \end{pmatrix} \cdot \begin{pmatrix} 1 & 1 & 2 & 3 \\ 1 & 1 & 4 & 5 \end{pmatrix} = \begin{pmatrix} 8 & 8 & 26 & 34 \\ 3 & 3 & 8 & 11 \\ 13 & 13 & 42 & 55 \end{pmatrix} =: \mathbf{E}$$

   Für e_{11} etwa gilt: $\frac{R_1}{Z_1} \cdot \frac{Z_1}{P_1} + \frac{R_1}{Z_2} \cdot \frac{Z_2}{P_1} = \frac{R_1}{P_1}$

Lösung zu Aufgabe 4.1.4

1. $\mathbf{B} \in \mathcal{M}_3$, $\mathbf{x}^T \in \mathcal{M}_{1,3} \Rightarrow \mathbf{B} + \mathbf{x}^T$ nicht definiert

2. $$(\mathbf{A}^T + 2 \cdot \mathbf{B}) \cdot \mathbf{x} = \left[\begin{pmatrix} 1 & 3 & 2 \\ -3 & -4 & -5 \\ 2 & 1 & 3 \end{pmatrix} + \begin{pmatrix} 4 & 10 & 12 \\ 2 & 4 & 10 \\ 2 & 6 & 4 \end{pmatrix} \right] \cdot \mathbf{x} =$$

   $$\begin{pmatrix} 5 & 13 & 14 \\ -1 & 0 & 5 \\ 4 & 7 & 7 \end{pmatrix} \cdot \begin{pmatrix} 3 \\ 2 \\ 1 \end{pmatrix} = \begin{pmatrix} 55 \\ 2 \\ 33 \end{pmatrix}$$

3. $$-\mathbf{A} \cdot (2 \cdot \mathbf{x}) = \begin{pmatrix} -1 & 3 & -2 \\ -3 & 4 & -1 \\ -2 & 5 & -3 \end{pmatrix} \cdot \begin{pmatrix} 6 \\ 4 \\ 2 \end{pmatrix} = \begin{pmatrix} 2 \\ -4 \\ 2 \end{pmatrix}$$

4. $\mathbf{x} \in \mathcal{M}_{3,1}$, $(\mathbf{A} - \mathbf{B}) \in \mathcal{M}_3 \Rightarrow \mathbf{x} \cdot (\mathbf{A} - \mathbf{B})$ nicht definiert

Lösung zu Aufgabe 4.1.5

1. $(\mathbf{A}+\mathbf{B}) \cdot (\mathbf{A}-\mathbf{B}) = \mathbf{A} \cdot (\mathbf{A}-\mathbf{B}) + \mathbf{B} \cdot (\mathbf{A}-\mathbf{B}) = \mathbf{A}^2 - \mathbf{A} \cdot \mathbf{B} + \mathbf{B} \cdot \mathbf{A} - \mathbf{B}^2 \neq \mathbf{A}^2 - \mathbf{B}^2$, da i.a. $\mathbf{A} \cdot \mathbf{B} \neq \mathbf{B} \cdot \mathbf{A}$. Also: Nein.

2. (a) $$\begin{pmatrix} 1 & 1 & 0 \\ 0 & 0 & 1 \end{pmatrix} \cdot \begin{pmatrix} c_{11} & c_{12} & c_{13} \\ c_{21} & c_{22} & c_{23} \\ c_{31} & c_{32} & c_{33} \end{pmatrix} \cdot \begin{pmatrix} 1 & 0 \\ 1 & 0 \\ 0 & 1 \end{pmatrix} =$$

   $$\begin{pmatrix} c_{11} + c_{21} & c_{12} + c_{22} & c_{13} + c_{23} \\ c_{31} & c_{32} & c_{33} \end{pmatrix} \cdot \begin{pmatrix} 1 & 0 \\ 1 & 0 \\ 0 & 1 \end{pmatrix} =$$

   $$\begin{pmatrix} c_{11} + c_{12} + c_{21} + c_{22} & c_{13} + c_{23} \\ c_{31} + c_{32} & c_{33} \end{pmatrix}$$

   Sektor 1 und 2 werden zusammengefaßt

(b) $\mathbf{S} = \begin{pmatrix} 1 & 0 & 0 & 0 & 0 \\ 0 & 1 & 0 & 0 & 0 \\ 0 & 0 & 1 & 0 & 1 \\ 0 & 0 & 0 & 1 & 0 \end{pmatrix}$

Lösung zu Aufgabe 4.1.6

1. $\begin{pmatrix} 1 & 2 \\ 2 & 1 \end{pmatrix}^{-1} = \frac{1}{-3} \cdot \begin{pmatrix} 1 & -2 \\ -2 & 1 \end{pmatrix} \quad \begin{pmatrix} 1 & 2 \\ 3 & 4 \end{pmatrix}^{-1} = \frac{1}{-2} \cdot \begin{pmatrix} 4 & -2 \\ -3 & 1 \end{pmatrix} \Rightarrow$

$$\mathbf{A}^{-1} = \frac{1}{6} \cdot \begin{pmatrix} -2 & 4 & 0 & 0 \\ 4 & -2 & 0 & 0 \\ 0 & 0 & -12 & 6 \\ 0 & 0 & 9 & -3 \end{pmatrix}$$

2. $(\mathbf{A}|\mathbf{I}) = \left(\begin{array}{ccc|ccc} 1 & 0 & 4 & 1 & 0 & 0 \\ 0 & 1 & 2 & 0 & 1 & 0 \\ -1 & 0 & 3 & 0 & 0 & 1 \end{array}\right) \overset{III+I}{\underset{1/7 \cdot III}{\longrightarrow}} \left(\begin{array}{ccc|ccc} 1 & 0 & 4 & 1 & 0 & 0 \\ 0 & 1 & 2 & 0 & 1 & 0 \\ 0 & 0 & 1 & 1/7 & 0 & 1/7 \end{array}\right) \overset{II-2 \cdot III}{\underset{I-4 \cdot III}{\longrightarrow}}$

$$\left(\begin{array}{ccc|ccc} 1 & 0 & 0 & 3/7 & 0 & -4/7 \\ 0 & 1 & 0 & -2/7 & 1 & -2/7 \\ 0 & 0 & 1 & 1/7 & 0 & 1/7 \end{array}\right) = (\mathbf{I}|\mathbf{A}^{-1})$$

$$\begin{pmatrix} 1 & 0 & 4 \\ 0 & 1 & 2 \\ -1 & 0 & 3 \end{pmatrix} \cdot \begin{pmatrix} 3/7 & 0 & -4/7 \\ -2/7 & 1 & -2/7 \\ 1/7 & 0 & 1/7 \end{pmatrix} = \mathbf{I}$$

3. $\mathbf{A} = \begin{pmatrix} 1 & 1 & 2 \\ 2 & 4 & 6 \\ 3 & 5 & a \end{pmatrix} \overset{II-2 \cdot I}{\underset{III-3 \cdot I}{\longrightarrow}} \begin{pmatrix} 1 & 1 & 2 \\ 0 & 2 & 2 \\ 0 & 2 & a-6 \end{pmatrix} \overset{1/2 \cdot II}{\underset{III-2 \cdot II}{\longrightarrow}} \begin{pmatrix} 1 & 1 & 2 \\ 0 & 1 & 1 \\ 0 & 0 & a-8 \end{pmatrix} \Rightarrow$

   $\mathbf{A}$ regulär für $a \neq 8$

Lösung zu Aufgabe 4.1.7

1.

Rangbedingung	$\lvert\mathbf{L}\rvert = 0$	$\lvert\mathbf{L}\rvert = 1$	$\lvert\mathbf{L}\rvert = \infty$	Widerspruch
$\text{rg}(\mathbf{A}) = \text{rg}(\mathbf{A}\lvert\mathbf{b}) = n$		×		
$\text{rg}(\mathbf{A}) > \text{rg}(\mathbf{A}\lvert\mathbf{b})$				×
$\text{rg}(\mathbf{A}) = \text{rg}(\mathbf{A}\lvert\mathbf{b}) < n$			×	
$\text{rg}(\mathbf{A}) < \text{rg}(\mathbf{A}\lvert\mathbf{b})$	×			
$\text{rg}(\mathbf{A}) = \text{rg}(\mathbf{A}\lvert\mathbf{b}) = n < m$		×		
$\text{rg}(\mathbf{A}) = \text{rg}(\mathbf{A}\lvert\mathbf{b}) > n$				×

2. Nein, denn z.B. für $\mathbf{A} \in \mathcal{M}_{2,3}$ gilt $\mathbf{A} \cdot \mathbf{A}^T \in \mathcal{M}_2$, aber $\mathbf{A}^T \cdot \mathbf{A} \in \mathcal{M}_3$

3. $\left.\begin{array}{rcl} Y - C & = & I_0 + G_0 \\ -\beta Y + C + \beta T & = & \alpha \\ -tY + T & = & 0 \end{array}\right\} \Rightarrow \mathbf{A} = \begin{pmatrix} 1 & -1 & 0 \\ -\beta & 1 & \beta \\ -t & 0 & 1 \end{pmatrix}, \quad \mathbf{b} = \begin{pmatrix} I_0 + G_0 \\ \alpha \\ 0 \end{pmatrix}$

Lösung zu Aufgabe 4.1.8

1. Die Skizze zeigt die beiden Geraden $x_2 = -7 + 3x_1$ und $x_2 = -7 - 3x_1$. Das ILGS hat genau eine Lösung $(x_1, x_2) = (0, -7)$ im eindeutigen Schnittpunkt der beiden Geraden.

2. Die Geraden (1) und (3) sind identisch. Daher verändert sich die Lösungsmenge nicht.

3. Man fügt der Skizze die Gerade $x_2 = 7 + 3x_1$ hinzu. Die Geraden (1) und (4) sind parallel und haben somit keinen gemeinsamen Schnittpunkt. Dieses ILGS hat daher keine Lösung.

Lösung zu Aufgabe 4.1.9

1. $$(\mathbf{A}|\mathbf{b}) = \left(\begin{array}{cccc|c} 1 & 0 & 0 & -1 & 2 \\ 0 & 1 & -1 & 1 & 3 \\ 0 & 0 & a & 0 & 1 \\ 0 & 1 & 0 & c & 0 \end{array}\right) \overset{\substack{IV-II \\ 1/a\cdot III}}{\longrightarrow} \left(\begin{array}{cccc|c} 1 & 0 & 0 & -1 & 2 \\ 0 & 1 & -1 & 1 & 3 \\ 0 & 0 & 1 & 0 & 1/a \\ 0 & 0 & 1 & c-1 & -3 \end{array}\right) \overset{\substack{IV-III \\ II+III}}{\longrightarrow}$$

$$\left(\begin{array}{cccc|c} 1 & 0 & 0 & -1 & 2 \\ 0 & 1 & 0 & 1 & 3+1/a \\ 0 & 0 & 1 & 0 & 1/a \\ 0 & 0 & 0 & c-1 & -3-1/a \end{array}\right) \longrightarrow *$$

Keine Lösung für $a = 0$ und für $a \neq -1/3$, $c = 1$, da dann $\text{rg}(\mathbf{A}) < \text{rg}(\mathbf{A}|\mathbf{b})$

Genau eine Lösung für $a \neq 0$, $c \neq 1$, da dann $\text{rg}(\mathbf{A}) = \text{rg}(\mathbf{A}|\mathbf{b}) = n$

Unendlich viele Lösungen für $a = -1/3$, $c = 1$, da dann $\text{rg}(\mathbf{A}) = \text{rg}(\mathbf{A}|\mathbf{b}) < n$

$$* \overset{\substack{c=0 \\ -1\cdot IV}}{\longrightarrow} \left(\begin{array}{cccc|c} 1 & 0 & 0 & -1 & 2 \\ 0 & 1 & 0 & 1 & 3+1/a \\ 0 & 0 & 1 & 0 & 1/a \\ 0 & 0 & 0 & 1 & 3+1/a \end{array}\right) \overset{\substack{II-IV \\ I+IV}}{\longrightarrow} \left(\begin{array}{cccc|c} 1 & 0 & 0 & 0 & 5+1/a \\ 0 & 1 & 0 & 0 & 0 \\ 0 & 0 & 1 & 0 & 1/a \\ 0 & 0 & 0 & 1 & 3+1/a \end{array}\right) \Rightarrow$$

$$\mathbf{x} = \begin{pmatrix} 5+1/a \\ 0 \\ 1/a \\ 3+1/a \end{pmatrix} \text{ mit } a \neq 0$$

Lösung zu Aufgabe 4.1.10

1. $\det(\mathbf{A}) = 0.7$

2. $$\det(\mathbf{A} - \lambda\mathbf{I}) = \det\begin{pmatrix} 0.9-\lambda & 0.1 \\ 0.2 & 0.8-\lambda \end{pmatrix} = \lambda^2 - 1.7\lambda + 0.7 \overset{!}{=} 0 \Rightarrow$$

$$\lambda_{1,2} = 0.85 \pm \sqrt{0.7225 - 0.7} \Rightarrow \lambda_1 = 1,\ \lambda_2 = 0.7$$

$$\lambda_1 = 1 \Rightarrow \mathbf{A} - \lambda_1\mathbf{I} = \begin{pmatrix} -0.1 & 0.1 \\ 0.2 & -0.2 \end{pmatrix} \overset{\substack{-10\cdot I \\ II-1/5\cdot I}}{\longrightarrow} \begin{pmatrix} 1 & -1 \\ 0 & 0 \end{pmatrix} \Rightarrow \mathbf{x}_1 = \begin{pmatrix} 1 \\ 1 \end{pmatrix}$$

$$\lambda_2 = 0.7 \Rightarrow \mathbf{A} - \lambda_2\mathbf{I} = \begin{pmatrix} 0.2 & 0.1 \\ 0.2 & 0.1 \end{pmatrix} \overset{\substack{5\cdot I \\ II-1/5\cdot I}}{\longrightarrow} \begin{pmatrix} 1 & 0.5 \\ 0 & 0 \end{pmatrix} \Rightarrow \mathbf{x}_2 = \begin{pmatrix} -0.5 \\ 1 \end{pmatrix}$$

3. Skizze ...

4. Alle Wählerzahlen im Vektorraum Span($\mathbf{x}_1$) – hier gilt $x_{1t} = x_{2t}$ – bleiben konstant, denn $\mathbf{A}$ wirkt hier wie die Identität (Eigenwert $\lambda_1 = 1$). Alle anderen Wählerzahlen werden im Laufe der Jahre auch auf diesen Vektorraum, also auf die Gleichheit von x_{1t} und x_{2t} gedrückt, denn $\mathbf{A}$ wirkt in diesem Falle wie eine Stauchung (Eigenwert $\lambda_2 = 0.7$)

6.2 Lösungen

Lösung zu Aufgabe 4.2.1

1. (a) $r \cdot \mathbf{x} = \mathbf{0} \Rightarrow r = 0$, also: Ja

   (b) Für beliebiges $r \in \mathbf{R}$ gilt: $r \cdot \mathbf{x}_1 + 0 \cdot \mathbf{x}_2 = \mathbf{0}$, also: Nein

2. $|\mathbf{x}| = \sqrt{1+2+0+1} = 2 \Rightarrow \mathbf{x}^* = \frac{\mathbf{x}}{|\mathbf{x}|} = \begin{pmatrix} 1/2 \\ 1/\sqrt{2} \\ 0 \\ -1/2 \end{pmatrix}$

3. $\cos(\alpha) = \frac{<\mathbf{x}_1, \mathbf{x}_2>}{|\mathbf{x}_1| \cdot |\mathbf{x}_2|} = \frac{7}{\sqrt{5} \cdot \sqrt{50}} = 0.4427 \Rightarrow \alpha = 63.72°$

Lösung zu Aufgabe 4.2.2

1. Die Skizze sollte im $\mathbf{R}^2$ die durch $r \cdot \begin{pmatrix} 1 \\ 2 \end{pmatrix}$ mit $r \geq 0$ gegebene Halbgerade zeigen.

2. $\mathrm{d}(\mathbf{x}_1, \mathbf{x}_2) = |\mathbf{x}_1 - \mathbf{x}_2| = \sqrt{(1-0)^2 + (0+1)^2} = \sqrt{2}$

   Die Skizze sollte im $\mathbf{R}^2$ das Geradenstück zwischen den Punkten $(0, -1)$ und $(1, 0)$ zeigen.

3. (a) $r_1 \cdot \begin{pmatrix} 1 \\ 2 \end{pmatrix} + r_2 \cdot \begin{pmatrix} 2 \\ 1 \end{pmatrix} = \begin{pmatrix} 2.5 \\ 2 \end{pmatrix} \Rightarrow \left\{ \begin{array}{rcl} 1 \cdot r_1 + 2 \cdot r_2 & = & 2.5 \\ 2 \cdot r_1 + 1 \cdot r_2 & = & 2 \end{array} \right\} \Rightarrow$

   $\left(\begin{array}{cc|c} 1 & 2 & 2.5 \\ 2 & 1 & 2 \end{array} \right) \overset{II-2 \cdot I}{\longrightarrow} \left(\begin{array}{cc|c} 1 & 2 & 2.5 \\ 0 & -3 & -3 \end{array} \right) \overset{\substack{-1/3 \cdot II \\ I-2 \cdot II}}{\longrightarrow} \left(\begin{array}{cc|c} 1 & 0 & 0.5 \\ 0 & 1 & 1 \end{array} \right) \Rightarrow$

   $\begin{pmatrix} r_1 \\ r_2 \end{pmatrix} = \begin{pmatrix} 0.5 \\ 1 \end{pmatrix}$

   Die Skizze sollte im $\mathbf{R}^2$ die Vektoren $\begin{pmatrix} 1 \\ 2 \end{pmatrix}$, $\begin{pmatrix} 2 \\ 1 \end{pmatrix}$ und $\begin{pmatrix} 2.5 \\ 2 \end{pmatrix}$ sowie z.B. das gestrichelte Geradenstück zwischen den Punkten $(2, 1)$ und $(2.5, 2)$ zeigen.

   (b) $r_1 \cdot \begin{pmatrix} 1 \\ 0 \end{pmatrix} + r_2 \cdot \begin{pmatrix} 0 \\ 1 \end{pmatrix} = \begin{pmatrix} 2.5 \\ 2 \end{pmatrix} \Rightarrow \begin{pmatrix} r_1 \\ r_2 \end{pmatrix} = \begin{pmatrix} 2.5 \\ 2 \end{pmatrix}$

   Die Skizze sollte im $\mathbf{R}^2$ die Vektoren $\mathbf{e}_1$, $\mathbf{e}_2$ und $\mathbf{y}$ sowie z.B. das gestrichelte Geradenstück zwischen den Punkten $(2.5, 0)$ und $(2.5, 2)$ zeigen.

Lösung zu Aufgabe 4.2.3

1. Für $\mathbf{x}, \mathbf{y} \in \mathcal{M}_{3,1}$ ist $\mathbf{x} \cdot \mathbf{y}$ nicht definiert

2. $\left(\begin{pmatrix} 2 \\ 6 \\ -1 \end{pmatrix}^T \cdot \begin{pmatrix} 3 \\ 6 \\ 1 \end{pmatrix}\right)^{-1} = (41)^{-1} = \frac{1}{41}$

3. $\left(3 \cdot \begin{pmatrix} 2 & 1 & 0 \\ 0 & -1 & 3 \\ 1 & 0 & 7 \end{pmatrix}^T\right)^T \cdot \begin{pmatrix} 1 \\ 0 \\ 4 \end{pmatrix} - \begin{pmatrix} 0 \\ 2 \\ 1 \end{pmatrix} = \begin{pmatrix} 6 & 3 & 0 \\ 0 & -3 & 9 \\ 3 & 0 & 21 \end{pmatrix} \cdot \begin{pmatrix} 1 \\ 0 \\ 4 \end{pmatrix} - \begin{pmatrix} 0 \\ 2 \\ 1 \end{pmatrix} =$
$\begin{pmatrix} 6 \\ 36 \\ 87 \end{pmatrix} - \begin{pmatrix} 0 \\ 2 \\ 1 \end{pmatrix} = \begin{pmatrix} 6 \\ 34 \\ 86 \end{pmatrix}$

4. $\begin{pmatrix} 1 & 3 \\ 4 & -1 \\ 0 & 2 \end{pmatrix} \cdot \begin{pmatrix} 2 & 1 & 0 & 0 \\ -2 & 0 & 3 & 2 \end{pmatrix} \cdot \begin{pmatrix} 1 & 0 \\ 0 & 1 \\ 2 & -1 \\ 3 & 3 \end{pmatrix} = \begin{pmatrix} -4 & 1 & 9 & 6 \\ 10 & 4 & -3 & -2 \\ -4 & 0 & 6 & 4 \end{pmatrix} \cdot \begin{pmatrix} 1 & 0 \\ 0 & 1 \\ 2 & -1 \\ 3 & 3 \end{pmatrix} =$
$\begin{pmatrix} 32 & 10 \\ -2 & 1 \\ 20 & 6 \end{pmatrix}$

Lösung zu Aufgabe 4.2.4

1. $\left.\begin{array}{l} \mathbf{a}_1,\ \mathbf{a}_2 \textit{ linear} \text{ unabhängig } \Rightarrow \text{rg}(\mathbf{A}) \geq 2 \\ 2 \cdot \mathbf{a}_1 + 2 \cdot \mathbf{a}_2 = \mathbf{a}_3 \textit{ und } \mathbf{a}_4 = \mathbf{0} \Rightarrow \text{rg}(\mathbf{A}) \leq 2 \end{array}\right\} \Rightarrow \text{rg}(\mathbf{A}) = 2$

2. Die Gleichung ist definiert, wenn $\mathbf{X} \in \mathcal{M}_{p,m}$ ist. Ist $m = n$ und $\mathbf{A} - \mathbf{B}$ regulär, so kann man sie nach $\mathbf{X}$ auflösen mit:

   $\mathbf{X} \cdot \mathbf{A} - \mathbf{X} \cdot \mathbf{B} = \mathbf{C} \iff \mathbf{X} \cdot (\mathbf{A} - \mathbf{B}) = \mathbf{C} \iff \mathbf{X} = \mathbf{C} \cdot (\mathbf{A} - \mathbf{B})^{-1}$

3. $\mathbf{B}^T \cdot \mathbf{A}^T \cdot \mathbf{C} + (\mathbf{D}^T \cdot \mathbf{A} \cdot \mathbf{B})^T + (\mathbf{C}^T \cdot \mathbf{A} \cdot \mathbf{B})^T + (\mathbf{A} \cdot \mathbf{B})^T \cdot \mathbf{D} =$
   $(\mathbf{A} \cdot \mathbf{B})^T \cdot \mathbf{C} + (\mathbf{A} \cdot \mathbf{B})^T \cdot \mathbf{D} + (\mathbf{A} \cdot \mathbf{B})^T \cdot \mathbf{C} + (\mathbf{A} \cdot \mathbf{B})^T \cdot \mathbf{D} =$
   $(\mathbf{A} \cdot \mathbf{B})^T \cdot (\mathbf{C} + \mathbf{D} + \mathbf{C} + \mathbf{D}) = 2 \cdot (\mathbf{A} \cdot \mathbf{B})^T \cdot (\mathbf{C} + \mathbf{D})$

4. Ist $\mathbf{A}$ regulär, so folgt: $\mathbf{A} \cdot \mathbf{B} = \mathbf{A} \cdot \mathbf{C} \iff \mathbf{A}^{-1} \cdot \mathbf{A} \cdot \mathbf{B} = \mathbf{A}^{-1} \cdot \mathbf{A} \cdot \mathbf{C} \iff \mathbf{B} = \mathbf{C}$

Lösung zu Aufgabe 4.2.5

1. $\begin{pmatrix} -1 & 4 \\ 0 & 3 \end{pmatrix}^{-1} = \frac{1}{-3} \cdot \begin{pmatrix} 3 & -4 \\ 0 & -1 \end{pmatrix} \qquad \begin{pmatrix} 2 & -1 \\ 0 & 3 \end{pmatrix}^{-1} = \frac{1}{6} \cdot \begin{pmatrix} 3 & 1 \\ 0 & 2 \end{pmatrix} \Rightarrow$

   $\mathbf{A}^{-1} = \frac{1}{6} \cdot \begin{pmatrix} -6 & 8 & 0 & 0 \\ 0 & 2 & 0 & 0 \\ 0 & 0 & 3 & 1 \\ 0 & 0 & 0 & 2 \end{pmatrix}$

2. $(\mathbf{A}|\mathbf{B}) = \left(\begin{array}{rrr|rrrr} 2 & -1 & 0 & 1 & 0 & 0 & 1 \\ 1 & 1 & -1 & 0 & 1 & 0 & 2 \\ 0 & 1 & 1 & 0 & 0 & 1 & 1 \end{array}\right) \overset{I\leftrightarrow II}{\underset{II\leftrightarrow III}{\longrightarrow}} \left(\begin{array}{rrr|rrrr} 1 & 1 & -1 & 0 & 1 & 0 & 2 \\ 0 & 1 & 1 & 0 & 0 & 1 & 1 \\ 2 & -1 & 0 & 1 & 0 & 0 & 1 \end{array}\right) \overset{III-2\cdot I}{\underset{I-II}{\longrightarrow}}$

$$\left(\begin{array}{rrr|rrrr} 1 & 0 & -2 & 0 & 1 & -1 & 1 \\ 0 & 1 & 1 & 0 & 0 & 1 & 1 \\ 0 & -3 & 2 & 1 & -2 & 0 & -3 \end{array}\right) \overset{III+3\cdot II}{\underset{1/5\cdot III}{\longrightarrow}} \left(\begin{array}{rrr|rrrr} 1 & 0 & -2 & 0 & 1 & -1 & 1 \\ 0 & 1 & 1 & 0 & 0 & 1 & 1 \\ 0 & 0 & 1 & 1/5 & -2/5 & 3/5 & 0 \end{array}\right)$$

$$\overset{I+2\cdot III}{\underset{II-III}{\longrightarrow}} \left(\begin{array}{rrr|rrrr} 1 & 0 & 0 & 2/5 & 1/5 & 1/5 & 1 \\ 0 & 1 & 0 & -1/5 & 2/5 & 2/5 & 1 \\ 0 & 0 & 1 & 1/5 & -2/5 & 3/5 & 0 \end{array}\right) = (\mathbf{I}|\mathbf{A}^{-1}\cdot\mathbf{B}) = (\mathbf{I}|\mathbf{X})$$

Lösung zu Aufgabe 4.2.6

$$\left.\begin{array}{rcl} p_1 & \overset{!}{=} & 10 - p_1 + p_2 + p_3 \\ 4p_2 & \overset{!}{=} & 15 + p_1 - p_2 + 3p_3 \\ 2p_3 & \overset{!}{=} & 18 + 2p_1 + p_2 - p_3 \end{array}\right\} \Longleftrightarrow \left\{\begin{array}{rcl} -2p_1 + p_2 + p_3 & = & -10 \\ p_1 - 5p_2 + 3p_3 & = & -15 \\ 2p_1 + p_2 - 3p_3 & = & -18 \end{array}\right\} \Longleftrightarrow$$

$$\left(\begin{array}{rrr|r} -2 & 1 & 1 & -10 \\ 1 & -5 & 3 & -15 \\ 2 & 1 & -3 & -18 \end{array}\right) \overset{I\leftrightarrow II}{\longrightarrow} \left(\begin{array}{rrr|r} 1 & -5 & 3 & -15 \\ -2 & 1 & 1 & -10 \\ 2 & 1 & -3 & -18 \end{array}\right) \overset{II+2\cdot I}{\underset{III-2\cdot I}{\longrightarrow}}$$

$$\left(\begin{array}{rrr|r} 1 & -5 & 3 & -15 \\ 0 & -9 & 7 & -40 \\ 0 & 11 & -9 & 12 \end{array}\right) \overset{-1/9\cdot II}{\underset{I+5\cdot II}{\longrightarrow}} \left(\begin{array}{rrr|r} 1 & 0 & -8/9 & 65/9 \\ 0 & 1 & -7/9 & 40/9 \\ 0 & 11 & -9 & 12 \end{array}\right) \overset{III-11\cdot II}{\underset{-9/4\cdot III}{\longrightarrow}}$$

$$\left(\begin{array}{rrr|r} 1 & 0 & -8/9 & 65/9 \\ 0 & 1 & -7/9 & 40/9 \\ 0 & 0 & 1 & 83 \end{array}\right) \overset{II+7/9\cdot III}{\underset{I+8/9\cdot III}{\longrightarrow}} \left(\begin{array}{rrr|r} 1 & 0 & 0 & 81 \\ 0 & 1 & 0 & 69 \\ 0 & 0 & 1 & 83 \end{array}\right) \Rightarrow$$

$$\begin{pmatrix} p_1 \\ p_2 \\ p_3 \end{pmatrix} = \begin{pmatrix} 81 \\ 69 \\ 83 \end{pmatrix} \Rightarrow \begin{pmatrix} A_1 \\ A_2 \\ A_3 \end{pmatrix} = \begin{pmatrix} N_1 \\ N_2 \\ N_3 \end{pmatrix} = \begin{pmatrix} 81 \\ 276 \\ 166 \end{pmatrix}$$

Lösung zu Aufgabe 4.2.7

$$\left(\begin{array}{rrrr|r} 1 & 2 & 3 & -1 & a \\ 0 & 1 & -1 & 1 & b \\ 1 & 3 & 2 & 0 & 0 \end{array}\right) \overset{III-I}{\longrightarrow} \left(\begin{array}{rrrr|r} 1 & 2 & 3 & -1 & a \\ 0 & 1 & -1 & 1 & b \\ 0 & 1 & -1 & 1 & -a \end{array}\right) \overset{I-2\cdot II}{\underset{III-II}{\longrightarrow}}$$

$$\left(\begin{array}{rrrr|r} 1 & 0 & 5 & -3 & a-2b \\ 0 & 1 & -1 & 1 & b \\ 0 & 0 & 0 & 0 & -a-b \end{array}\right) \longrightarrow *$$

Gilt $-a-b \neq 0$, ist das ILGS unlösbar, da $\text{rg}(\mathbf{A}) = 2 < \text{rg}(\mathbf{A}|\mathbf{b}) = 3$.

Das ILGS ist nie eindeutig lösbar.

Gilt $-a-b = 0$, ist das ILGS mehrdeutig lösbar, da $\text{rg}(\mathbf{A}) = \text{rg}(\mathbf{A}|\mathbf{b}) = 2 < n = 4$.

$$* \overset{-a-b=0}{\longrightarrow} \left(\begin{array}{rrrr|r} 1 & 0 & 5 & -3 & 3a \\ 0 & 1 & -1 & 1 & -a \\ 0 & 0 & 0 & 0 & 0 \end{array}\right)$$

Allgemeine Lösung des HLGS: $\begin{pmatrix} x_3 \\ x_4 \end{pmatrix} \overset{!}{=} \begin{pmatrix} 1 \\ 0 \end{pmatrix}, \begin{pmatrix} 0 \\ 1 \end{pmatrix} \Rightarrow \mathbf{x}_1 = \begin{pmatrix} -5 \\ 1 \\ 1 \\ 0 \end{pmatrix}, \mathbf{x}_2 = \begin{pmatrix} 3 \\ -1 \\ 0 \\ 1 \end{pmatrix}$

Spezielle Lösung des ILGS: $\begin{pmatrix} x_3 \\ x_4 \end{pmatrix} \stackrel{!}{=} \begin{pmatrix} 0 \\ 0 \end{pmatrix} \Rightarrow \mathbf{x}' = \begin{pmatrix} 3a \\ -a \\ 0 \\ 0 \end{pmatrix}$

$$L = \left\{ \mathbf{x}_* \in \mathbf{R}^4 \;\middle|\; \mathbf{x}_* = \begin{pmatrix} 3a \\ -a \\ 0 \\ 0 \end{pmatrix} + r_1 \cdot \begin{pmatrix} -5 \\ 1 \\ 1 \\ 0 \end{pmatrix} + r_2 \cdot \begin{pmatrix} 3 \\ -1 \\ 0 \\ 1 \end{pmatrix};\ r_1, r_2 \in \mathbf{R} \right\}$$

Lösung zu Aufgabe 4.2.8

1. $\mathbf{A}$ nicht quadratisch, daher $\det(\mathbf{A})$ nicht berechenbar

2. (a) $\det(\mathbf{A}) = 7 \cdot \det \begin{pmatrix} 1 & 1 & -1 & 4 \\ 0 & 0 & 6 & 0 \\ 3 & 0 & 0 & -4 \\ 4 & -3 & 4 & 0 \end{pmatrix} = 7 \cdot (-6) \cdot \det \begin{pmatrix} 1 & 1 & 4 \\ 3 & 0 & -4 \\ 4 & -3 & 0 \end{pmatrix} = -42 \cdot$
$\left[-1 \cdot \det \begin{pmatrix} 3 & -4 \\ 4 & 0 \end{pmatrix} + 3 \cdot \det \begin{pmatrix} 1 & 4 \\ 3 & -4 \end{pmatrix} \right] = -42 \cdot [-1 \cdot 16 + 3 \cdot (-16)] = 2688$

   (b) $V = |\det(\mathbf{A})| = 2688$

Lösung zu Aufgabe 4.2.9

1. $\det(\mathbf{A} - \lambda \mathbf{I}) = \det \begin{pmatrix} 0.65 - \lambda & 0.35 \\ 0.2 & 0.8 - \lambda \end{pmatrix} = \lambda^2 - 1.45\lambda + 0.45 \stackrel{!}{=} 0 \Rightarrow$
$\lambda_{1,2} = 0.725 \pm \sqrt{0.5256 - 0.45} \Rightarrow \lambda_1 = 1,\ \lambda_2 = 0.45$

2. $\lambda_1 = 1 \Rightarrow \mathbf{A} - \lambda_1 \mathbf{I} = \begin{pmatrix} -0.35 & 0.35 \\ 0.2 & -0.2 \end{pmatrix} \xrightarrow[II-1/5\cdot I]{-20/7\cdot I} \begin{pmatrix} 1 & -1 \\ 0 & 0 \end{pmatrix} \Rightarrow \mathbf{x}_1 = \begin{pmatrix} 1 \\ 1 \end{pmatrix}$

   $\lambda_2 = 0.45 \Rightarrow \mathbf{A} - \lambda_2 \mathbf{I} = \begin{pmatrix} 0.2 & 0.35 \\ 0.2 & 0.35 \end{pmatrix} \xrightarrow[5\cdot I]{II-I} \begin{pmatrix} 1 & 1.75 \\ 0 & 0 \end{pmatrix} \Rightarrow \mathbf{x}_2 = \begin{pmatrix} -1.75 \\ 1 \end{pmatrix}$

   Skizze ...

3. $\{\mathbf{y} \in \mathbf{R}^2 \mid \mathbf{y} = r \cdot \mathbf{x}_i,\ r \in \mathbf{R}\},\ i = 1, 2$

4. Für den Anfangswert $\begin{pmatrix} 40 \\ 40 \end{pmatrix}$ bleiben die Käuferinnenzahlen im Zeitablauf konstant, da im Vektorraum Span($\mathbf{x}_1$), wo $x_{1t} = x_{2t}$ gilt, $\mathbf{A}$ wie die Identität (Eigenwert $\lambda_1 = 1$) wirkt. Bei den anderen Anfangswerten werden die Käuferinnenzahlen im Zeitablauf auch auf diesen Vektorraum, also auf die Gleichheit von x_{1t} und x_{2t} gedrückt, denn $\mathbf{A}$ wirkt in diesem Falle wie eine Stauchung (Eigenwert $\lambda_2 = 0.45$).

Lösung zu Aufgabe 4.2.10

1. $\lambda_1 = 7,\ \lambda_2 = 6,\ \lambda_3 = 8$

2. (a) $\det(\mathbf{A} - \lambda \mathbf{I}) = \det \begin{pmatrix} -\lambda & 0 & a \\ 0 & 1 - \lambda & 0 \\ a & 0 & -\lambda \end{pmatrix} = -\lambda[(1 - \lambda)(-\lambda)] + a[-a(1 - \lambda)] =$
$(1 - \lambda)[\lambda^2 - a^2] \stackrel{!}{=} 0 \Rightarrow \lambda_1 = 1,\ \lambda_{2,3} = \pm a$

(b) $\mathbf{A}$ positiv semidefinit für $a = 0$, denn $\lambda_1 > 0$, $\lambda_2, \lambda_3 = 0$
$\mathbf{A}$ indefinit für $a \neq 0$, denn $\lambda_1, \lambda_2 > 0$, $\lambda_3 < 0$

3. $q(\mathbf{x}) = \begin{pmatrix} x_1 & x_2 & x_3 \end{pmatrix} \cdot \begin{pmatrix} 7 & 2 & -1.5 \\ 2 & 2 & 0 \\ -1.5 & 0 & 4 \end{pmatrix} \cdot \begin{pmatrix} x_1 \\ x_2 \\ x_3 \end{pmatrix}$

6.3 Lösungen

Lösung zu Aufgabe 4.3.1

1. (a) $\mathbf{x}_1 + \mathbf{x}_2 = \begin{pmatrix} 30 \\ 120 \\ 140 \\ 30 \end{pmatrix}$ = Gerätebestände in den Geschäften 1 und 2

   (b) Möglich, nicht sinnvoll (Anzahl + DM = ?)

   (c) Möglich, nicht sinnvoll (Anzahl · Anzahl = ?)

   (d) $< \mathbf{x}_1, \mathbf{p} >= 723$ Tsd. DM = Gesamtgerätewert in Geschäft 1

   (e) Möglich, nicht sinnvoll (Gerätezahl in Geschäften verschieden)

2. $< \mathbf{x}, \mathbf{x} >= \sum_{i=1}^{n} x_i^2 \geq 0 \Rightarrow$ Nein

Lösung zu Aufgabe 4.3.2

1. (a) $\mathrm{d}(\mathbf{x}, \mathbf{y}) = \sqrt{4 + 1 + 16} = 4.583$

   (b) $\cos(\alpha) = \frac{3+0-4}{\sqrt{1+1+4} \cdot \sqrt{9+0+4}} = -0.1132 \Rightarrow \alpha = 96.50^o$

   (c) $\hat{\mathbf{y}} = \frac{3+0-4}{1+1+4} \cdot \begin{pmatrix} 1 \\ 1 \\ -2 \end{pmatrix} = \begin{pmatrix} -1/6 \\ -1/6 \\ 1/3 \end{pmatrix}$

2. Die Skizze sollte im $\mathbf{R}^2$ die durch die Punkte $\begin{pmatrix} 1 \\ 2 \end{pmatrix}$ und z.B. $\begin{pmatrix} 3 \\ 3 \end{pmatrix}$ verlaufende Gerade zeigen. Diese ist kein Vektorraum, da sie nicht den Nullpunkt enthält.

3. $\mathbf{w} \perp \mathbf{x}$ und $\mathbf{w} \perp \mathbf{y} \Rightarrow < \mathbf{w}, \mathbf{x} > = 0$ und $< \mathbf{w}, \mathbf{y} > = 0 \Rightarrow r \cdot < \mathbf{w}, \mathbf{x} > = 0$ und $s \cdot < \mathbf{w}, \mathbf{y} > = 0 \Rightarrow < \mathbf{w}, r \cdot \mathbf{x} > = 0$ und $< \mathbf{w}, s \cdot \mathbf{y} > = 0 \Rightarrow < \mathbf{w}, r \cdot \mathbf{x} + s \cdot \mathbf{y} > = 0 \Rightarrow \mathbf{w} \perp (r \cdot \mathbf{x} + s \cdot \mathbf{y})$

Lösung zu Aufgabe 4.3.3

1. (a) $\left(\begin{pmatrix} 1 & 2 & 3 \\ 2 & -1 & 4 \end{pmatrix} \cdot \begin{pmatrix} 1 & 0 \\ 2 & 1 \\ 3 & -2 \end{pmatrix} \right)^T = \begin{pmatrix} 14 & -4 \\ 12 & -9 \end{pmatrix}^T = \begin{pmatrix} 14 & 12 \\ -4 & -9 \end{pmatrix}$

   (b) Für $\mathbf{B}^T \in \mathcal{M}_{2,3}$ und $\mathbf{C} \in \mathcal{M}_2$ ist $\mathbf{B}^T + \mathbf{C}$ nicht definiert.

   (c) $(\mathbf{A}^T)^T = \mathbf{A}$

(d) $(2+3)\cdot \mathbf{A} = 5\cdot \mathbf{A} = \begin{pmatrix} 5 & 10 & 15 \\ 10 & -5 & 20 \end{pmatrix}$

(e) Für $\mathbf{A} \in \mathcal{M}_{2,3}$ und $\mathbf{D} \in \mathcal{M}_{2,1}$ ist $\mathbf{A}\cdot\mathbf{D}$ nicht definiert.

(f) $\begin{pmatrix} 1 \\ 1 \end{pmatrix}^T \cdot \begin{pmatrix} 1 & 2 & 3 \\ 2 & -1 & 4 \end{pmatrix} = \begin{pmatrix} 3 & 1 & 7 \end{pmatrix}$

2. $\begin{pmatrix} 1 \\ r \\ 1 \end{pmatrix} \perp \begin{pmatrix} -2 \\ 3 \\ s \end{pmatrix} \iff < \begin{pmatrix} 1 \\ r \\ 1 \end{pmatrix}, \begin{pmatrix} -2 \\ 3 \\ s \end{pmatrix} > = -2+3r+s = 0$ z.B. für $r=1$, $s=-1$.

Lösung zu Aufgabe 4.3.4

1. $\begin{pmatrix} 1 & 2 \\ 0 & 1 \end{pmatrix} \cdot \begin{pmatrix} b_{11} & b_{12} \\ b_{21} & b_{22} \end{pmatrix} = \begin{pmatrix} b_{11} & b_{12} \\ b_{21} & b_{22} \end{pmatrix} \cdot \begin{pmatrix} 1 & 2 \\ 0 & 1 \end{pmatrix}$

$\Rightarrow \begin{pmatrix} b_{11}+2b_{21} & b_{12}+2b_{22} \\ b_{21} & b_{22} \end{pmatrix} = \begin{pmatrix} b_{11} & 2b_{11}+b_{12} \\ b_{21} & 2b_{21}+b_{22} \end{pmatrix} \Rightarrow \begin{cases} b_{21} &= 0 \\ b_{11} &= b_{22} \end{cases}$

Spezielle Lösung z.B. $\mathbf{B} = \begin{pmatrix} 2 & 1 \\ 0 & 2 \end{pmatrix}$

2. $(\mathbf{A}+\mathbf{B})^T\cdot\mathbf{C} + (\mathbf{C}^T\cdot\mathbf{B})^T + \mathbf{A}\cdot\mathbf{C} = (\mathbf{A}+\mathbf{B})^T\cdot\mathbf{C} + \mathbf{B}^T\cdot\mathbf{C} + \mathbf{A}^T\cdot\mathbf{C}$

$= (\mathbf{A}+\mathbf{B})^T\cdot\mathbf{C} + (\mathbf{B}^T+\mathbf{A}^T)\cdot\mathbf{C} = (\mathbf{A}+\mathbf{B})^T\cdot\mathbf{C} + (\mathbf{B}+\mathbf{A})^T\cdot\mathbf{C}$

$= (\mathbf{A}+\mathbf{B})^T\cdot\mathbf{C} + (\mathbf{A}+\mathbf{B})^T\cdot\mathbf{C} = 2\cdot(\mathbf{A}+\mathbf{B})^T\cdot\mathbf{C}$

Lösung zu Aufgabe 4.3.5

1. $\begin{pmatrix} 2 & 1 & 0 \\ 1 & 1 & -1 \\ 3 & 1 & 1 \end{pmatrix} \overset{I\leftrightarrow II}{\longrightarrow} \begin{pmatrix} 1 & 1 & -1 \\ 2 & 1 & 0 \\ 3 & 1 & 1 \end{pmatrix} \overset{\substack{II-2\cdot I \\ III-3\cdot I}}{\longrightarrow} \begin{pmatrix} 1 & 1 & -1 \\ 0 & -1 & 2 \\ 0 & -2 & 4 \end{pmatrix} \overset{III-2\cdot II}{\longrightarrow} \begin{pmatrix} 1 & 1 & -1 \\ 0 & -1 & 2 \\ 0 & 0 & 0 \end{pmatrix}$

Also: Basis $= \left\{ \begin{pmatrix} 1 \\ 1 \\ -1 \end{pmatrix}, \begin{pmatrix} 0 \\ -1 \\ 2 \end{pmatrix} \right\}$, Dimension = 2.

2. $\begin{pmatrix} 0 & 1 & 0 \\ 1 & 0 & a \\ 1 & 1 & 1 \end{pmatrix} \overset{I\leftrightarrow II}{\longrightarrow} \begin{pmatrix} 1 & 0 & a \\ 0 & 1 & 0 \\ 1 & 1 & 1 \end{pmatrix} \overset{III-I}{\longrightarrow} \begin{pmatrix} 1 & 0 & a \\ 0 & 1 & 0 \\ 0 & 1 & 1-a \end{pmatrix} \overset{III-II}{\longrightarrow} \begin{pmatrix} 1 & 0 & a \\ 0 & 1 & 0 \\ 0 & 0 & 1-a \end{pmatrix}$

$\Rightarrow$ **A** regulär für $a \neq 1$.

3. $\begin{pmatrix} \cos(\alpha) & \sin(\alpha) \\ -\sin(\alpha) & \cos(\alpha) \end{pmatrix}^{-1} = \frac{1}{(\cos(\alpha))^2 + (\sin(\alpha))^2} \begin{pmatrix} \cos(\alpha) & -\sin(\alpha) \\ \sin(\alpha) & \cos(\alpha) \end{pmatrix}$

$= \begin{pmatrix} \cos(\alpha) & -\sin(\alpha) \\ \sin(\alpha) & \cos(\alpha) \end{pmatrix}$

4. $\mathbf{A} = (1)$ und $\mathbf{B} = (-1)$ regulär, $\mathbf{A}+\mathbf{B} = (0)$ nicht regulär $\Rightarrow$ Nein

Lösung zu Aufgabe 4.3.6

$$r_1 \cdot \begin{pmatrix} 1 \\ 1 \\ 0 \\ 0 \end{pmatrix} + r_2 \cdot \begin{pmatrix} 2 \\ 0 \\ 1 \\ 0 \end{pmatrix} + r_3 \cdot \begin{pmatrix} 0 \\ 1 \\ 2 \\ -1 \end{pmatrix} + r_4 \cdot \begin{pmatrix} 0 \\ 1 \\ -1 \\ 0 \end{pmatrix} = \begin{pmatrix} -1 \\ 2 \\ -6 \\ 5 \end{pmatrix} \Rightarrow$$

$$\left(\begin{array}{cccc|c} 1 & 2 & 0 & 0 & -1 \\ 1 & 0 & 1 & 1 & 2 \\ 0 & 1 & 2 & -1 & -6 \\ 0 & 0 & -1 & 0 & 5 \end{array}\right) \xrightarrow{II-I} \left(\begin{array}{cccc|c} 1 & 2 & 0 & 0 & -1 \\ 0 & -2 & 1 & 1 & 3 \\ 0 & 1 & 2 & -1 & -6 \\ 0 & 0 & -1 & 0 & 5 \end{array}\right) \xrightarrow{II \leftrightarrow III}$$

$$\left(\begin{array}{cccc|c} 1 & 2 & 0 & 0 & -1 \\ 0 & 1 & 2 & -1 & -6 \\ 0 & -2 & 1 & 1 & 3 \\ 0 & 0 & -1 & 0 & 5 \end{array}\right) \xrightarrow[III+2\cdot II]{I-2\cdot II} \left(\begin{array}{cccc|c} 1 & 0 & -4 & 2 & 11 \\ 0 & 1 & 2 & -1 & -6 \\ 0 & 0 & 5 & -1 & -9 \\ 0 & 0 & -1 & 0 & 5 \end{array}\right) \xrightarrow[-1\cdot III]{III \leftrightarrow IV}$$

$$\left(\begin{array}{cccc|c} 1 & 0 & -4 & 2 & 11 \\ 0 & 1 & 2 & -1 & -6 \\ 0 & 0 & 1 & 0 & -5 \\ 0 & 0 & 5 & -1 & -9 \end{array}\right) \xrightarrow[II-2\cdot III]{I+4\cdot III} \left(\begin{array}{cccc|c} 1 & 0 & 0 & 2 & -9 \\ 0 & 1 & 0 & -1 & 4 \\ 0 & 0 & 1 & 0 & -5 \\ 0 & 0 & 5 & -1 & -9 \end{array}\right) \xrightarrow[-1\cdot IV]{IV-5\cdot III}$$

$$\left(\begin{array}{cccc|c} 1 & 0 & 0 & 2 & -9 \\ 0 & 1 & 0 & -1 & 4 \\ 0 & 0 & 1 & 0 & -5 \\ 0 & 0 & 0 & 1 & -16 \end{array}\right) \xrightarrow[II+IV]{I-2\cdot IV} \left(\begin{array}{cccc|c} 1 & 0 & 0 & 0 & 23 \\ 0 & 1 & 0 & 0 & -12 \\ 0 & 0 & 1 & 0 & -5 \\ 0 & 0 & 0 & 1 & -16 \end{array}\right) \Rightarrow \mathbf{r} = \begin{pmatrix} 23 \\ -12 \\ -5 \\ -16 \end{pmatrix}$$

$$\text{Kontrolle: } 23 \cdot \begin{pmatrix} 1 \\ 1 \\ 0 \\ 0 \end{pmatrix} - 12 \cdot \begin{pmatrix} 2 \\ 0 \\ 1 \\ 0 \end{pmatrix} - 5 \cdot \begin{pmatrix} 0 \\ 1 \\ 2 \\ -1 \end{pmatrix} - 16 \cdot \begin{pmatrix} 0 \\ 1 \\ -1 \\ 0 \end{pmatrix} = \begin{pmatrix} -1 \\ 2 \\ -6 \\ 5 \end{pmatrix}$$

Lösung zu Aufgabe 4.3.7

$$\left.\begin{array}{rcl} 2a+3b+3c & = & 25E \\ 3a+2b+3c & = & 24F \\ 4a+1b+2c & = & 21K \end{array}\right\} \Rightarrow \left(\begin{array}{ccc|c} 2 & 3 & 3 & 25 \\ 3 & 2 & 3 & 24 \\ 4 & 1 & 2 & 21 \end{array}\right) \xrightarrow{0.5\cdot I} \left(\begin{array}{ccc|c} 1 & 1.5 & 1.5 & 12.5 \\ 3 & 2 & 3 & 24 \\ 4 & 1 & 2 & 21 \end{array}\right) \xrightarrow[III-4\cdot I]{II-3\cdot I}$$

$$\left(\begin{array}{ccc|c} 1 & 1.5 & 1.5 & 12.5 \\ 0 & -2.5 & -1.5 & -13.5 \\ 0 & -5 & -4 & -29 \end{array}\right) \xrightarrow{-0.4\cdot II} \left(\begin{array}{ccc|c} 1 & 1.5 & 1.5 & 12.5 \\ 0 & 1 & 0.6 & 5.4 \\ 0 & -5 & -4 & -29 \end{array}\right) \xrightarrow[III+5\cdot II]{I-1.5\cdot II} \left(\begin{array}{ccc|c} 1 & 0 & 0.6 & 4.4 \\ 0 & 1 & 0.6 & 5.4 \\ 0 & 0 & -1 & -2 \end{array}\right)$$

$$\xrightarrow{-1\cdot III} \left(\begin{array}{ccc|c} 1 & 0 & 0.6 & 4.4 \\ 0 & 1 & 0.6 & 5.4 \\ 0 & 0 & 1 & 2 \end{array}\right) \xrightarrow[I-0.6\cdot III]{II-0.6\cdot III} \left(\begin{array}{ccc|c} 1 & 0 & 0 & 3.2 \\ 0 & 1 & 0 & 4.2 \\ 0 & 0 & 1 & 2 \end{array}\right) \Rightarrow \begin{pmatrix} a \\ b \\ c \end{pmatrix} = \begin{pmatrix} 3.2 \\ 4.2 \\ 2 \end{pmatrix}$$

Lösung zu Aufgabe 4.3.8

$$\left(\begin{array}{cc|c} 1 & 2 & 6 \\ 1 & a+2 & 6 \end{array}\right) \xrightarrow{II-I} \left(\begin{array}{cc|c} 1 & 2 & 6 \\ 0 & a & 0 \end{array}\right) \longrightarrow *$$

Gilt $a = 0$, ist das ILGS mehrdeutig lösbar, da $\text{rg}(\mathbf{A}) = \text{rg}(\mathbf{A}|\mathbf{b}) = 1 < 2 = n$.
Gilt $a \neq 0$, ist das ILGS eindeutig lösbar, da $\text{rg}(\mathbf{A}) = \text{rg}(\mathbf{A}|\mathbf{b}) = 2 = n$.
Das ILGS ist daher immer lösbar.

$$* \overset{a\neq 0}{\xrightarrow{(1/a)\cdot II}} \left(\begin{array}{cc|c} 1 & 2 & 6 \\ 0 & 1 & 0 \end{array}\right) \xrightarrow{I-2\cdot II} \left(\begin{array}{cc|c} 1 & 0 & 6 \\ 0 & 1 & 0 \end{array}\right) \Rightarrow \begin{pmatrix} x_1 \\ x_2 \end{pmatrix} = \begin{pmatrix} 6 \\ 0 \end{pmatrix} = \text{eindeutige Lösung}$$

$$* \xrightarrow{a=0} \left(\begin{array}{cc|c} 1 & 2 & 6 \\ 0 & 0 & 0 \end{array}\right) \Rightarrow \text{mehrdeutige Lösung:}$$

Zur allgemeinen Lösung des HLGS: $x_2 \stackrel{!}{=} 1 \Rightarrow \mathbf{x} = \begin{pmatrix} -2 \\ 1 \end{pmatrix}$

Spezielle Lösung des ILGS: $x_2 \stackrel{!}{=} 0 \Rightarrow \mathbf{x}' = \begin{pmatrix} 6 \\ 0 \end{pmatrix}$

Allgemeine Lösung des ILGS: $L = \left\{ \mathbf{x}_* \in \mathbf{R}^2 \;\middle|\; \mathbf{x}_* = \begin{pmatrix} 6 \\ 0 \end{pmatrix} + r \cdot \begin{pmatrix} -2 \\ 1 \end{pmatrix};\ r \in \mathbf{R} \right\}$

Lösung zu Aufgabe 4.3.9

1. $\det(\mathbf{A}) = 4 \cdot 2 \cdot (-3) \cdot 5 = -120$

2. Sarrus-Tableau: $\begin{matrix} 4 & 1 & 3 & 4 & 1 \\ 2 & -3 & 0 & 2 & -3 \\ 1 & 3 & 2 & 1 & 3 \end{matrix} \Rightarrow \det(\mathbf{A}) = -24 + 0 + 18 + 9 - 0 - 4 = -1$

3. (a) $\det(\mathbf{A} \cdot \mathbf{B}) = \det(\mathbf{A}) \cdot \det(\mathbf{B}) = \det(\mathbf{B}) \cdot \det(\mathbf{A}) = \det(\mathbf{B} \cdot \mathbf{A}) \Rightarrow$ Ja

   (b) $\det(\mathbf{C}) = \det(\mathbf{C}^{-1}) = \frac{1}{\det(\mathbf{C})} \Rightarrow (\det(\mathbf{C}))^2 = 1 \Rightarrow \det(\mathbf{C}) = \pm 1$, also: Ja

   (c) $\det(\mathbf{C} \cdot \mathbf{A} \cdot \mathbf{C}^{-1}) = \det(\mathbf{C}) \cdot \det(\mathbf{A}) \cdot \det(\mathbf{C}^{-1}) = \det(\mathbf{C}) \cdot \det(\mathbf{A}) \cdot \frac{1}{\det(\mathbf{C})} = \det(\mathbf{A}) \Rightarrow$ Ja

Lösung zu Aufgabe 4.3.10

1. $\det(\mathbf{A} - \lambda \mathbf{I}) = \det \begin{pmatrix} 1.3 - \lambda & 0.1 \\ 0.3 & 1.1 - \lambda \end{pmatrix} = (1.3 - \lambda)(1.1 - \lambda) - 0.03$

   $= \lambda^2 - 2.4\lambda + 1.4 \stackrel{!}{=} 0 \Rightarrow \lambda_{1,2} = 1.2 \pm \sqrt{1.44 - 1.4} \Rightarrow \lambda_1 = 1.4,\ \lambda_2 = 1.0$

2. $\lambda_1 = 1.4 \Rightarrow \mathbf{A} - \lambda_1 \mathbf{I} = \begin{pmatrix} -0.1 & 0.1 \\ 0.3 & -0.3 \end{pmatrix} \overset{-10 \cdot I}{\underset{II - 0.3 \cdot I}{\longrightarrow}} \begin{pmatrix} 1 & -1 \\ 0 & 0 \end{pmatrix} \Rightarrow \begin{pmatrix} m \\ y \end{pmatrix}_1 = \begin{pmatrix} 1 \\ 1 \end{pmatrix}$

   $\lambda_2 = 1.0 \Rightarrow \mathbf{A} - \lambda_2 \mathbf{I} = \begin{pmatrix} 0.3 & 0.1 \\ 0.3 & 0.1 \end{pmatrix} \overset{II - I}{\underset{10/3 \cdot I}{\longrightarrow}} \begin{pmatrix} 1 & 1/3 \\ 0 & 0 \end{pmatrix} \Rightarrow \begin{pmatrix} m \\ y \end{pmatrix}_2 = \begin{pmatrix} -1/3 \\ 1 \end{pmatrix}$

   Skizze ...

3. Zu λ_i: $\left\{ \mathbf{x} \in \mathbf{R}^2 \;\middle|\; \mathbf{x} = r \cdot \begin{pmatrix} m \\ y \end{pmatrix}_i,\ r \in \mathbf{R} \right\},\ i = 1, 2$

4. Für $\mathbf{A}^6$: $\lambda_1 = (1.4)^6 = 7.530$, $\lambda_2 = 1^6 = 1$

5. Alle Prozesse $\begin{pmatrix} m_t \\ y_t \end{pmatrix}$ wachsen parallel zur Richtung des 1. Eigenvektors. Sie wachsen, da $\mathbf{A}$ in dieser Richtung wie eine Streckung wirkt (1. Eigenwert $\lambda_1 = 1.4$). Sie bleiben parallel zum 1. Eigenvektor, da $\mathbf{A}$ in der Richtung des 2. Eigenvektors wie die Identität (2. Eigenwert $\lambda_2 = 1$) wirkt.

6.4 Lösungen

Lösung zu Aufgabe 4.4.1

1. (a) $\mathbf{z}_a = 12 \cdot \mathbf{x} + \mathbf{y}$

   (b) $\mathbf{z}_b = 1.04 \cdot (12 \cdot \mathbf{x} + \mathbf{y}) = 12.48 \cdot \mathbf{x} + 1.04 \cdot \mathbf{y}$

2. $\hat{y} = \frac{4-3+3+4}{4+1+9+16} \begin{pmatrix} -2 \\ -1 \\ -3 \\ -4 \end{pmatrix} = \begin{pmatrix} -8/15 \\ -4/15 \\ -4/5 \\ -16/15 \end{pmatrix}$

3. Nein, denn z.B. für $r = -1$ und $\mathbf{x} = \begin{pmatrix} 1 \\ 0 \end{pmatrix}$ gilt:

   $$|r \cdot \mathbf{x}| = \left|\begin{pmatrix} -1 \\ 0 \end{pmatrix}\right| = 1 \neq -1 = -1 \cdot \left|\begin{pmatrix} 1 \\ 0 \end{pmatrix}\right| = r \cdot |\mathbf{x}|$$

4. Die Skizze sollte die Punktmenge im $\mathbf{R}^2$ zeigen, die zwischen den durch $r_1 \cdot \begin{pmatrix} 2 \\ 2 \end{pmatrix}$ und $r_2^* \cdot \begin{pmatrix} -2 \\ 2 \end{pmatrix}$ mit $r_1, r_2^* \geq 0$ gegebenen Halbgeraden liegt.

Lösung zu Aufgabe 4.4.2

1. (a) $d\left(\begin{pmatrix} 2 \\ a \end{pmatrix}, \begin{pmatrix} 1 \\ 1 \end{pmatrix}\right) = \sqrt{1 + (a-1)^2} \stackrel{!}{=} 2 \Rightarrow (a-1)^2 = 3 \Rightarrow$
   $a_1 = 2.732$, $a_2 = -0.732$

   (b) $\left|\begin{pmatrix} b \\ 0.2 \\ -0.1 \end{pmatrix}\right| = \sqrt{b^2 + 0.04 + 0.01} \stackrel{!}{=} 1 \Rightarrow b^2 = 0.95 \Rightarrow b_{1,2} = \pm 0.9747$

   (c) $\cos(45^0) = 0.7071 \neq \frac{0}{|\mathbf{x}_1| \cdot |\mathbf{x}_2|} \Rightarrow L = \emptyset$

2. $|\mathbf{u}+\mathbf{v}|^2 = <\mathbf{u}+\mathbf{v}, \mathbf{u}+\mathbf{v}> = <\mathbf{u}+\mathbf{v}, \mathbf{u}> + <\mathbf{u}+\mathbf{v}, \mathbf{v}> = <\mathbf{u}, \mathbf{u}> + <\mathbf{v}, \mathbf{u}>$
   $+ <\mathbf{u}, \mathbf{v}> + <\mathbf{v}, \mathbf{v}> = |\mathbf{u}|^2 + 2 \cdot <\mathbf{u}, \mathbf{v}> + |\mathbf{v}|^2 = |\mathbf{u}|^2 + |\mathbf{v}|^2 \iff <\mathbf{u}, \mathbf{v}> = 0$

Lösung zu Aufgabe 4.4.3

1. (a) $\begin{pmatrix} 2 & 1 & 0 \\ 0 & 2 & 2 \\ 3 & -1 & 3 \end{pmatrix} \cdot \begin{pmatrix} 2 & 1 & 0 \\ 0 & 2 & 2 \\ 3 & -1 & 3 \end{pmatrix} = \begin{pmatrix} 4 & 4 & 2 \\ 6 & 2 & 10 \\ 15 & -2 & 7 \end{pmatrix}$

   (b) Für $\mathbf{C} \in \mathcal{M}_{3,1}$ und $\mathbf{D} \in \mathcal{M}_{3,1}$ ist $\mathbf{C} \cdot \mathbf{D}$ nicht definiert.

   (c) $(\mathbf{C}^T \cdot \mathbf{D})^{-1} = 1^{-1} = 1$

   (d) $\mathbf{C} \cdot \mathbf{D}^T = \begin{pmatrix} 1 & 6 & 0 \\ 0 & 0 & 0 \\ 1 & 6 & 0 \end{pmatrix}$

(e) $(\mathbf{A}\cdot\mathbf{C})^T = \begin{pmatrix} 8 \\ 7 \end{pmatrix}^T = \begin{pmatrix} 8 & 7 \end{pmatrix}$

2. $\operatorname{rg}(\mathbf{x}\cdot\mathbf{x}^T) = \operatorname{rg}\begin{pmatrix} x_1\cdot\mathbf{x}^T \\ x_2\cdot\mathbf{x}^T \\ \vdots \\ x_n\cdot\mathbf{x}^T \end{pmatrix} \left\{\begin{array}{ll} \leq 1, & \text{da jede Zeile ein Vielfaches der 1. Zeile} \\ \geq 1, & \text{da } \mathbf{x}\neq\mathbf{0} \end{array}\right\} \Rightarrow$

$\operatorname{rg}(\mathbf{x}\cdot\mathbf{x}^T) = 1$

Lösung zu Aufgabe 4.4.4

1. $\operatorname{tr}\left[\begin{pmatrix} a_{11} & a_{12} & \dots & a_{1n} \\ a_{21} & a_{22} & \dots & a_{2n} \\ \vdots & \vdots & \ddots & \vdots \\ a_{n1} & a_{n2} & \dots & a_{nn} \end{pmatrix}\cdot\begin{pmatrix} a_{11} & a_{21} & \dots & a_{n1} \\ a_{12} & a_{22} & \dots & a_{n2} \\ \vdots & \vdots & \ddots & \vdots \\ a_{1n} & a_{2n} & \dots & a_{nn} \end{pmatrix}\right] = \sum_{i=1}^n \sum_{j=1}^n a_{ij}^2$

2. $\mathbf{A}\cdot\mathbf{A}^T = \mathbf{0} \Longrightarrow \operatorname{tr}(\mathbf{A}\cdot\mathbf{A}^T) = \sum_{i=1}^n \sum_{j=1}^n a_{ij}^2 = 0 \Longrightarrow a_{ij} = 0\ \forall\, i,j \Longrightarrow \mathbf{A} = \mathbf{0}$

3. Für $\mathbf{A}\cdot(\mathbf{B}+\mathbf{C})$ (links): 1 Matrizenaddition mit $n\cdot p$ reellen Additionen und 1 Matrizenmultiplikation mit $m\cdot n\cdot p$ reellen Multiplikationen und $m\cdot(n-1)\cdot p$ reellen Additionen.

   Für $\mathbf{A}\cdot\mathbf{B}+\mathbf{A}\cdot\mathbf{C}$ (rechts): 2 Matrizenmultiplikationen mit $2\cdot m\cdot n\cdot p$ reellen Multiplikationen und $2\cdot m\cdot(n-1)\cdot p$ reellen Additionen und 1 Matrizenaddition mit $m\cdot p$ reellen Additionen.

   Vergleich der gesamten reellen Multiplikationen:

   links $= m\cdot n\cdot p < 2\cdot m\cdot n\cdot p =$ rechts

   Vergleich der gesamten reellen Additionen:

   links $= m\cdot(n-1)\cdot p + n\cdot p < 2\cdot m\cdot(n-1)\cdot p + m\cdot p =$ rechts

   $\Longleftrightarrow\ m\cdot n\cdot p - m\cdot p + n\cdot p < 2\cdot m\cdot n\cdot p - 2\cdot m\cdot p + m\cdot p$

   $\Longleftrightarrow\ n\cdot p < m\cdot n\cdot p\ \forall\, m > 1$

Lösung zu Aufgabe 4.4.5

1. $(\mathbf{A}|\mathbf{I}) = \left(\begin{array}{ccc|ccc} 1 & 1 & 0 & 1 & 0 & 0 \\ 1 & 0 & 0 & 0 & 1 & 0 \\ 1 & 2 & a & 0 & 0 & 1 \end{array}\right) \overset{I\leftrightarrow II}{\longrightarrow} \left(\begin{array}{ccc|ccc} 1 & 0 & 0 & 0 & 1 & 0 \\ 1 & 1 & 0 & 1 & 0 & 0 \\ 1 & 2 & a & 0 & 0 & 1 \end{array}\right) \overset{\substack{II-I \\ III-I}}{\longrightarrow}$

$\left(\begin{array}{ccc|ccc} 1 & 0 & 0 & 0 & 1 & 0 \\ 0 & 1 & 0 & 1 & -1 & 0 \\ 0 & 2 & a & 0 & -1 & 1 \end{array}\right) \overset{III-2\cdot II}{\longrightarrow} \left(\begin{array}{ccc|ccc} 1 & 0 & 0 & 0 & 1 & 0 \\ 0 & 1 & 0 & 1 & -1 & 0 \\ 0 & 0 & a & -2 & 1 & 1 \end{array}\right) \overset{\substack{(*) \\ 1/a\cdot III}}{\longrightarrow}$

$\left(\begin{array}{ccc|ccc} 1 & 0 & 0 & 0 & 1 & 0 \\ 0 & 1 & 0 & 1 & -1 & 0 \\ 0 & 0 & 1 & -2/a & 1/a & 1/a \end{array}\right) = (\mathbf{I}|\mathbf{A}^{-1})$ für $a\neq 0 (*)$

2. $\mathbf{A} = (\mathbf{A}^{-1})^{-1} = \frac{1}{5}\begin{pmatrix} 4 & -3 \\ -1 & 2 \end{pmatrix}$

3. $\begin{pmatrix} 1 & 2 & -1 \\ 6 & 3 & 0 \\ 4 & -1 & 2 \\ 2 & -5 & 4 \end{pmatrix} \overset{\substack{II-6\cdot I\\ III-4\cdot I\\ IV-2\cdot I}}{\longrightarrow} \begin{pmatrix} 1 & 2 & -1 \\ 0 & -9 & 6 \\ 0 & -9 & 6 \\ 0 & -9 & 6 \end{pmatrix} \overset{\substack{III-II\\ IV-II}}{\longrightarrow} \begin{pmatrix} 1 & 2 & -1 \\ 0 & -9 & 6 \\ 0 & 0 & 0 \\ 0 & 0 & 0 \end{pmatrix}$

Also: Basis $= \left\{ \begin{pmatrix} 1 \\ 2 \\ -1 \end{pmatrix}, \begin{pmatrix} 0 \\ -9 \\ 6 \end{pmatrix} \right\}$, Dimension = 2.

Lösung zu Aufgabe 4.4.6

Nr.	a	b	c	Gerade (1)	Gerade (2)
1	1	1	1	y = -1 + x	y = 1 - x
2	2	−2	2	y = -1 + x	y = -1 + x
3	1	−1	2	y = -1 + x	y = -2 + x

Skizze...

Nr.	a	b	c	$\|\mathbf{L}\|$	$\mathbf{L}$	kurze geometrische Begründung
1	1	1	1	1	$\{(1,0)^T\}$	eindeutiger Schnittpunkt von (1) und (2)
2	2	−2	2	∞	Gerade (1) = (2)	(1) = (2)
3	1	−1	2	0	$\emptyset$	(1) und (2) parallel

Lösung zu Aufgabe 4.4.7

$$\left(\begin{array}{ccc|c} 1 & 1 & -1 & 2 \\ 1 & 2 & 1 & 3 \\ 1 & 1 & a^2-5 & a \end{array}\right) \overset{\substack{II-I\\ III-I}}{\longrightarrow} \left(\begin{array}{ccc|c} 1 & 1 & -1 & 2 \\ 0 & 1 & 2 & 1 \\ 0 & 0 & a^2-4 & a-2 \end{array}\right) \overset{I-II}{\longrightarrow} \left(\begin{array}{ccc|c} 1 & 0 & -3 & 1 \\ 0 & 1 & 2 & 1 \\ 0 & 0 & a^2-4 & a-2 \end{array}\right) *$$

Gilt $a = -2$, ist das ILGS nicht lösbar, da $\text{rg}(\mathbf{A}) = 2 < \text{rg}(\mathbf{A}|\mathbf{b}) = 3$.
Gilt $a = 2$, ist das ILGS mehrdeutig lösbar, da $\text{rg}(\mathbf{A}) = \text{rg}(\mathbf{A}|\mathbf{b}) = 2 < 3 = n$.
Gilt $|a| \neq 2$, ist das ILGS eindeutig lösbar, da $\text{rg}(\mathbf{A}) = \text{rg}(\mathbf{A}|\mathbf{b}) = 3 = n$.

$$* \overset{\substack{|a|\neq 2\\ 1/(a^2-4)\cdot III}}{\longrightarrow} \left(\begin{array}{ccc|c} 1 & 0 & -3 & 1 \\ 0 & 1 & 2 & 1 \\ 0 & 0 & 1 & \frac{1}{a+2} \end{array}\right) \overset{\substack{II-2\cdot III\\ I+3\cdot III}}{\longrightarrow} \left(\begin{array}{ccc|c} 1 & 0 & 0 & 1+\frac{3}{a+2} \\ 0 & 1 & 0 & 1-\frac{2}{a+2} \\ 0 & 0 & 1 & \frac{1}{a+2} \end{array}\right) \Rightarrow \begin{pmatrix} x \\ y \\ z \end{pmatrix} = \begin{pmatrix} \frac{a+5}{a+2} \\ \frac{a}{a+2} \\ \frac{1}{a+2} \end{pmatrix}$$

Lösung zu Aufgabe 4.4.8

$$\left.\begin{array}{rcl} 1T + 2C + 3D & = & 360H \\ 2T + 4C + 5D & = & 660L \end{array}\right\} \Rightarrow$$

$$\left(\begin{array}{ccc|c} 1 & 2 & 3 & 360 \\ 2 & 4 & 5 & 660 \end{array}\right) \overset{II-2\cdot I}{\longrightarrow} \left(\begin{array}{ccc|c} 1 & 2 & 3 & 360 \\ 0 & 0 & -1 & -60 \end{array}\right) \overset{\substack{I+3\cdot II\\ -1\cdot II}}{\longrightarrow} \left(\begin{array}{ccc|c} 1 & 2 & 0 & 180 \\ 0 & 0 & 1 & 60 \end{array}\right)$$

Zur allgemeinen Lösung des HLGS: $C \overset{!}{=} 1 \Rightarrow \begin{pmatrix} T \\ C \\ D \end{pmatrix} = \begin{pmatrix} -2 \\ 1 \\ 0 \end{pmatrix}$

Spezielle Lösung des ILGS: $C \overset{!}{=} 0 \Rightarrow \begin{pmatrix} T \\ C \\ D \end{pmatrix}' = \begin{pmatrix} 180 \\ 0 \\ 60 \end{pmatrix}$

Allgemeine Lösung des ILGS:

$$\mathbf{L} = \left\{ \begin{pmatrix} T \\ C \\ D \end{pmatrix}_* \in \mathbf{R}^3 \;\middle|\; \begin{pmatrix} T \\ C \\ D \end{pmatrix}_* = \begin{pmatrix} 180 \\ 0 \\ 60 \end{pmatrix} + r \cdot \begin{pmatrix} -2 \\ 1 \\ 0 \end{pmatrix};\ r \in [0, 90] \right\}$$

Lösung zu Aufgabe 4.4.9

1. (a) $\det(\mathbf{A}) = 2 \cdot 3 \cdot 4 \cdot (-5) \cdot 1 = -120$

   (b) $\det(\mathbf{A}) = \det \begin{pmatrix} 2 & -1 \\ 3 & 2 \end{pmatrix} \cdot \det \begin{pmatrix} 2 & -1 \\ 3 & 2 \end{pmatrix} = 7 \cdot 7 = 49$

   (c) Entwicklung nach der 2. Spalte und anschließend Sarrus:

   $$\det(\mathbf{A}) = 0+0+0+8 \cdot \det \begin{pmatrix} 2 & 1 & 4 \\ 3 & -4 & -2 \\ 2 & -1 & 0 \end{pmatrix} = 8 \cdot (0-4-12+32-4-0) = 96$$

2. $\det \begin{pmatrix} a^2 & a & 1 \\ b^2 & b & 1 \\ c^2 & c & 1 \end{pmatrix} = a^2(b-c)-b^2(a-c)+c^2(a-b) = a^2b-a^2c-b^2a+b^2c+c^2a-c^2b (*)$

   $(b-a)(c-a)(b-c) = (bc-ba-ac+a^2)(b-c)$
   $= b^2c - bc^2 - b^2a + abc - abc + ac^2 + a^2b - a^2c = (*)$

Lösung zu Aufgabe 4.4.10

1. (a) $\det(\mathbf{A} - \lambda \cdot \mathbf{I}) = \det \begin{pmatrix} -\lambda & 1 & 2 \\ 0 & -\lambda & 3 \\ 0 & 0 & -\lambda \end{pmatrix} = -\lambda^3 \overset{!}{=} 0 \Rightarrow \lambda_{1,2,3} = 0$

   (b) $\det(\mathbf{A} - \lambda \cdot \mathbf{I}) = \det \begin{pmatrix} 2-\lambda & -2 & 3 \\ 0 & 3-\lambda & -2 \\ 0 & -1 & 2-\lambda \end{pmatrix}$

   $= (2-\lambda)[(3-\lambda)(2-\lambda)-2]+0+0 = (2-\lambda)(\lambda^2-5\lambda+4) \overset{!}{=} 0$

   $\Rightarrow \begin{cases} 2-\lambda = 0 \Rightarrow \lambda_1 = 2 \\ \lambda^2 - 5\lambda + 4 = 0 \Rightarrow \lambda_{2,3} = \frac{5}{2} \pm \sqrt{\frac{25}{4} - \frac{16}{4}} \Rightarrow \lambda_2 = 4,\ \lambda_3 = 1 \end{cases}$

2. $\mathbf{D}^2 = \begin{pmatrix} 2^2 & 0 \\ 0 & (-2)^2 \end{pmatrix}, \ldots, \mathbf{D}^9 = \begin{pmatrix} 2^9 & 0 \\ 0 & (-2)^9 \end{pmatrix} = \begin{pmatrix} 512 & 0 \\ 0 & -512 \end{pmatrix}$

3. λ Eigenwert von $\mathbf{A}$, λ^2 Eigenwert von $\mathbf{A}^2$, $\mathbf{A}^2 = \mathbf{A} \Rightarrow \lambda^2 = \lambda \Rightarrow \lambda = 1$ oder $\lambda = 0$

Literaturverzeichnis

1. *Bachmann, F., H.R. Schärer und L.-S. Willimann*: Mathematik mit MATLAB. Vdf, Zürich.

2. *Bosch, K., U. Jensen*: Großes Lehrbuch der Mathematik für Ökonomen. Oldenbourg-Verlag, München.

3. *Bosch, K., U. Jensen*: Klausurtraining Mathematik. Oldenbourg-Verlag, München.

4. *Clermont, S., B. Jochems und U. Kamps*: Wirtschaftsmathematik – Aufgaben und Lösungen. Oldenbourg-Verlag, München.

5. *Hemme, H.*: Heureka – Unterhaltsame Mathematik in 95 Rätseln. Vandenhoeck & Ruprecht, Göttingen.

6. *Jensen, U.*: Mathematik für Wirtschaftswissenschaftler - Vorlesungsbegleittext zu Vorkurs, Lineare Algebra und Analysis. Oldenbourg-Verlag, München

7. *Karmann, A.*: Mathematik für Wirtschaftswissenschaftler. Oldenbourg-Verlag, München.

8. *Kolman, B.*: Introductory linear algebra with applications. Prentice-Hall, New Jersey.

9. *Leydold, J.*: Mathematik für Ökonomen. Oldenbourg-Verlag, München.

10. *Luderer, B.*: Klausurtraining Mathematik für Wirtschaftswissenschaftler. Teubner-Verlag, Leipzig.

11. *Luderer, B., V. Nollau und K. Vetters*: Mathematische Formeln für Wirtschaftswissenschaftler. Teubner-Verlag, Leipzig.

12. *Nollau, V.*: Mathematik für Wirtschaftswissenschaftler. Teubner-Verlag, Leipzig.

13. *Ohse, D.*: Mathematik für Wirtschaftswissenschaftler I, Analysis. Verlag Vahlen, München.

14. *Ohse, D.*: Mathematik für Wirtschaftswissenschaftler II, Lineare Wirtschaftsalgebra. Verlag Vahlen, München.

15. *Opitz, O.*: Mathematik, Lehrbuch für Ökonomen. Oldenbourg-Verlag, München.

16. *Opitz, O.*: Mathematik, Übungsbuch für Ökonomen. Oldenbourg-Verlag, München.

17. *Piehler, G., D. Sippel, U. Pfeiffer*: Mathematik zum Studieneinstieg. Springer-Verlag, Heidelberg.

18. *Schäfer, W. und K. Georgi*: Vorbereitung auf das Hochschulstudium. Teubner-Verlag, Leipzig.

19. *Schwarze, J.*: Aufgabensammlung zur Mathematik für Wirtschaftswissenschaftler. Verlag Neue Wirtschafts-Briefe, Herne.

20. *Schwarze, J.*: Mathematik für Wirtschaftswissenschaftler, Band 1: Grundlagen. Verlag Neue Wirtschafts-Briefe, Herne.

21. *Schwarze, J.*: Mathematik für Wirtschaftswissenschaftler, Band 2: Differential- und Integralrechnung. Verlag Neue Wirtschafts-Briefe, Herne.

22. *Schwarze, J.*: Mathematik für Wirtschaftswissenschaftler, Band 3: Lineare Algebra, lineare Optimierung und Graphentheorie. Verlag Neue Wirtschafts-Briefe, Herne.

23. *Schwarze, J.*: Mathematik für Wirtschaftswissenschaftler, Elementare Grundlagen für Studienanfänger. Verlag Neue Wirtschafts-Briefe, Herne.

24. *Struik, D.J.*: Abriß der Geschichte der Mathematik. Verlag Harri Deutsch, Frankfurt/M.

25. *Tietze, J.*: Einführung in die angewandte Wirtschaftsmathematik. Vieweg-Verlag, Wiesbaden.

26. *Tietze, J.*: Übungsbuch zur angewandten Wirtschaftsmathematik. Vieweg-Verlag, Wiesbaden.

27. *Zeidler, E.* (Ed.): Taschenbuch der Mathematik. Teubner-Verlag, Leipzig.

www.ingramcontent.com/pod-product-compliance
Lightning Source LLC
Chambersburg PA
CBHW061819210326
41599CB00034B/7044

* 9 7 8 3 4 8 6 5 8 1 1 9 5 *